Controlling

Eine Einführung für Bildungseinrichtungen
und andere Dienstleistungsorganisationen

D1734893

Studienreihe Bildungs- und Wissenschaftsmanagement

Herausgegeben von
Anke Hanft

Band 5

Die Studienreihe ist hervorgegangen aus dem berufsbegleitenden internetgestützten Master-studiengang Bildungsmanagement (MBA) an der Carl-von-Ossietzky-Universität Oldenburg.
www.mba.uni-oldenburg.de

Ekkehard Kappler

Controlling
**Eine Einführung für
Bildungseinrichtungen und
andere Dienstleistungsorganisationen**

Waxmann 2006
Münster / New York
München / Berlin

Bibliografische Information Der Deutschen Bibliothek
Die Deutsche Bibliothek verzeichnet diese Publikation in der
Deutschen Nationalbibliografie; detaillierte bibliografische
Daten sind im Internet über http://dnb.ddb.de abrufbar.

ISSN 1861-3284
ISBN 3-8309-1647-7

© Waxmann Verlag GmbH, 2006
Postfach 8603, D-48046 Münster

www.waxmann.com
E-Mail: info@waxmann.com

Umschlaggestaltung: Pleßmann Kommunikationsdesign, Ascheberg
Satz: Stoddart Satz- und Layoutservice, Münster
Druck: Hubert & Co., Göttingen
Gedruckt auf alterungsbeständigem Papier, DIN 6738

Inhalt

Vorwort

Dieses Vorwort ist auch als Vorwarnung zu sehen. Als Warnung an die Leser und Leserinnen, sich auf ein ungewöhnliches Buch einzustellen, auf einen Studientext der besonderen Art. Gleichzeitig soll es eine Aufforderung sein, sich auf dieses Leseerlebnis einzulassen, da es nachhaltiger sein wird als vieles, das mit dem Ziel der Wissenserweiterung ansonsten konsumiert wird.

Was ist das Besondere an diesem Buch?

Ekkehard Kappler schreibt kein weiteres Controlling-Lehrbuch, wie sie vielfach auf dem Markt vorhanden sind. Sein Ziel ist es, bei Lesern ein tieferes Verständnis von Controlling zu erzeugen, sie in die Lage zu versetzen, die Möglichkeiten und Grenzen des Controllings zu erfahren, damit sie am Ende entscheiden können, wie und in welcher Ausgestaltung Controlling für die eigene Organisation nützlich sein kann.

Dazu nimmt er sie mit auf eine Reise, bittet sie, sich einzulassen auf die Welt des Controllings. Auf eine sanfte, langsame und daher besonders eindringliche Weise führt er die Leser und Leserinnen in das Thema ein und vermittelt, so scheint es, fast nebenbei zentrale Begriffe, wiederholt und präzisiert sie, entfaltet Maßnahmen und Instrumente, regt zum (Weiter-)Lernen an.

Einmal mit diesem Stil vertraut, macht es Spaß, den Gedankengängen des Autors zu folgen, über Controlling nicht bloß zu lesen sondern auch zu reflektieren. Am Ende haben Leser und Leserinnen einen guten Überblick über das, was Controlling ist, aber auch über das, was es nicht sein kann und nicht sein sollte. Scheinbar beiläufig räumt der Autor mit mehreren, noch immer weit verbreiteten Missverständnissen auf:

Das am häufigsten kolportierte setzt Controlling mit Kontrolle gleich. Zwar spielt die Erhebung von Daten und Informationen im Controlling eine große Rolle – und vor diesem Hintergrund kann jede Evaluation auch als Controlling bezeichnet werden –, Kappler macht aber deutlich, dass jede Datenerhebung wertlos ist, wenn sie nicht in einen Management-Zyklus eingebunden wird.

Das zweite betrifft die Aussagekraft von Daten und Informationen, denen immer der Nimbus des Objektiven anhaftet. Kappler fordert dazu auf, Daten und ihren Interpretationen gegenüber misstrauisch zu sein. Die Kontextabhängigkeit von Daten und die Subjektivität ihrer Interpretation wird mit vielen Bezügen auf konstruktivistische Leitideen erklärt. Dass mit der Nutzung von Informationen Ziele verfolgt werden und sie – auch – der Durchsetzung eigener oder organisationaler Interessen dienen, dass Akteure sie vor dem Hintergrund eigenen Wissens filtern, verarbeiten und dabei zu unterschiedlichsten Ergebnissen kommen, sind Erfahrungen, die in der betrieblichen Praxis nahezu täglich gemacht werden. Das Wissen um die Begrenztheit der Aussagefähigkeit von Daten erleichtert den Umgang mit ihnen.

Auf diese Weise entmystifiziert erscheint das Controlling greifbar. Es gibt nicht das Controlling-System und die Controlling-Instrumente, sondern jede Organisation tut gut daran, aus der Fülle der Methoden, Ansätze und Maßnahmen die auszuwählen und einzusetzen, die den eigenen Organisationszwecken dienlich sind.

Es bedarf keines aufgeblähten Systems, damit Controlling für Organisationen nützlich ist. Kappler plädiert für Pragmatismus, dafür, nur die Daten und Informationen zu generieren, die zu einer Verbesserung der organisatorischen Leistungserstellung erforderlich sind. Datenfriedhöfe sollten über ein permanentes Hinterfragen, welche Informationen gebraucht und welche Ziele mit ihrer Hilfe erreicht werden sollen, verhindert werden.

Kappler entzaubert die Welt des Controllings, er löst Berührungsängste auf, und fordert dazu auf – zunächst ruhig hemdsärmelig – mit Controlling zu beginnen. Bei Beachtung einiger der von ihm dargelegten Grundprinzipien wird Controlling auch für kleinste Organisationen machbar.

Mit dem fünften Band der Studienreihe „Bildungs- und Wissenschaftsmanagement" wird ein weiterer Beitrag zur theorie- und forschungsgeleiteten Fundierung des Bildungsmanagements geleistet. Erstmalig im deutschsprachigen Raum wird das Thema Bildungs- und Wissenschaftsmanagement in der Schnittstelle zwischen betriebswirtschaftlicher und institutioneller Analyse unter Einbeziehung des rechtlichen und politischen Managementumfeldes systematisch erschlossen.

Die Studienreihe ist hervorgegangen aus Studienmaterialien des berufsbegleitenden MBA-Studienganges „Bildungsmanagement" an der Universität Oldenburg, der sich an leitende Beschäftigte in Bildungs-, Weiterbildungs- und Wissenschaftsorganisationen richtet (www.mba.uni-oldenburg.de) und vom Stifterverband für die Deutsche Wissenschaft gefördert wird. Alle Autoren dieser Reihe sind als Dozenten am Studiengang beteiligt.

Anke Hanft

1 Lese-Controlling: Eine Hinführung zu Inhalt und Form des Themas

„Gleich fahren wir durch den Tunnel.“
„Oh, da halte ich mir die Augen zu.“
„Warum?“
„Damit ich das Dunkle nicht sehe.“
[Gespräch zwischen Mutter und Tochter in der
Straßenbahn zwischen Igels und Bergisel-Innsbruck]

Wenn Sie das Dunkel »wirklich« sehen wollen, müssen Sie die Augen aufmachen. Dieses Buch wird dazu beitragen, das Dunkel dunkel zu sehen und das Helle hell, in „lichten Momenten“ sogar noch dunkler und noch heller. Sie können dann ja am Dimmer drehen. Die Vermehrung der lichten Momente mit und durch Controlling ist das Ziel – meines und, wenn Sie zu lesen beginnen, vermutlich auch Ihres. Um im Bild zu bleiben: Wo kein Dimmer zum Steuern der Helligkeit vorhanden ist, brauchen wir andere Instrumente. Und wenn einer vorhanden ist, unter Umständen weitere. Deren Entwicklung und Bereitstellung für Sie dienen die Seiten dieses Buches. Sie werden auch praktisch mit diesen Instrumenten umgehen und sie im konkreten Fall anpassen können.

In der Hinführung sollen Sie etwas über die Methode und den Inhalt dieses Buches erfahren und zugleich etwas darüber, warum Form und Inhalt nicht zu trennen sind. Form und Inhalt bestimmen sich wechselseitig, und letztendlich werden die gedruckten Seiten eines Buches, einer Schulungsunterlage oder eines Controllingberichts zwar auch von der Vorlage mitbestimmt, ganz entschieden aber vor allem von den jeweiligen Lesern sowie von der Situation, in der die Leserinnen und Leser sich gerade befinden.

Natürlich können Sie die folgenden Seiten durchblättern und da und dort mal hinein schnuppern. Das ist mit Sicherheit hilfreich. Hilfreich wird es auch sein, wenn Sie die Schlüsselwörter im Glossar einmal durchgehen. Insgesamt allerdings sollten Sie das Buch Schritt für Schritt intensiv durcharbeiten. Natürlich wird ihnen manches auch erst nach dieser Durcharbeitung wirklich verständlich werden, was einige (erwünschte und eingebaute) Schleifen verlangen dürfte. Was Sie hier bekommen, ist nicht zum Auswendiglernen gedacht und auch nicht für das »Lernen auf Vorrat«. Im Grunde soll es Sie begleiten, wenn Sie den Gedankengang des Controlling gehen wollen. Sie werden ihn nicht nur entlang laufen können, laufen schon gar nicht, sondern langsam für sich gestalten müssen. Das Buch soll eine Unterlage sein, die – so weit das möglich ist – »Lernen am eigenen Leibe« anzuregen versucht. Das schließt das Reflektieren mit ein. Mitunter ist das mühsam, wird aber mehr bringen als blankes Imitieren, und sollte – so oft wie irgend möglich – auch Spaß machen. Schließlich: Es wird leichter und anregender werden, wenn Sie mit anderen darüber sprechen können. So kann es zu Ihrem ganz persönlichen „experiential approach“ werden.

1.1 Zur Gliederung

Der Schüler muss Methode haben.
[HUGO GAUDIG]

Controlling ist eine zentrale Aufgabe des Managements. Sofern es Controllerinnen und Controller in einem Unternehmen oder einer anderen Organisation gibt, sind das Servicepersonen oder Serviceabteilungen für Controllingservice. Sie arbeiten dem Management bei seiner auch im Falle bestehender Serviceunterstützung nicht abzuschiebenden Controllingaufgabe zu. Die meisten Organisationen sind ohnehin zu klein, um sich solchen Service leisten zu können, brauchen aber dennoch Controlling, was die Bedeutung des ersten Satzes noch betont. Controlling ist Managementaufgabe und fasst in dieser Managementaufgabe zusammen, was Unternehmenssteuerung meint, braucht, kennzeichnet. Das schließt die Reflexion über diese Aufgabe mit ein.

Controlling ist leider für viele Menschen ein erschreckendes Wort, das nach Kontrolle und ihrer schlechtesten Konnotation klingt, nach Überwachung bis hin zur Denunziation und Bestrafung. Da erscheint es mir sinnvoll, eher persönlich zu beginnen und dies in einer Form zu tun, die deutlich macht, dass Controlling, als das Steuern von Unternehmen und anderen Organisationen sowie Projekten verstanden, immer schon praktiziert wurde – lange vor der Erfindung dieses Wortes. »Kontrolle« kommt dabei tatsächlich vor, als weitgehend selbstverständliche Überprüfung der Frage inwiefern ich mich (m)einem Ziel bereits genähert habe und was noch zu tun bleibt. In diesem Sinne wird diese Hinführung zugleich selbst schon ein wenig Controlling sein. Von Anfang an soll Controlling so vermittelt werden, dass klar wird, auch beim Controlling gehören Inhalt und Form zusammen und Genauigkeit, Genauigkeit im Inhalt, in der Form und im Zusammengehören. Gelingt diese Vermittlung, gelingt nicht nur eine angemessene Form, sondern auch ein sinnvoller Zugang zu dieser Materie. Controlling für Leser bedeutet an dieser und jeder anderen Stelle sich zu fragen: Kann ich das bisher Gelesene nachvollziehen oder muss ich noch einmal zurück zum Start?

From documents of the occult to occult documents – and back, lässt sich in Anlehnung an eine Formulierung des Ethnologen STEPHEN A. TYLER etwas dunkel die Absicht benennen, Controlling benennbar, beurteilbar und benutzbar zu präsentieren. Controlling, das ist natürlich auch ein Instrumentenkasten, aber es ist immer eingebettet in die Organisationskultur und Bestandteil der Kultur der Organisation, in der es zum Einsatz kommt. Und genau in diesem vertrauensvollen oder nicht vertrauensvollen Klima einer Organisation, das die Formen und Inhalte des Umgangs der Menschen in einer Organisation wesentlich bestimmt, entfaltet sich Controlling als Hilfe, Unterstützung und Anregung – oder nicht. Dass es auch auf Überwachung reduziert werden kann, zeigt die Praxis vielfach. Nur, dann ist es eben Etikettenschwindel und nutzt seine Möglichkeiten nicht, sondern ist unreflektiertes und/oder angstbesetzt eingesetztes Herrschaftsinstrument. Controlling richtig verstanden achtet darauf, dass man sehen kann, wo man hin wollte und wie weit man gekommen ist. Das ist präzise der Vergleich, den man braucht, um zu lernen, zu steuern und den Gang der Dinge zu verbessern. Man kann das auch Kontrolle nennen, aber eben in einem ganz bestimmten Gesamtzusammenhang, der von Zielbestimmung über Budgetierung und Maßnahmenplanung zur Realisierung sowie zur Zielerreichungsanalyse und Steuerung reicht. Dass Sie diese Möglichkeiten des Controlling, seinen Gebrauch und seinen Missbrauch sehen und selbst im konkreten Fall in Ihrer Dienstleistungseinrichtung (die Beispiele werden weitgehend aus dem Bildungsbereich gewählt werden) erkunden können, ist das umfassende Ziel dieses Buches. Oder in Abwandlung des berühmtesten Satzes des großen Pädagogen HUGO GAUDIG: Die Leser sollen Methode haben, Methode gewinnen.

Zwischen Menschen in Organisationen bestehen in aller Regel Informationsasymmetrien. Die einen wissen mehr als die anderen, wobei die einen gar nicht immer »die da oben« und die anderen nicht immer »die da unten« sein müssen. Nicht selten ist es eher umgekehrt. Auch die einzelnen Bereiche und Abteilungen wissen Unterschiedliches und davon unterschiedlich viel. Manchmal wird auch nur behauptet oder geglaubt, dass man etwas weiß. Koordination heißt daher bis zu einem gewissen Grade, diese Unterschiede und Sichtweisen auszugleichen, zumindest so weit, wie es der Organisation nützt. Damit haben wir die eine wesentliche Aufgabe des Controlling: Koordination. Zugleich aber haben wir damit auch schon das Problem, besser: die Probleme, nämlich – was für Probleme treten beim Versuch auf, die Koordinationsaufgabe zu erfüllen? Die Inhalte und die Sichtweisen, die diese Inhalte hervorbringen, sind mindestens zwei Probleme. Beide sind untrennbar verknüpft und müssen miteinander betrachtet werden. In der Controllingliteratur ist das in der Regel nicht der Fall. Technokraten glauben, Inhalt und Form trennen zu können.

Gehen Sie einmal die folgenden Fragen durch, und versuchen Sie sie zu beantworten. Sie werden auf diese Weise schon ein gutes Gespür für einige Fragen bekommen, die uns im Weiteren immer wieder beschäftigen werden. Und: Sie werden dieses Gespür anhand Ihrer eigenen Praxis entwickeln, nicht anhand abstrakter Lehrbuchsätze. Wenn möglich, gehen Sie die Fragen – auch im weiteren Verlauf – z.B. zusätzlich mit befreundeten Kolleginnen oder Kollegen durch. Bleiben Sie dran:

- *Was heißt Koordination in Ihrer Einrichtung oder Organisation?*
- *Wer koordiniert was und wen?*
- *Welche Informationen in Ihrer bzw. über Ihre Einrichtung hätten Sie gern? Warum?*
- *Bekommen Sie diese (nicht)? Warum (nicht)?*
- *Was lässt sich in der (Bildungs-)Einrichtung, in der Sie tätig sind, mit Hilfe von Zahlen (nicht) darstellen?*
- *Was lässt sich in dem Bereich, in dem Sie tätig sind, mit Hilfe von Zahlen (nicht) darstellen?*
- *Was machen Sie mit »Ihren« Zahlen?*
- *Wer macht was mit »seinen« (welchen?) Zahlen?*
- *Welche Koordinationsanforderungen in Ihrer (Bildungs-)Einrichtung lassen sich (nicht) in Zahlen ausdrücken?*
- *Wie stellen wir Informationsbedarf fest?*

- *Wie stellen wir fest, welcher Informationsumfang bei wem dem Unternehmen nützt?*
- *Wie stellen wir fest, welche Informationen und welcher Informationsaustausch zur Koordination der Teilbereiche führt?*
- *Wie sichern wir, dass uns die anderen so verstehen, wie wir unsere Aussagen oder Anfragen meinen?*
- *Wie gehen wir als Servicepersonen für Controlling damit um, dass Menschen in Organisationen sowohl organisationsbezogen (z.B. Bereichsegoismus) als auch individuell und persönlich unterschiedliche Interessen an und unterschiedliches Engagement für Koordination haben?*

Allgemein gesagt hängt die Qualität von Controllingaktivitäten davon ab, wie die damit verbundenen Wahrnehmungs-, Erkenntnis- und Kommunikationsprobleme gehandhabt werden. Was wird wahrgenommen? Was lässt sich wie mitteilen, was nicht? Was wird durch die Mitteilung herausgehoben, was scheint eher nebensächlich? Es geht also um die Frage von »Bild« und »Wirklichkeit« bzw. von Abbild und Abgebildetem, um die mikropolitischen und organisationspolitischen Fragen der Interesseneinbringung und der Interessendurchsetzung, aber eben auch – und damit verbunden – um die handwerklichen Fragen der Instrumente des Controlling, um Bewertungen und Evaluierung, um Inhalt und Form von Berichten (Reports) usw. Es geht also immer auch – gewollt oder ungewollt – um Politik, Informations- und Unternehmenspolitik, persönliche Politik und Organisationspolitik.

Im Folgenden werden wir nach dieser Hinführung versuchen (Kapitel 1), uns in drei großen Schritten (Kapitel 2 bis 4) und einer kleinen Fallstudie (Kapitel 5) dem Thema zu nähern. Das sehr kurze Kapitel 6 bietet einen Blick auf einige zusammenfassende Grundsätze aus einem praktischen Beispiel und einen minimalen theoretischen Ausblick auf offene Fragen. Insgesamt werden Sie in diesem Buch viele Informationen (Inputs) bekommen, aber auch immer wieder gebeten werden, diesen Stoff mit Ihren Erfahrungen und auch speziell mit Ihren Erfahrungen in »Ihrer« Bildungseinrichtung oder sonstigen Organisation in Verbindung zu bringen, zu vergleichen, Unterschiede und Gemeinsamkeiten, Anregungen und Aufregungen zu registrieren und zu fragen, warum sie Ihnen auffallen und was passieren könnte/ müsste, damit Ihnen anderes auffällt. Schließlich werden Sie mit diesen Auffälligkeiten und Unterschieden umzugehen haben in Ihrer Führungsverantwortung.

Ich werde Ihnen nun die Kapitel vorstellen und hoffe, dass Ihnen das einen guten Vorgeschmack auf die weitere Lektüre geben wird. Vertiefen werde ich diesen Vorgeschmack durch eine Art „Lesehilfe", die sich selbst schon als ein Moment von Controllingpraxis in Bildungsorganisationen bzw. für deren Kunden versteht, da sie besonders methodisch auf das Lesen ausgerichtet ist: Lese-Controlling (Kapitel 1).

- Die ausführliche, sehr persönliche und methodisch relativ differenzierte **Hinführung (Kapitel 1)** zielt auf erste Informationen zum gesamten Buch, vor allem aber auf dessen Gebrauch. Das dargelegte generelle Controllingverständnis wird dabei nicht abstrakt vermittelt, sondern bereits auf diese Einführung selbst bezogen. Insofern ist sie bereits Basistext und eben Hinführung, nicht nur Kurzfassung späterer Ausführungen.

- **Kapitel 2:** Nach einigen **Anwärmbeispielen (2.1.)** werden Sie ausführlich über die Aufgaben und die **Grundsituation des Controlling (2.2.)** sowie die zu beachtenden Rahmenbedingungen informiert. Controlling ist Managementaufgabe, untrennbares und zentrales Element der Unternehmensführung und steuerung. Beispiele aus der Praxis werden den Controllingaspekt in unterschiedlichen Facetten hervortreten lassen. Controlling produziert und beschäftigt sich mit Differenzen (Abweichungen gegenüber dem Gewünschten), mit deren Analyse und mit Steuerungsvorschlägen. Controlling als Controlling-Service für das Management unterscheidet, bietet Alternativen – Management entscheidet. Controlling-Service unterstützt Zielfindung und Zielformulierung und beachtet dabei Beziehungen, die zwischen Zielen bestehen können. Controlling-Service achtet besonders auf die Koordination zwischen den Teilbereichen der Organisation.

  Das „Leitbild" des Controlling ist der betriebswirtschaftlichen Logik entlehnt. So ist es wichtig, bei einer Übertragung auf Bildungseinrichtungen, die Möglichkeiten und Grenzen dieser Nachbarschaftshilfe zu bedenken. Das schließt mit ein, dass man sich über den Einfluss der Instrumente auf die Situation Rechenschaft geben kann. Controlling bildet nicht nur Situationen ab, sondern ist – wie jedes Bild – immer auch schon Auswahl aus einer Situation und in diesem Sinne über die Situation mitbestimmend. Kein Bild, kein Budget, kein Bericht kann „alles" enthalten und enthält immer auch vom Produzenten „nicht so Gemeintes", eben auch „anderes" aufgrund der Perspektiven des Lesers und Betrachters.

- Nach einem einfachen Planbeispiel betrachten wir **Controlling als Prozess (Kapitel 3).** Es ist ein nie endender Ablauf, der mit Planung und Budgetierung beginnt, getroffene Maßnahmen auf ihre Wirksamkeit hin beobachtet, die wahrgenommenen Phänomene berichtet, bewertet, analysiert und evaluiert sowie gegebenenfalls Steuerungsvorschläge entwickelt. Controlling ist vor allem auch deshalb ein Prozess, weil im Zeitraum einer Planungsperiode vieles passiert, was überraschend ist, nicht erwartet wurde, ja an das gar nicht gedacht werden konnte. „Da konnte niemand drauf kommen!" Dennoch muss etwas getan werden, auch mithilfe des Controlling. Sie werden erkennen, dass es dabei zu weit mehr – meist verborgenen – Bewertungen kommt als in dem expliziten Bewertungsschritt des Controllingprozesses. Das Bewusstsein davon und dafür werden Sie an eigenen Erfahrungen entwickeln können.

- Das **Kapitel 4** behandelt **Instrumente des Controlling.** Sehr häufig richtet sich das Interesse zu allererst auf diese Instrumente, und die meisten Controllingbücher behandeln auch überwiegend oder sogar fast ausschließlich Controllinginstrumente. Da die Wahl und die Benutzung dieser Werkzeuge aber immer in einen kommunikativen Gesamtzusammenhang eingebunden ist, der ihre Wirksamkeit wesentlich beeinflusst, werden sie in diesem Buch erst nach ausführlicher Darlegung dieses Gesamtzusammenhangs vorgestellt.

  Wenn Sie ein Instrument einsetzen, treffen Sie immer schon viele implizite Entscheidungen, denn jedes Instrument schneidet nur einen Teilbereich aus »dem Ganzen« heraus und leistet natürlich nur begrenzte Hilfe. Im Kapitel 4 werden die Instrumente beispielhaft und überblicksartig behandelt. Wenn Sie etwas vertiefen wollen, werden Sie dazu Literaturhinweise finden.

Da mit der Entscheidung für oder gegen ein Instrument nicht nur diese Entscheidung getroffen wird, sondern Entscheidungen über ganz bestimmte Wahrnehmungsmöglichkeiten und zugleich über ganz bestimmte Mitteilungsarten, d.h. Entscheidungen für eine bestimmte Verknüpfung von Inhalt und Form fallen, muss die Vermittlung der Instrumente hier wie in der Praxis in einen Reflexionszusammenhang eingebettet sein. Reflektieren heißt nachdenken, hinterfragen und überdenken.

Natürlich ist es Gegenstand dieses Buches, geeignete Anstöße zum Controlling und zum Controlling-Service in Bildungseinrichtungen zu geben. Dennoch mache ich darauf aufmerksam, dass man Erfahrungen nur selbst machen kann, Sie also wiederum gebeten werden, den Text und seine Anregungen und Überlegungen mit Ihrer eigenen persönlichen und beruflichen Praxis in Beziehung zu setzen. Das wird methodisch gleich noch vertieft werden.

- Das **Kapitel 5** hat einen etwas eigenwilligen Charakter. Ich schlage eine **kleine Fallstudie** vor: die gegenwartsfähige/zukunftsfähige Bildungseinrichtung. Das ist gewissermaßen ein Rahmenvorschlag, in den Sie Ihr Bild von Ihrer Bildungsinstitution und Ihren entsprechenden Controllingvorstellungen einfügen können. Wenn man nicht in die absolute Abstraktion verfallen will, können keine Musterlösungen dargestellt werden. Zur Unterstützung bei der Entwicklung der eigenen zukunftsfähigen Bildungseinrichtung werden Sie Fragen und andere Anregungen vorfinden. Diese sollen Sie besonders ermuntern, Ihr konkretes Argumentationspotenzial am eigenen Fall zu überdenken und zu verstärken, also in der konkreten Situation und für die konkrete Situation.
- Dazu wird ein Konzept vorgelegt, das als eine Art Argumentationsgenerator dienen kann. Über die konkrete Unterstützung hinaus soll Ihnen mit diesem Konzeptualisierungsvorschlag auch die praktische Bedeutung von Konzepten vor Augen geführt werden. Die in einem Buch zwangsläufig allgemeinere Charakterisierung der Situation soll also so konkret wie irgend möglich – kontextspezifisch – auf Ihre Bildungseinrichtung bezogen werden. Auf diese Weise wird es erleichtert, Ad-hoc-Argumenten zu begegnen und das Verfassen von „Anlass-Regulierungen" zu vermeiden, die zwar von einem konkreten Vorfall ausgehen, diesen aber zu rasch und mit der Gefahr späterer, gegenwärtig unbedachter und nicht zu bedenkender Behinderung generalisieren. Die Realisierung des konkreten Falles wird nie eine 1:1-Übertragung der ausgedachten »Norm« sein, sondern nach einem mehr oder weniger differenzierten Anstoß im Prozess mit allen Beteiligten und Betroffenen zu erarbeiten sein. Das entfaltet, nimmt Bezug auf vorhandene Potenziale/Erfahrungen und lässt, bei immer zu erwartenden Positionen zwischen Zustimmung und Widerstand (was häufig eine unterschätze Form des Engagements ist), neue Anregungen finden. Darüber hinaus ist Akzeptanz anders nicht besser zu haben.
- **Kapitel 6** ist eigentlich mehr ein Dessert als ein eigenes Kapitel.

Die Darstellung des Themas erfolgt in wesentlichen Vorüberlegungen schon in diesem Kapitel 1. In den Kapiteln 2 bis 5 wird das schließlich ausgebaut, unterstützt durch Grafiken, Tabellen und ggf. Beispiele, die die operativen, strategischen und grundlegenden Zusammenhänge anschaulich machen und das Verständnis erleichtern.

- Reflexionsaufgaben im Text sollen es Ihnen erleichtern, den zu schnellen Lesefluss zu unterbrechen, Ihre eigene Praxis präzise im Kontext des Gelesenen zu bedenken und den Transfer von Theorie und Praxis ermöglichen.
- Die Fragen am Ende jedes Kapitels sind weitgehend offene Diskussionsfragen für die an der Thematik interessierten Leser. Sie sollen Ihnen Hinweise auf einen weitergehenden Diskurs vermitteln. Sie können natürlich auch versuchen, weitere Fragen zu finden, die Sie besonders interessieren und den Text im Hinblick auf ihre Beantwortung auszuwringen versuchen.
- Viele Schlüsselwörter und einige weitere Fachausdrücke finden Sie im Glossar erläutert, da dies im Text den Lesefluss stören würden. Sie sollten sich diese Fachbegriffe bei der Durcharbeitung der Texte aneignen, weil sie sich gelegentlich von der Alltagssprache unterscheiden. Gleiche oder sehr ähnliche Begriffe können allerdings in unterschiedlichen Praxisfeldern, unterschiedlichen Kontexten und wissenschaftlichen Disziplinen eine andere Bedeutung aufweisen. Die Kenntnis der verschiedenen Sprachstile (betriebswirtschaftliche Fach- und Alltagssprache) vermeidet Verständigungsschwierigkeiten und vermittelt Sicherheit.
- Kommentierte Literatur gibt Hinweise zum weiteren Vertiefen.

Schmucklos sind solche Übersichten und begrenzt aussagefähig. Ließen sie sich anders schreiben, bräuchte es das nachfolgende Buch nicht. Nun ist das Lesen von Büchern zeitaufwändig, und Lesen ist eine einsame Sache. Das wird erleichtert, wenn Ernst mit Spaß verbunden werden kann und gelegentlich Pausen gemacht werden. Ich werde ab und zu daran erinnern. Die besten Tipps kommen allerdings kaum an, wenn Langeweile ausbricht. Um dies zu verhindern, sind für das Lesen, aber auch zum Controlling im weiteren Verlauf dieses Hinführungskapitels einige ausführlichere methodische Hinweise zum Verhältnis von Inhalt und Form des Controlling angesagt.

1.2 Zum Verhältnis von Inhalt und Form des Controlling

Mir fällt nichts ein, aber vieles auf.
[ALFRED HRDLICKA]

Controlling will dazu beitragen, dass uns mehr auffällt. Beim Controlling, wie bei allen anderen Mitteilungen, Berichten, Analysen, Botschaften, Reports – und eben auch bei Büchern – stellt sich dann die Frage, wie das mitgeteilt werden soll. Das ist die Frage nach Inhalt und Form und deren Vermittlung in der Mitteilung. Übersetzt in die Alltagssprache heißt das: „Wie sag' ich's meinem Kinde?" oder: „Was sind eine günstige Gelegenheit und eine geeignete Form, um unsere Gesprächspartner zu überzeugen?" Oder auch: „Der Ton macht die Musik" und „Wie man in den Wald hinein ruft, so schallt's zurück." Wird das nicht beachtet, dann wird beispielsweise der völlig unschuldige Überbringer der schlechten Nachricht bestraft. Inhalt und Form gehören zusammen. Mit blauer Farbe lässt sich kein Bild des Hasses oder der Hitze malen, mit Orange und Rot kaum das Eismeer.

In Controllingbüchern und Controllingaufsätzen werden Sie in erster Linie »positive Theorie« finden. Andere sagen stattdessen – seit EUGEN SCHMALENBACH diesen Begriff in die Betriebswirtschaftslehre einführte – »Kunstlehre«. Damit ist eine Sichtweise gemeint, die darauf aus ist, Verbesserungsvorschläge zu machen, z.B. zur Auslegung bestimmter Bewertungsvorschriften, zur Vorgehensweise bei der Analyse von Kennzahlen oder zur Darstellung und Abbildung von Vorgängen in einem Bericht. Dahinter steckt die in diesen Darstellungen normativ werdende Vorstellung, dass wir »die Welt« erkennen und diese Erkenntnis zu ihrer Gestaltung bzw. Verbesserung benutzen können. Gegen solche Spekulation ist grundsätzlich nichts einzuwenden. Sie ist das Kernstück positiver Wissenschaft. Sie kann aber wesentlich erweitert werden, wenn wir uns klar darüber werden, dass in dem Moment, in dem solche »Erklärungen« und Verbesserungsvorschläge, Berichte, Analysen, Fotos, Diskussionen und Spekulationen in die Welt gesetzt werden, diese Welt eine andere wird, nun nämlich eine, zu der auch diese Erklärungen, Verbesserungsvorschläge, Berichte, Analysen, Fotos, Diskussionen und Spekulationen gehören, einschließlich aller darin enthaltenen Irrungen und Wirrungen, was ein erneutes Bedenken nahe legen kann. Wir erkennen in dieser Sichtweise die Welt nicht nur und bilden sie ab, sondern wir verändern sie eben auch immer schon mit unserer »Erkenntnis« (die nun eben deshalb nicht mehr absolut ist) und durch das Hinzufügen (!) von Bildern (Abbildern).

Diese unvermeidbare Veränderung zu sehen und mit zu bedenken, was das für unsere Erkenntnis bedeutet, heißt Konstruktivismus. Aus dieser Sicht wird im Folgenden Controlling vorgestellt. Controlling bildet nicht nur ab, was ist, sondern, wenn es auf die eine oder andere Art und Weise »abbildet«, konstruiert es auch die Wirklichkeit auf diese Art und Weise mit, formiert die Sichtweise: Licht aus, Spot an! Wer eine Ecke heller ausleuchtet, verdunkelt in Relation dazu freilich zwangsläufig andere Ecken. Den Blick auf etwas zu lenken, heißt immer auch den Blick von etwas anderem abzulenken. Oder: Das Medium ist die Botschaft! Das Medium ist die Message, aber auch die Massage. Die entscheidende Konsequenz daraus ist: Wir müssen in der Praxis die »Abbildungen« des Controlling immer wieder gemeinsam thematisieren, d.h. am besten die »Sender« (also die Verfasser der Botschaft) zusammen mit den Empfängern. Das führt in »aufgeklärten« Unternehmen dazu, dass sich die Controllingsysteme relativ häufig ändern. Nicht die Vergleichbarkeit über Jahre steht im Vordergrund oder ist das Ziel, sondern eine stimmige Abbildung der jeweiligen Situation.

Inhalt und Form fallen nicht automatisch aufeinander abgestimmt an. Das ist die Botschaft der letzten beiden Abschnitte. Was gilt, ist situationsabhängig und muss daher eruiert werden, am besten im Gespräch mit dem Gegenüber. Worüber man nicht reden kann, steht nicht fest, solange man nicht versucht hat darüber zu reden.

So ist das streng genommen auch bei einem Buch. Ein wenig ist ein Buch der hier vorgelegten Art natürlich auch immer ein kleiner Fernkurs. Ich versuche daher, obwohl für ein Buch ungewöhnlich, mit Ihnen wenigstens virtuell ins Gespräch zu kommen. Vor allem dieses und das nächste Kapitel sind aus diesem Grund eher erzählend geschrieben und – soweit das möglich ist – »interaktiv«. Das gelingt nur, wenn Sie mitmachen. Wenn ich Sie im folgenden Text bitten werde »bedenken Sie«, »reden Sie darüber« (mit anderen in Ihrer Umgebung, mit Kolleginnen und Kollegen oder auch ganz unbeteiligten Personen; Sie können mir auch eine E-Mail senden an: ekkehard.kappler@uibk.ac.at), »diskutieren Sie«, »machen Sie sich Notizen« (um später mit anderen darüber zu reden oder sich bei Bedarf besser erinnern zu können), soll das eine Hilfe sein, die Ihre Lesegeschwindigkeit verringert – wir lesen im Normalfall viel zu schnell, um etwas nachhaltig aufnehmen und verstehen zu können –, die den »inneren Diskurs« anregt und wenigstens ein wenig von der Unmittelbarkeit einer gemeinsamen Veranstaltung simuliert.

Lese-Controlling

Lese-Controlling ist nichts anderes als Controlling – nur eben auf das Lesen bezogen: (1) Ich nehme mir etwas vor; hier: ein Buch, das ich lesen und verstehen möchte, in einer bestimmten Zeit; (2) Ich teile mir die Zeit für die Kapitel ein und schaue, ob ich damit hinkomme (meistens wird man zu schnell lesen, weil man fertig werden will. Aber Sie werden merken, dass Sie mehr Zeit brauchen als Sie denken und geplant haben, weil wir das Verstehen, vor allem aber das in Erinnerung Behalten zeitlich gern unterschätzen. (3) Ich schaue, wie weit ich gekommen bin und was die verbleibende Herausforderung – z.B. seitenmäßig und inhaltlich – noch ist. Dementsprechend steuere ich. Möglicherweise muss ich nicht alles lesen oder schneller oder mir mehr Zeit (etwa pro Tag) nehmen.

Um von Anfang an auf das richtige »Tempo« zu kommen, stellen Sie sich am besten vor, dass ich Ihnen etwas erzähle. Langsam, gut zum Zuhören und Nach-Denken. So, dass auch Stimmungen, Empfindungen und Gefühle mitschwingen können und ab und zu Zeit für eine Tasse Tee bleibt. Vielleicht lesen Sie sich oder anderen, mit denen Sie arbeiten, auch einzelne Passagen laut vor. „Wahrnehmungsmanagement" ist der neue Begriff, der gerade nach den Wellen des Informations-, Knowledge- und Wissensmanagements über den großen Teich zu uns herüber zu schwappen beginnt. Sie können sich aber auch vorstellen, dass Sie mit mir, vermittelt durch den geschriebenen Text, ein fiktives Telefonat führen, eine Idee, die sich in dem Roman „Tagame" von dem japanischen Nobelpreisträger KENZABURŌ ŌE findet.

Stellen Sie sich vor, dass es wirklich eine Geschichte ist, wie aus 1001 Nacht, die ich Ihnen erzähle. Sie sind übrigens schon von Anfang in dieser Geschichte drin. Bis hierher haben Sie schon mitgemacht. Ich erzähle eine Geschichte, weil die Inhalte von Geschichten lebenspraktische Erfahrungen transportieren und nicht Normen einer ganz spezifischen Logik folgen. Geschichten sind nämlich nicht normativ im legalistischen Sinne oder im Sinne einer ganz bestimmten Rationalität. Geschichten können uns, wenn sie spannend sind, »gefangen nehmen«, aber letztendlich überlassen sie es dem Zuhörer oder der Leserin, was er oder sie für Schlüsse daraus ziehen wollen, in welcher Weise sie sich von der Geschichte berühren lassen. Geschichten sind offen und offen zur Benutzung. Geschichten sind Freeware im wahrsten Sinne. Ihre Botschaften lassen sich auslegen, umdenken, deuten, be-deuten, umschreiben, um-schreiben, kürzen, verlängern, wegwerfen, teilweise oder ganz, wie immer man will, wenn man will, wann man will. Auch diese Geschichte will Ihnen nichts vorschreiben. Vielleicht kann sie Sie gerade deshalb anregen, über Ihre eigene Praxis neu oder gelegentlich manchmal anders nachzudenken, vor allem natürlich über Ihr Selbstverständnis von Controlling, ihre möglicherweise tief sitzenden Vorausurteile und über Ihre ganz persönliche Controllingpraxis, die, die Sie vielleicht gar nicht kennen, weil Sie von ihr gar nichts wussten – obwohl Sie sie bereits praktizieren.

Die Dreieinhalb-Zeilen-Controlling-Terrine:

> Auch Sie schauen natürlich nach, wie weit Sie gekommen sind, wenn Sie sich etwas vorgenommen haben, und was Sie tun können, um das Angestrebte zu erreichen, falls es noch nicht so weit ist. Das zusammen genommen ist Controlling, Controlling in der Nussschale.

Natürlich erzähle ich nicht eine beliebige Geschichte, sondern eine vom und über das Controlling. Freilich auch darüber ließen sich beliebig viele erzählen. Ich erzähle nach bestem Wissen und Gewissen, meine Controllinggeschichte, behaupte allerdings nicht, damit absolute Wahrheiten zu produzieren. Anregungen schon. Wichtig dabei: Die Art und Weise wie ich erzähle und wie Sie hinhören, ist genauso entscheidend wie der Inhalt, wie das, was ich vom Controlling erzähle – und was Sie möglicherweise immer schon wissen wollten oder zu wissen glaubten. (Immer schon wissen wollten? Wer sollte Ihnen das glauben? Aber wenn Sie es so sagen würden, würde ich es wörtlich nehmen!) Und bedenken Sie, dass dieses Erzählen und Hinhören und das Ernstnehmen in der Praxis erfolgreichen Controllings genau den gleichen Stellenwert haben.

Nicht wahr, daran haben Sie vermutlich nicht sofort gedacht, dass die Art des Erzählens und vor allem des Hinhörens, des Lesens, des Aufnehmens und des Hineinlesens, des Nach-Denkens den Inhalt ganz wesentlich mitbestimmen. Obwohl das eigentlich klar ist. Wer nicht hinhört, wird davon auch nichts mitnehmen. Wer liest, wird das lesen, was er lesen kann. Aber was das ist, ist nicht immer völlig klar und entspricht nicht zwangsläufig dem, was der Autor beim Schreiben gedacht hat. Wer ganz genau liest, wird „mitlesen", wie er selbst liest, was seine Methode ist. Wir lesen immer mehr als wir lesen – und weniger. Wir haben alle unseren blinden Fleck, der zum Teil unbenennbar und unaussprechbar ist (tacit), von dem wir gleichwohl hoffen, dass wir in Interaktion mit anderen

Menschen oder rekonstruierend ihn wenigstens stellenweise etwas aufhellen können. Darauf allerdings kommt es an.

Im Gespräch könnten wir einfach zurückfragen und uns „online" vergewissern, ob wir uns gegenseitig verstanden oder wenigsten verständigt haben, was ohnehin immer sehr praktisch ist. Die geschriebenen Sätze bieten gegenüber den gesprochenen dennoch nicht nur Nachteile, sondern einen Vorteil: Wir können sie nachlesen, aber mitunter werden sie bei jedem Lesen etwas anderes (vielleicht Zusätzliches) bedeuten. Wir können darüber »sinnieren« (sagte meine Großmutter immer, die das Wort reflektieren nicht kannte), sie nach-denken.

So ist diese Einleitung eben auch keine wirkliche Einleitung, sondern ein Hinführen, schon ein Teil der Controllingpraxis, d.h. aufmerksam werden und aufmerksam machen auf Unterschiede.

Sten Nadolny erzählt in seinem wunderbaren Buch über »die Entdeckung der Langsamkeit« so langsam, dass ich erst weiterlesen konnte, als ich bereit war, diese Langsamkeit mitzumachen und so die Langsamkeit und mit ihr die Möglichkeit zu entdecken, von der die Geschichte handelt. Wenn Sie spüren wollen, was Langsamkeit bringt, kauen Sie eine Woche lang jeden Bissen fünfzigmal vor dem Schlucken. Lange Weile brauchen Sie, wenn keine Langeweile aufkommen soll. Bitte lesen Sie nicht nur langsam, sondern lesen Sie auch genau. Und da Genauigkeit ein wichtiger Begriff für Controlling ist, hier auch gleich ein Spruch, der dies genau ausdrückt:

Genau sein heißt im Controlling: Präzises präzise abbilden, Verschwommenes verschwommen abbilden.

Als Studierende, die in einem absolut dunklen Raum über einen »Parcours« (Brücken, Straßen, Park, Tunnel, Geschäfte, Bootsfahrt, Bar usw.) gegangen waren, hinterher fragten »Aber wie sieht das denn in Wirklichkeit aus?«, sagte der Erfinder: »Was meinen Sie damit?« Die Studierenden antworteten: »Nun, wie sieht das aus, wenn man das Licht anmacht?« – »Hell,« sagte der Erbauer, » ... nur, dann – ist es eben kein Dunkelraum mehr und auch kein Dialog im Dunkeln. Das genau abgebildete Dunkel ist ›in Wirklichkeit‹ dunkel.«

Nun will ich die Absicht und die Möglichkeit dieses Buches und des Controllingverständnisses noch dadurch zu präzisieren und zu steigern versuchen, dass ich die Schwierigkeit, sich gegenseitig zu verstehen, ein wenig radikalisiere.

Eigentlich lesen Sie ohnehin nicht, was ich schreibe. Eigentlich lesen Sie nur, was Sie lesen. Trauen Sie sich daher zweifaches: Treten Sie zu meinem Schreiben und zu Ihrem Lesen in Distanz – beim Lesen, beim Nach-Denken, beim Umgehen damit, bei den Übungen und Anwendungsversuchen, in Gesprächen. Controlling macht Differenzen auf. Eine Seite der Differenz bei diesem Buch bin ich, die andere sind Sie. Versuchen Sie zu erkennen, zu erspüren, was Sie beim Lesen freut oder stört, anregt oder aufregt, an Inhalt und/oder Form. Versuchen Sie zu erspüren, dass Sie also immer schon bewerten. Sie werden später genauer erfahren, dass Kommunikation nach Watzlawick immer zumindest zwei Aspekte hat, den Inhaltsaspekt und den Beziehungsaspekt. Machen Sie nicht den Fehler, ausschließlich oder überwiegend auf den Inhaltsaspekt zu setzen. Ohne Klärung des Beziehungsaspekts ist alles Nichts.

Urteilen Sie also – hier oder bei Controlling-Reports – nach Möglichkeit nicht sofort mit »gut« oder »schlecht«, sondern überlegen Sie, was Sie freut, begeistert, irritiert und warum es Sie freut, begeistert oder irritiert. Das ist ebenfalls ein Teil des Controllingprozesses. Das schnelle Urteil über »gut« oder »schlecht« wäre nur eine Verurteilung ohne Informationsgehalt. Die soeben angedeutete Informationserfahrung und -erweiterung wird auf diese Weise ignoriert oder »schubladisiert«. Die Frage, die sich infolge der Kontextabhängigkeit von Informationen stellt, beginnt immer irgendwie mit **„Inwiefern ...?"** Inwiefern, unter welchen Bedingungen, aufgrund welcher Annahmen und Unterstellungen ist etwas »richtig«, »falsch«, »gut«, »schlecht«, »brauchbar«, »unbrauchbar«? Inwiefern?

Sie bewerten ohnehin immer schon, sind auch unbewusst selektiv, denn Sie haben Ihre persönliche und berufliche Sozialisation, die sich nicht zur Seite legen lässt. Das ist gar nicht anders möglich, aber: Versuchen Sie dahinter zu kommen, warum Sie bewerten, wann Sie bewerten und wie Sie bewerten, auch wenn Ihnen das bisher kaum aufgefallen sein sollte. Andere Autoren schlagen vor, sich an einer Wertordnung zu orientieren und liefern die ihrer Meinung nach richtigen Werte gleich mit. Das löst das Problem allerdings nicht, dass wir aufgrund unserer Sozialisation immer schon (unbewusst, zum Teil unaussprechlich; tacit) werten. Nicht Wertorientierung ist unser Problem. Werte können wir uns immer ausdenken, können wir übernehmen. Werten können wir uns sehr bewusst aber eben auch unbewusst anschließen oder nicht. Will man dem einigermaßen begegnen und sich nicht „dem Unbewussten" allzu sehr ausliefern, geht es um Wertbewusstsein, um wertbewusst werden. Natürlich ist jede (Controlling-)Aussage immer schon eine Bewertung und wird von ihrem Produzenten (ich sage bewusst »Produzent«!) – Sprecher/in, Schreiber/in, Leser/in oder Zuhörer/in – bewertet, selektiert, produziert. Ein wenig mehr Bewusstsein soll und wird dieses Buch in dieser Hinsicht bringen: Erkennen, dass wir immer schon bewerten, und ein paar Hinweise, wie sich damit umgehen lässt.

Von nichts kommt nichts. Nichts ist ohne Grund. Lesen Sie konzentriert und genau. Versuchen Sie zu denken, was und wie Sie dabei denken. Wie denken Sie, wenn Sie denken, wie Sie denken? Verwirrend ist dieses Controlling bis hierher. Ja.

Ich erzähle ganz langsam. Lesen Sie immer erst weiter, wenn Sie das Gefühl haben, dass Sie darüber nachgedacht haben, was ich Ihnen erzähle und wie Sie darüber nachdenken, wenn Sie darüber nachdenken. Auch darüber, warum und wie Sie mich fragen oder mir antworten könnten. So stärken Sie sich für Controlling. Controller sind genau. Controller fragen nach, fassen nach. Zwar kann ich mich beim Schreiben irren, aber vor allem ist es ja das Lesen und Nach-Denken, worauf es jetzt ankommt. Da kann ich in punkto Geschwindigkeit keinen Fehler machen. Sie bestimmen den Rhythmus und das Tempo! Learning by doing statt Lernen durch »Deung!« Kein Nürnberger Trichter, kein Holzhammer.

Ich bemühe mich, verständlich, einfach und nicht nur trocken zu schreiben. Sollte das gelegentlich gelungen sein, seien Sie auf der Hut. In aller Unverfrorenheit behaupte ich, dass sehr viel in den Sätzen steckt – und dazwischen. Das spezifische Gewicht des darin verpackten Wissens und Könnens ist hoch. Da es weit überwiegend nicht von mir stammt, kann ich das behaupten, ohne rot zu werden. Lassen Sie sich aber nicht durch eine gewisse Leichtigkeit täuschen (die unendliche Leichtigkeit des Seins ist im Controlling wohl ohnehin nicht zu erreichen). Überlesen Sie nichts! Geschichten lesen sich einfach; sie sind es aber nicht.

Wenn Sie nicht nur nachdenken, sondern nach-denken, das Lesen unterbrechen, um Fragen zu notieren bzw. um zurück zu blättern, sollten Sie Randbemerkungen an den Text schreiben und Antwortvorschläge machen. Das tun Controllerinnen und Controller immer. Die Vorschläge können auch von anderen kommen und nicht nur von Ihnen. Sie werden sich auch häufig beim Nachlesen ändern. Wenn Sie die Vorschläge mit dem Text oder Ihren Erwartungen vergleichen, werden Sie den Umgang mit Differenzen lernen. Differenzen zwischen Plan und Realisierung erkennen und mit ihnen umgehen können, das ist, ist Ihnen jetzt bereits klar, unser tägliches Controllerschicksal.

Wenn ich Sie bitte, etwas aufzuschreiben, meine ich das auch so. Wenn in einem Planungsgespräch über die nächste Periode gesprochen wird, schreiben Sie sich das auch auf, einschließlich Ihrer Gedanken dazu. Erst wenn Sie mit dem Aufschreiben fertig sind, wird es Sinn machen, weiter zu lesen. Sie bestimmen den Rhythmus, aber auch die Intensität und den erzielbaren Fortschritt der Arbeit. Überlegen Sie gründlich, und schreiben Sie genau und differenziert auf, was Sie sich bei den im Text eingestreuten Fragen erarbeiten. Ja, Arbeit ist es schon! Und ein gutes Ergebnis braucht seine Zeit. Und krempeln Sie die Ärmel auf. Entgegen einer weit verbreiteten Meinung tragen Controller keine Ärmelschoner. Controlling ist ein wenig wie Archäologie: Viel harte, mitunter schmutzige und immer genaue Feldarbeit bei der Spurensuche und beim Freilegen der Funde – und dann und wann eine faszinierende Entdeckung, mal mit der Schaufel, mal mit dem Pinsel. Es gibt viele Metaphern für Controlling. Navigator, Steuermann, Hubschrauberpilot. Controlling ist immer auch kritischem Journalismus ähnlich. Kritisch und engagiert.

Vielleicht werden Sie sich manchmal mehr Handwerkszeug und mehr Details wünschen. Das umfassend zu schaffen, wird mit diesem Buch nicht angestrebt. Dazu gibt es dicke Nachschlagewerke und das Internet. Dort wie hier werden Sie auch Hinweise auf Literatur finden. Google sei Dank! Freilich gilt: Übernehmen Sie nichts ungeprüft. Wie das geht, werden Sie noch erfahren: Wie denkt eine(r), wenn sie/er so denkt wie sie/er denkt. Sie müssen auch nicht alles nachschlagen, wenn Sie es im Moment nicht benötigen. Aber merken Sie sich die Lücke und gegebenenfalls die Quelle. Notieren Sie sich auch Ihre eigenen Literatur- und Erfahrungsquellen am Rand.

Am Ende dieses Buches werden Sie aufgrund dieser Methode in Bezug auf Controlling urteilsfähig sein. Sie werden Controlling denken können, differenziert und mit viel Fantasie. Sofern Sie nicht schon Controllerin oder Controller sind, werden Sie auch das Rüstzeug haben, um mehr als hemdsärmelig mit Controlling beginnen zu können. Sofern Sie bereits Controllerin oder Controller sind und bereits an der aktuellen Debatte im Bereich Bildungsmanagement teilnehmen, werden Sie Ihre Argumente vertiefen können. Reflektiert und kompetent argumentieren, heißt zunächst zuhören und rekonstruieren können, was einem begegnet, heißt auch, mancher Allerweltsmeinung und manchen Lehrbuchweisheiten gegenüber emanzipiert auftreten zu können. Das wird durch Methode und ein Konzept erleichtert.

Nun die erste Lektion – abgesehen, von denen, die sie gerade schon gelesen haben: Wann immer Sie sich etwas vornehmen, beginnen Sie! The most difficult thing of any undertaking is – doing it! Das sagte der Gründungsrektor der University of Macau bei seiner Gründungsansprache – und das gilt nicht nur für Universitätsgründungen. Das gilt auch für den Einstieg ins Controlling. Schlagen Sie bitte kurz nach, was ich zur Dreieinhalb-Zeilen-Controlling-Terrine gesagt habe!

Beginnen Sie hemdsärmelig, aber beginnen Sie!
Lassen Sie sich überraschen. Das ist es nämlich, was man im Controlling täglich erlebt. Also: Keine Angst vor Überraschungen, beginnen Sie! Nicht erst am Ende dieses Buches werden Sie hemdsärmelig beginnen können. Beginnen sie spätestens: Jetzt! Entdecken Sie die Differenzen zwischen Ihren Erwartungen und den Darlegungen zum Controlling, die sie hier lesen. Controlling ist ein Prozess, der irgendwann beginnt und nie zu einem Ende kommt. Je eher Sie beginnen, desto schneller lernen Sie diesen Prozess zu nutzen. Beginnen Sie jetzt: Schreiben Sie auf, was Sie erreichen wollen.

Nehmen Sie ein Blatt DIN A4 quer oder am besten gleich ein Notizbuch und machen Sie drei Spalten. In die erste schreiben Sie, was Sie schon über Controlling wissen, was Sie wissen wollen, was Sie in Ihrer Einrichtung erleben, auch das, was Sie bereits zu wissen glauben, gehört haben, zugetragen bekamen usw. Im Controlling heißt das, was wir erreichen oder wissen wollen, worüber wir gern Aufklärung hätten oder wohin wir gern möchten, meist Ziel bzw. SOLL oder Plan. Der Plan ist immer ein schriftliches Dokument, nicht nur ein Wunsch im Kopf. In der dritte Spalte machen Sie sich Notizen über das, was Sie hier lesen. Das ist das/Ihr IST dieses Lerntagebuches. In gewisser Weise ist diese Art des Lesens eine Analogie zu der betrieblichen Praxis. Manches wird zu den Notizen in der ersten Spalte passen, manches nicht. Manchmal wird etwas in der ersten Spalte stehen und nichts davon oder dazu in der dritten oder umgekehrt. Oder in beiden Spalten steht etwas, was zusammen gehört, aber sehr unterschiedlich ist. So werden Sie viele Differenzen finden. Die mittlere Spalte ist das Studium, auch das, was Sie mit anderen diskutieren, die Praxis und der Umgang mit den entdeckten Differenzen. Das ist bereits die Abweichungsanalyse des Controlling, zumindest ihr Ausgangspunkt. Ich will etwas, ich mache etwas – und es entsteht eine Differenz. Ich habe das Ziel nicht ganz erreicht – oder habe ich sogar mehr erreicht? Was mache ich nun? Das ist die Herausforderung, deren Ansicht Sie dem Controlling verdanken. [Vielleicht legen Sie jetzt wirklich ein Heft neben diese Lektüre – falls Sie das noch nicht getan haben – und schreiben mit, was Ihnen auffällt und was Ihnen dazu einfällt.]

Entscheiden Sie sich nicht für eine Aussage, wenn in den Spalten Widersprüchliches steht. Die erste und die dritte Spalte haben immer recht, selbst bei den größten Unterschieden. Wägen Sie. Denken Sie nach, wie weit die Argumente der einen und wie weit die der anderen Seite tragen. Unter welchen Bedingungen? Was bedeutet die Differenz für Sie (!)? Wie können Sie damit umgehen, damit Sie etwas davon haben? Inwieweit tragen Ihre Erwartungen, inwieweit tragen andere Aussagen, Annahmen, Behauptungen? Müssen Sie etwas tun, ändern? So zu denken, ist der Einstieg in eine immer gültige Methode.

Spätestens am Ende dieses Buches werden Sie diese Methode beherrschen, um sich auch in Zukunft mit und im Controlling bewegen zu können, gleichgültig ob Sie erst noch praktische Erfahrung sammeln müssen oder schon erfahren sind, gleichgültig ob Sie den Einsatz schon bekannter und etablierter Instrumente des Controlling beabsichtigen oder sich ein Bild vom Wert neuer Vorschläge, neuer Instrumente, neuer Tools, neuer Software-Versprechen und neuer Entwicklungen machen wollen oder müssen – und auch gleichgültig, ob Sie etwas reflektiert übernehmen und anpassen wollen oder selbst eine Entwicklung differenziert voran bringen möchten.

Haben Sie keine Angst, dass Sie Details vergessen. Vieles ändert sich ohnehin ständig. Wenn Sie Methode haben, können Sie diese Änderungen erkennen und bewerten, beurteilen. Sie merken schon, »Methode haben« heißt: sich umschauen können, etwas an- und durchschauen können, beurteilen statt verurteilen und nicht nur Methödchen, Tools, Instrumente mehr oder weniger routinemäßig, nach Rezeptbuch, mehr oder weniger blind, anwenden können. Es gibt gute Gründe dafür, bei Methödchen, Tools, Instrumenten, Werkzeugen auf dem Laufenden zu bleiben und viel zu wissen, aber nicht nur schematisch – und nicht ohne Methode. Das ist der Grund, warum ich nicht mit Instrumenten und Tools bei der Darstellung beginne. Die Tools können das Denken unterstützten, nicht ersetzen. Die Tools sind nicht selten vergängliche Modeerscheinungen. Die Fragen bleiben, und mit Methode werden Sie etwas vergleichbar Bleibendes lernen.

Am Ende dieses Buches werden Sie dennoch auch eine Menge über Instrumente und Tools des Controlling wissen, auch wissen, wo man noch mehr darüber finden kann. Ganz besonders aber werden Sie damit reflektiert umgehen können.

»Methode haben« heißt, Vorschläge, Ideen, Zumutungen und Anmutungen beurteilen können – auch die Vorschläge neuer Tools aus neuen Software-Prospekten oder von Vorgesetzten, Mitarbeiterinnen und Beratern. »Methode haben« heißt rekonstruieren können, ein Problem, ein Verfahren, ein Werkzeug auseinandernehmen können und neu zusammensetzen, um im Nachschauen an die Spitze der Konstruktion und damit an das Problem von morgen zu kommen, das mit dieser bisherigen Konstruktion nicht gelöst wurde.

Am Ende dieses Buches werden Sie kein Verwalter des Controlling und keine perfekte Controllerin sein oder kein perfekter Controller – weil man das nie ist, aber auch, weil dies ein Buch ist, das Sie breit informieren und zum Reflektieren anregen, aber nicht zum Spezialisten für einzelne Instrumente machen kann. Das schafft nur die Praxis. Nur sie enthält die ganze Theorie.

Und wenn Sie gar kein Controller und keine Controllerin sein oder werden wollen?

Lesen Sie bitte den ersten Satz des Abschnitts 1.1 noch einmal. Schon jetzt wissen Sie: **Controlling ist Managementaufgabe** und bleibt auch dann Managementaufgabe, wenn es in der Organisation Stellen für Controlling-Service gibt, also Stellen, die das Management bei dessen Managementaufgabe Controlling unterstützen. Controlling hat auch nicht nur mit den Zahlen des betrieblichen Rechnungswesens oder der Finanzbuchhaltung zu tun. Das wird zwar in der Wirtschaft und auch in anderen Organisationen häufig an erster Stelle stehen, aber für Sie, ganz persönlich, kann Controlling auch heißen, dass Sie sich immer wieder selbst Rechenschaft geben, über das, was Sie angestrebt haben (bitte aufschreiben!) und das, was Sie bereits erreicht haben, und damit auch über das, was noch zu tun bleibt.

Werden Sie am Ende des Buches alles richtig machen und nicht mehr zu überbieten sein? Nein. Wie kommen Sie denn da drauf? Sie werden den Glückspilz Gustav Gans nicht überflügeln können. Er zieht den Kreuzbuben beim ersten Versuch aus zweiunddreißig Karten. Donald Duck zieht ihn erst beim zweiunddreißigsten Mal, und das auch nur, weil es dann keine andere Karte mehr gibt. Sie werden wissen, wie man ihn in fünf Versuchen findet. Schneller geht es systematisch nicht. Und wenn Sie nicht gerade Gustav Gans gegenüber sitzen ...

Nun ahnen Sie schon:

> Methode haben heißt, das ganze Drum und Dran mit zu bedenken, das dabei ist, wenn man »controllt«, z.B. Werkzeuge, Instrumente, Tools anwendet oder entsprechende »Ergebnisse« vorgesetzt bekommt.

»Das ganze Drum und Dran mitbedenken?«

Nein, natürlich nicht. Das kann niemand. Was »Alles« ist, wissen wir nicht. Auch nicht, wenn Autorinnen und Autoren versuchen, Sie »ganzheitlich« anzulügen. Eine Zahl ist, wie jede Aussage, nur soviel wert wie der Prozess, in dem sie zustande kommt, soviel wie ihr Ermittler oder ihr Benutzer daraus macht – und manchmal nicht einmal das. Jede Zahl ist kontextabhängig. Aber auch ein Satz ist nur soviel wert wie seine Autorin oder Sprecherin und soviel wie sein Leser oder seine Hörerinnen daraus machen.

> Dazu gibt es eine schöne Geschichte aus dem 4. Band „Per Anhalter durch die Galaxis"
> von Douglas Adams. Hier die Kurzfassung:
> Als der größte aller Computer im Jahre 5023 die letzte aller Fragen beantworten sollte,
> rechnete er zehntausend Stunden. Endlich druckte er die Antwort aus: 42!

Zunächst lässt sich auf die meisten Fragen antworten: Je nach dem. Das verweist auf die Bedingungen der Frage und der Antwort. Je nach ihrer Ausprägung bei der Frage wird die Antwort anders ausfallen, ausfallen können oder ausfallen müssen. Jenseits des Schreiben-Lesen-Zusammenhangs oder des Sprechen-Hören-Zusammenhangs sind Zahlen und Sätze belanglos, ohne erkennbaren Wert, weil ohne Be-Deutung. »Controlling ›an sich«« ist wesen- und bedeutungslos. Seine Bedeutung erhält es erst und nur im Gebrauch, also in der jeweiligen Zuschreibung von Inhalten, Wertigkeiten und Bedeutsamkeiten, erst nach der Be-Deutung. Der Befund ist das eine, die Befindlichkeit der befundenden und der befundeten Menschen das andere. Und beides ist nicht unabhängig voneinander und den übrigen Bedingungen der Situation.

> Am Ende dieses Buches werden Sie mit Controlling emanzipiert umgehen, es nutzen können, sich nicht von Controlling domestizieren lassen.
> Am Ende dieses Buches werden Sie wissen und begründen können, was Controlling kann und was es nicht kann. Sie werden mit Controlling jonglieren und tanzen können.

Zahlen beherrschen das Controlling. Auch Formeln kommen vor. Da sie aber nicht alles sind, müssen wir ihre Möglichkeiten und Grenzen beurteilen können. Pythagoras kannte auch keine Formeln. Für den Anfang sollen Sie daher eine Beschreibung von Controlling bekommen, die nicht auf Zahlen verweist. Zumindest formal und vorerst ergänzt die folgende Kurzbeschreibung die Dreieinhalb-Zeilen-Controlling-Terrine ausreichend. Später werde ich das zum Teil relativieren.

> Controlling im Sinne von Controlling-Service koordiniert die Planung und Budgetierung in Organisationen, analysiert Soll-Ist-Abweichungen, weist auf Schwachstellen hin und ist bestrebt, dass Entscheidungen getroffen werden, diese Schwachstellen zu beseitigen.

Warum solche Definitionsversuche ein Problem sind, es sich also lohnt, darüber Klarheit zu schaffen, es sich aber auch lohnt, sich auch über dieses »Klarheit schaffen« Klarheit zu verschaffen und wie das geht, werden Sie sich im weiteren Verlauf aneignen. Dieses Buch ist der Versuch einer Entfaltung des Controllingbegriffs. Es ist nicht mit der Absicht geschrieben, Controlling in eine Definition zu pressen. Die Entfaltung weist auf Potenziale hin. Definitionen sind dazu da, etwas aus einer Menge von Phänomenen einfach herauszufinden. Bei dem Gegenstand selbst müssen die Definitionen nicht unbedingt den Kern treffen. Als Definition des Menschen reicht es anatomisch gesehen aus zu sagen: Der Mensch ist ein Säugetier mit Ohrläppchen. Auf diese Weise ließe sich ein Mensch von allen anderen Säugetieren unterscheiden – von anderen ohnehin. Für die Entfaltung der Vielfältigkeit des Menschen und vor allem der Menschen, aller Menschen, die je gelebt haben, leben und leben werden, reicht die Definition nicht aus. Zur Entfaltung und zu einem gewissen Eindruck von der Unendlichkeit des Begriffes »Mensch« gehören die Erfahrung des täglichen Umgangs miteinander, die Literatur, die Wissenschaft, die Politik, die Geschichte, die Medien, der Fußball, das Bier, der Fleiß, die Faulheit, Leistung und Lucky Luke, das Netz, die Briefmarkensammlung, die Puppen, der Beruf, die Freizeit, der Glaube oder Unglaube, die Emotionen und alle unendlichen Relationen zu dem, was uns innerlich und äußerlich umgibt. Zuletzt der Tod. Das ist ein unerschöpfliches Feld für Forschung und Spekulation, Geschichte und Geschichten, in die wir verstrickt sind, die wir erzählen können, und in die wir uns mit anderen verstricken. Die ganze Freude, das ganze Leid und alle diese Alltagskatastrophen und Alltagsmythen.

Die oben gegebene Kurzbeschreibung des Controlling dürfte für viele unterschriftsreif sein, die Controlling in der Praxis machen. Sie weist aber nicht auf die Probleme hin, die beispielsweise auftreten, wenn darüber zu befinden ist, was »koordiniert« heißen soll. Controlling als Controlling-Service trifft keine Entscheidungen, es sei denn, es ginge darum, den eigenen Bereich zu organisieren und zu betreiben. Controlling als Controlling-Service unterscheidet. Es vergrößert damit gewissermaßen die Transparenz einer Situation für das Management. Das ist natürlich auch nur ein Bild und nicht ganz richtig, denn vielleicht versteht das Management etwas anderes unter Transparenz. Das Bild ist aber auch nicht wirklich falsch, wenn man sich über bestimmte Abbildungs- und Interpretationsregeln einigt. Im Weiteren werden wir diese dunklen Sätze gemeinsam erhellen und praktisch werden lassen. Manager, die Ihre Controllingaufgabe erfüllen, entscheiden sehr wohl nicht immer im Sinne der Vorschläge des Controlling-Service, wenn es ihn überhaupt gibt. Ich sagte es bereits: Die meisten Dienstleistungseinrichtungen erreichen nicht die Größe und die Umsätze, um sich einen eigenen Controlling-Service leisten zu können. Um so mehr muss das Management vom Controlling verstehen.

Diskussionsanregungen zur „Hinführung"

Wer aufschreibt, was er/sie will, macht einen Plan. Wer nachschaut, wie weit er/sie gekommen ist, was er/sie erreicht hat, überlegt, was die verbleibende Herausforderung ist und was steuernd getan werden kann, macht Controlling. (Die Betonung liegt übrigens auf aufschreiben und steuern!) „Wer aufschreibt ...": Daraus ergibt sich, dass Controlling in hohem Maße subjektiv ist. Anders steht es in den meisten Lehrbüchern. Geht man nach ihnen, hat Controlling objektiv zu sein. Könnte es sein, dass auch diese „objektiven" Lehrbücher im Grund offene Geschichten unter einem bestimmten Blickwinkel erzählen? Wie und wo soll der Mensch, der nur über beschränkte und selektive Wahrnehmungs- und Informationsverarbeitungskapazitäten verfügt, also immer schon selektiv ist, plötzlich solche Objektivität hernehmen? Sie werden sehen: Es lohnt sich für Controllerinnen und Controller bescheiden zu sein und sich aus praktischen Gründen intensiv mit den Bedingungen der Möglichkeiten und der Grenzen dieses Tätigkeitsfeldes zu beschäftigen. Bedenken Sie dies einmal anhand der eigenen Controllingpraxis. Was sind die Konsequenzen für diese Praxis? Bleiben Sie subjektiv! Sie können ohnehin nichts anderes tun. Aber sie können mit anderen darüber reden, was diese und jene aus anderer Perspektive wahrnehmen. Im weiteren Verlauf werden wir solche Perspektiven gemeinsam zu erkunden versuchen.

Literatur zur Vertiefung

Deyhle, Albrecht/Günther, Carl/Radinger, Günter [jeweils die neueste Aufl.]: Controlling-Leitlinie, CA Controller Akademie Gauting bei München
Beste Kurzeinführung; sehr praxisnah und anschaulich

Deyhle, Albrecht (Hg.) (2005): Deyhle's Fachlexikon für Controllerinnen und Controller – Geländegängige Begriffe für die praktische Arbeit im Controlling. Offenburg: Verlag für ControllingWissen AG.
Der Untertitel spricht für sich

Horváth, Péter (2006) [jeweils die neueste Aufl.; 10. Aufl. 2006)]: Controlling. München: Vahlen
Das umfangreichste deutschsprachige Buch zum Controlling; sehr gut als Nachschlagewerk für zusammenfassende Kurzdarstellungen zahlreicher Controllinginstrumente zu benutzen

Scherm, Ewald/ Pietsch, Gotthard (Hg.) (2004): Controlling. Theorien und Konzeptionen. München: Vahlen
Zur wissenschaftlichen Vertiefung und Reflexion; dokumentiert umfassend den Stand der Controllingdiskussion im deutschen Sprachraum bis zum Erscheinungsjahr

Weber, Jürgen (2005) [jeweils die neueste Auflage; 10. Aufl. 2005]: Einführung in das Controlling. Stuttgart: Schäffer-Poeschel
Umfassende Einführung; preiswertes Taschenbuch

2 Controlling als Differenzproduktion und Differenzanalyse

> »Ich werde ihn Novecento nennen.«
> »Novecento? ... Aber das ist doch eine Zahl!«
> »Das war eine Zahl. Jetzt ist es ein Name!«
> [aus: ALESSANDRO BARICCO, Novecento.
> Die Legende vom Ozeanpianisten]

Wenn Sie meinen, dass es jetzt erst richtig los geht, haben Sie etwas überlesen. Sie sind schon mitten drin im Controlling. Wundern Sie sich nicht über die ersten beiden Sätze. Lehrbücher, -materialien und Lehr- wie Lernabläufe müssen redundant sein. Auch die, die Sie selbst verwenden bzw. gestalten. Das wissen Sie bereits. Das zu planen und zu überprüfen, wäre und war immer schon ein Betätigungsfeld für Controlling im Bildungsbereich. Natürlich hieß das nicht so. Neuerdings wird dafür vielfach das Wort Evaluierung gebraucht. Sieht man Evaluierung als Schritt in einem Bildungsangebotsplanungs-, -realisierungs- und -überprüfungsprozess, ist der Unterschied zu Controlling aufgehoben. Deshalb wird im Weiteren zwar auch über Evaluierung zu sprechen sein, aber selbst wenn das nicht der Fall ist, wird Evaluierung bei Controlling mitschwingen.

Sie werden auch schon gemerkt habe, dass ich den Fluss des Lesens immer wieder unterbreche und Sie bitte, über eine Frage nachzudenken, einen neuen Gedanken aufzunehmen oder einfach nur einmal abzuschalten. Controlling kann und soll auch auf Pausen achten und sie zu verbessern helfen: Pausenplanung und die Überprüfung ihrer Wirksamkeit.

Es lohnt sich also, nochmals kurz zu rekapitulieren, was im 1. Kapitel alles gestanden hat. Was heißt es, dass bereits das Hinführungskapitel in sich ein Controllingkapitel ist? Bitte versuchen Sie vor dem Weiterlesen mit Ihrem bisherigen Wissensstand – wie differenziert er auch sein mag – diese Frage nochmals genau zu beantworten. Sie werden danach bereits viel vom Controlling verstanden haben.

Das Kapitel 2 beginnt mit drei kleinen Beispielen aus der Praxis, einer Frage und einem weiteren Begriffsbestimmungsversuch für Controlling. Danach werden Sie etwas über die Grundsituation des Controlling lesen können und schließlich das alles in einem kleinen Planungsbeispiel zusammengefasst finden.

Mit diesem Rüstzeug sollte es Ihnen möglich sein, in Situationen Ihrer Praxis Controllingaspekte zu erkennen und einzuordnen. Das schließt die Einsicht in die Möglichkeiten und Grenzen der Übertragbarkeit „betriebswirtschaftlichen Controllings" auf Bildungseinrichtungen mit ein. Natürlich gibt es dafür kein Patentrezept, denn auch jede Bildungseinrichtung ist anders, so dass die jeweilige Grundsituation unterschiedliche Facetten enthalten wird. Sie werden selbst solche Differenzen zwischen SOLL und IST in Ihrer Einrichtung durch die Formulierung von Zielen, Plänen und Budgets sichtbar machen können und zugleich wissen, warum Sie auf der Hut sein müssen. Controlling ist immer nicht nur Abbild. Mit dem Bild, das mit Hilfe des Controlling gezeichnet wird, verändert sich auch die »Wirklichkeit«. Sie ist nun eine »Wirklichkeit« mit diesem Bild und provoziert damit auch andere Sichtweisen und Perspektiven.

2.1 Drei Aufgaben, eine Frage und ein Begriffsbestimmungsversuch

In den drei kleinen Aufgaben zum Anwärmen erfahren Sie etwas über den Unterschied zwischen Controlling und Rechnungswesen und unterschiedliche Controllinganwendungen bzw. Möglichkeiten zu solchen Controllingaktivitäten. Bei dem nachfolgenden Begriffsbestimmungsversuch werden Sie merken, dass die Aussagen einleuchten, aber relativ wenig über die Schwierigkeiten informieren, die man bei der Anwendung von Controlling hat. Gehen Sie aber nicht sofort zu dem Bestimmungsversuch. Gehen Sie ruhig auch ohne große Vorkenntnisse »ganz ungeschützt« zu den kleinen Fällen und den ihnen beigegebenen Fragen. Bilden Sie sich Ihre eigenen Vorstellungen darüber, worum es bei den Fällen geht oder gehen könnte.

Die folgenden Fälle und die besondere Frage (»Fall 4«) sind nicht erfunden, sondern aus der Praxis gegriffen. Sie sind nicht ganz so simpel, wie sie sich lesen. Verwenden Sie also genügend Zeit zum Nach-Denken. Bilden Sie insbesondere Beispiele aus Ihrer Praxis, die den Fällen ähnlich sind. An dieser Stelle ist es besonders interessant, wenn Sie in einer kleinen Gruppe arbeiten und sich über die verschiedenen Beispiele austauschen können. Das vermehrt nicht nur die Beispiele, sondern schafft auch größere Sicherheit im Umgang damit.

Ihre eigenen Beispiele sollen Ihnen intensivere Möglichkeiten geben,
- Berührung mit dem Thema Controlling in der Praxis aufzunehmen,
- generell über die Fälle nachzudenken und darüber zu spekulieren, was sie mit Controlling zu tun haben könnten,
- nach weiteren »vergleichbaren« Fällen aus Ihrer Praxis zu suchen und
- über Ihre Reaktionen, Aktionen und Verhaltensweisen in den vorgestellten und den von Ihnen selbst gebildeten Fällen nachzudenken (zu reflektieren, die Fälle zu hinterfragen).

Fall 1: Kleiner realer Selbstversuch zu Controlling und Rechnungswesen
(Kein Gedankenexperiment! Bitte bei nächster Gelegenheit wirklich selbst machen!)

- Sie fahren im Zug oder im Bus oder in der Straßenbahn. Bitte setzen Sie sich so an ein Fenster, dass Sie in Fahrrichtung blicken. Beobachten Sie genau, wie Sie das, was Sie sehen, sehen!
- Setzen Sie sich nun so an ein Fenster, dass Sie mit dem Rücken in Fahrtrichtung sitzen. Beobachten Sie genau, wie Sie das, was Sie sehen, sehen!
- Wiederholen Sie den Wechsel der Sitzpositionen so lange bis Ihnen der systematische Unterschied beim Betrachten der vorbeiziehenden Landschaften, Menschen, Tiere, Gegenstände usw. klar ist.
- Was ist der Unterschied?

Bringen Sie die Erfahrung dieses Selbstversuchs mit der bildhaften Aussage für Controlling in Verbindung (Controlling wird häufig über solche Metaphern einprägsam darzustellen versucht): »Controlling fährt mit Blick in Fahrtrichtung; Rechnungswesen sitzt mit dem Rücken zur Fahrtrichtung.«

- Was für Wahrnehmungs- und/ oder Handlungsmöglichkeiten ergeben die unterschiedlichen Sitzpositionen?
- Welche Ihrer Meinung nach passenden und die Metapher benutzenden Gedanken fallen Ihnen bei diesem Versuch ein? (z.B.: „Ich fahre ja auch nicht mit dem Blick in den Rückspiegel." Okay, aber manchmal schauen Sie sicher doch in ihn – und was heißt das für Controlling und Rechnungswesen oder was ist an dem Bild falsch, was richtig?)
- Bitten Sie andere Menschen (Freunde, Familienmitglieder, Schüler, Kollegen etc.), diesen kleinen Versuch ebenfalls zu machen. Sprechen Sie mit diesen Personen über Ihre/ihre Beobachtungen.
- Wie unterscheiden sich die Informationen aus der Landschaft, die Sie durch das Fenster sehen, in Abhängigkeit von der Sitzposition? Wie fahren Sie lieber? Wie sitzen Sie in welchen Situationen lieber?
- Inwiefern könnte die Aussage „Auf dem Motorrad erlebe ich die Landschaft, im Zug oder im Auto empfinde ich sie wie Fernsehen" für Controllerinnen und Controller in ihrem Berufsverhalten relevant sein? (Die Bemerkung stammt von ROBERT M. PIRSIG, *Zen and the Art of Motorcycle Maintenance*)
- Finden Sie selbst weitere Parallelen zwischen Controlling und Rechnungswesen einerseits und den verschiedenen Sitzpositionen im Zug andererseits.

Fall 2: Kostenrechnung

> Einem Kollegen an einer Universität war es gelungen, für eine Veranstaltung, bei der sich Firmen um Praktikanten bewerben, jedem Unternehmen einen Eintritt von € 1.000 zu entlocken. Das Praktikum war für die Studierenden Pflicht. In der Vergangenheit hatten sich immer sehr viel mehr Firmen um Praktikanten beworben, als es Praktikanten gab. Allerdings wurde zu dieser Zeit kein »Eintrittsgeld« verlangt. Fünfzehn Firmen kamen, zahlten, und der Kollege lieferte € 15.000 bei der Universitätskasse ab. Wenig später bekam er Besuch vom kaufmännischen Geschäftsführer. Dieser erklärte ihm, dass er aufgrund der Kostenrechnung der Universität noch € 2.500 schulde, da die Universität die anteiligen Gehälter der beteiligten Universitätsmitglieder, Miete, anteilige Reinigungskosten für den Raum und den üblichen Gemeinkostenzuschlag veranschlagen müsse, was insgesamt € 17.500 ausmache.

- Wie fühlen Sie sich als Veranstalter dieses Treffens nach diesem Besuch des Geschäftsführers?
- Wie würden Sie auf die Forderung des Geschäftsführers reagieren?
- Inwiefern läuft hier etwas schief oder inwiefern hat der Geschäftsführer recht?
- Welcher (ernsthafte) Gedankengang könnte den Geschäftsführer bewegt haben?

- Wie lässt sich aus Sicht des Veranstalters dieses »Heiratsmarktes« gegen die verlangte Nachzahlung argumentieren?
- Könnte diese Geschichte passieren, wenn der Geschäftsführer Controlling begriffen hätte?
- Wie lassen sich solche Unstimmigkeiten in Zukunft vermeiden?

Ein wichtiger methodischer Einschub

Sie können natürlich nicht wissen, wie ein anderer Mensch, z.B. der Geschäftsführer aus Fall 2, denkt. Da hilft es auch nichts, wenn Sie daran denken, dass die Rolle und die Funktion des Betreffenden festgelegt sind. Ganz abgesehen von fast immer bestehenden Interpretationsunterschieden gibt es neben der Entscheidung für die Teilnahme an einer Organisation, die Eintritts- oder Teilnahmeentscheidung, nämlich immer die Entscheidung, in der jemand für sich bestimmt, inwieweit er nach der Teilnahmeentscheidung den Rollenerwartungen entsprechen will bzw. welchen Verhaltens- und Handlungsspielraum er sieht. Ich erinnere mich sehr gut an eine von uns beneidete Mitschülerin, die es im Laufe der Jahre geschafft hatte, dass kein Lehrer sich mehr aufregte, wenn sie in der ersten Stunde manchmal um bis zu zehn Minuten zu spät kam. Die Teilnahmeentscheidung für die Schule hatten ihre Eltern getroffen. Den Handlungsspielraum, also die Vorstellung von der Erfüllung der an sie gerichteten Handlungs- und Verhaltensanweisungen, die Entscheidung über ihr Rollenverhalten, hatte sie selbst ein wenig in die Hand genommen – übrigens nicht nur über den Zeitpunkt des Schulbeginns.

Sie können, um zu vorsichtigen Vermutungen zu den Gedanken eines anderen zu kommen, ein Gedankenexperiment machen. Wie müssen Sie denken, damit die Ihnen vorgetragene Schlussfolgerung des Gegenüber oder die von Ihnen beobachtete Verhaltensweise dieses anderen Menschen, also z.B. das Ihnen in einer Diskussion oder bei einer Verhandlung genannte Argument, das logische Resultat Ihres eigenen Gedankenganges ist? Es kann sein, dass Sie dieser eigene Gedankengang zu dem des anderen führt. Es kann aber auch sein, dass der Gedankengang, der aus Ihrer Sicht logisch zu dem Argument der Gegenseite führt, zwar logisch nachvollziehbar ist, inhaltlich Ihnen aber ziemlich „verquer" bis komisch vorkommt. Dann sind Sie vielleicht nicht auf den Gedankengang des anderen gekommen oder er denkt eben ganz anders als Sie es sich vorstellen können. Bedenken Sie, dass auch das sehr erhellend sein kann. Insbesondere dann, wenn die andere Person Gefühle oder für sie scheinbar feststehende Tatsachen mit der Argumentation äußert – „Für mich ist das ‚superaffengeil!'" – „Um acht Uhr bin ich einfach noch nicht richtig wach." –, kann man das nicht einfach vom Tisch zu wischen versuchen. Für den anderen Menschen ist es zunächst einmal so. Die Gefahr ist groß, dass wir in einem solchen Fall glauben, unsere Informationslücke durch Annahmen schließen zu können. Das ist in der Regel ganz unzweckmäßig. »Darauf eingehen«, »sich das nochmals erklären lassen« oder sich in der gerade beschriebenen Weise »in den anderen hinein zu versetzen versuchen«, wird für das weitere Gespräch und die Klärung häufig hilfreicher sein als der Versuch, aus der eigenen Sicht oder der eigenen Spekulation heraus zu überzeugen – was ohnehin meist nur als Überredungsversuch gewertet werden wird.

Diese zugegebenermaßen nicht ganz leichte Methode – »Wie denkt eine(r), wenn sie/er so denkt, wie sie/er denkt?« – ist für das Controlling zentral. Wenn ich dieser Frage nachgegangen bin, vergrößert sich mein Verständnis für das, was der andere sagt und meint, und ich verbessere vermutlich auch mein Argumentationsrepertoire.

Fall 3: Evaluierung

> Bei der Beurteilung einer Lehrveranstaltung durch die TeilnehmerInnen (Evaluierung mit Hilfe eines Fragebogens, der einige Fragen mit Notenvergabe von 1-5 vorsieht und einige offene Fragen, zu denen die TeilnehmerInnen Beobachtungen, Bemerkungen und Beurteilungen schriftlich abgeben) hat eine Lehrveranstaltung zum dritten Mal nacheinander schlecht abgeschnitten.

- Denken Sie an Ihre Bildungseinrichtung: Was fällt Ihnen alles zur Handhabung dieser Situation ein?
- Hat das wirklich etwas mit Controlling zu tun? Inwiefern (nicht)?
- Wie könnte diese Situation mit Hilfe von Controlling verbessert werden?

Fall 4: Eine überraschende Frage

> „Wie können Sie die Bildungseinrichtung, für die Sie tätig sind, ohne großen Aufwand rasch und nachhaltig zu Grunde richten oder wenigstens schwer schädigen?"
> *[Die Frage geht auf eine Anregung zurück, die PAUL WATZLAWICK in einem Vortrag gegeben hat.]*

- Warum sollte Controlling sich diese Frage vorlegen? Welcher Erkenntnisgewinn für die praktische Führung einer Organisation ist daraus zu gewinnen?
- Inwiefern sollte sie vielleicht auch anderen in dem Unternehmen, der Bildungseinrichtung, allgemein: der Organisation, oder Außenstehenden vorgelegt werden?

Sollten Sie überrascht sein von den Fällen, sind Sie auf dem richtigen Weg!

Controlling geht mit dem Normalfall um, selten mit dem Spektakulären, das ohnehin jedem auffällt. Jeder Normalfall steckt voller Überraschungen, voller unangenehmer und manchmal auch angenehmer. »Normale Katastrophen« hat CHARLES PERROW das genannt. Leider wird vielfach vergessen, dass die angenehmen Überraschungen ebenso beachtens- und analysewert sind wie die unangenehmen. Die Gefahr, die in jedem Normalfall steckt, ist gerade, dass er uns »normal« vorkommt, was in aller Regel heißt, dass wir schon lange routinemäßig damit umgehen und dass wir gerade deshalb die im konkreten Fall vielleicht bedeutsamen Abweichungen gegenüber den vorausgegangenen Situationen übersehen. Wenn wir jemandem »Schubladendenken« vorwerfen, ist es häufig genau das, was wir im positiven Fall mit »normal« bezeichnen. Die zu schnelle Einordnung in die eigenen Denkgewohnheiten, lieb gewonnene Vorurteile und unbewussten Rituale produziert Informationsverluste. Das gilt auch für viele Vorurteile gegenüber dem Controlling und der mit dem Wort geweckten Assoziation zu »unanständiger« Kontrolle.

»Unanständig« empfinden manche auch die oben genannte Frage von PAUL WATZLAWICK. Dabei ist sie das keineswegs. Die Beantwortung dieser Frage führt zu der schwächsten Stelle im Unternehmen. An dieser Stelle ist zuallererst Gefahr zu erwarten. Diese Stelle ist das schwächste Glied in der Kette. Und jede Kette ist nur so stark wie ihr schwächstes Glied. Sie sehen, wirkungsvolles Controlling braucht nicht nur ausgefuchste Analytiker. Meist reicht es, gute Fragen zu stellen, was natürlich ebenfalls nicht immer ganz leicht ist.

Sucht man nach einer Begriffsbestimmung für Controlling, werden Sie feststellen, dass es – selbst wenn Sie mehr Literatur heranziehen – keine einheitliche Vorstellung davon gibt, was Controlling ist. Ich habe schon auf die Metaphern verwiesen. Es gibt allerdings einen Bestimmungsversuch, der in der Praxis weit verbreitet ist. Er ist aus dem Controllerverein e.V. hervor gegangen, in dem – zunehmend in ganz Europa – Controller und Controllerinnen sich organisiert haben. Für's erste können wir uns diesen Bestimmungsvorschlag für Controlling einmal ansehen.

Die Autoren nennen ihn Controller-Leitbild, obwohl er kein Bild ist. Diese Formulierung kann eine erste Orientierungshilfe für Ungeduldige bieten, da man glauben könnte, sie sagt, gewissermaßen wie eine Industrienorm, alles über Controlling. Dem ist natürlich nicht so. Was »alles« heißt, ist ohnehin nie bestimmbar, und so bleibt auch in diesem Fall vieles offen. Auch wird »ganzheitlich« in einem nicht zu akzeptierenden Sinn eher marketingmäßig verwendet. Gemeint ist: »Wir koordinieren so gut wie irgend möglich und versuchen dabei, möglichst alle erkennbaren bzw. vorgebrachten Argumente zu berücksichtigen.« Dagegen ist nichts einzuwenden. Nur ist es nicht ganzheitlich in dem Sinne, den das Wort erkenntnistheoretisch meint. Dann müsste wenigstens die Methode dieser Begriffsbestimmung explizit mitreflektiert werden. Rein pragmatisch reicht dieser Bestimmungsversuch für das Verständnis des Controlling, das in der Praxis überwiegend anzutreffen ist.

- Controller [und immer auch Controllerinnen; E. K.] gestalten und begleiten den Management-Prozess der Zielfindung, Planung und Steuerung und tragen damit Mitverantwortung für die Zielerreichung.
- Controller sorgen für Strategie-, Ergebnis-, Finanz-, Prozesstransparenz und tragen somit zu höherer Wirtschaftlichkeit bei.
- Controller koordinieren Teilziele und Teilpläne ganzheitlich und organisieren unternehmensübergreifend das zukunftsorientierte Berichtswesen.
- Controller moderieren und gestalten den Management-Prozess der Zielfindung, der Planung und der Steuerung so, dass jeder Entscheidungsträger zielorientiert handeln kann.
- Controller leisten den dazu erforderlichen Service der betriebswirtschaftlichen Daten- und Informationsversorgung. Controller gestalten und pflegen die Controllingsysteme.

[Formulierung des Controller-Leitbilds durch den Geschäftsführenden Ausschuss der IGC – International Group of Controlling. Überarbeitete Version, Parma 14.9.2002. – Internationale Version]

Für Sie wird zunächst wohl der Bezug zu Ihrer Bildungseinrichtung offen bleiben oder gar nicht klar sein. Bildungseinrichtungen, ob Universitäten, Weiterbildungswerke, Fortbildungsseminare, Volkshochschulen, Firmenakademien, Schulungen der Arbeitsämter, Vereine, Selbsthilfegruppen, Bildungsinitiativen in einem Land oder einem Verband oder was auch immer, sind in vielen Fällen keine Unternehmen, zumindest nicht im Sinne der Wirtschaftsunternehmen, aus denen die Praktiken des Controlling kommen und von denen und für die sie in erster Linie weiterentwickelt werden. Allerdings gibt es nicht wenige kommerzielle Bildungseinrichtungen oder auch andere kommerziell agierende Dienstleistungseinrichtungen. Kommerziell oder nicht, alle müssen darauf bedacht sein, mit ihren begrenzten Mitteln (Ressourcen) wirtschaftlich umzugehen. Ein wenig betriebswirtschaftliches Denken kann da mitunter viel bewirken. Das ist freilich nicht nur zu imitieren, sondern der jeweiligen Situation und dem gewünschten Zweck entsprechend anzupassen. Methodisch ist zu diesen Vergleichen – gerade auch im Controlling – aber auch generell zu sagen, dass es nie darum gehen kann, dass die eine Definition/Meinung/Ansicht/Bewertung richtig ist und eine andere falsch. Zu bedenken wäre jeweils vielmehr, inwiefern, unter welchen Bedingungen oder Annahmen die eine Argumentation trägt und unter welchen und wieweit die andere.

Weil das so ist, müssen wir doppelt achtsam sein. Einerseits gilt es, die betriebswirtschaftlichen (auch die organisationstheoretischen, psychologischen und sozialpsychologischen) Elemente des Controlling anzusehen und zu verstehen, andererseits müssen wir darauf achten, dass das Besondere der Bildungseinrichtungen und Organisationen, um die es in Ihren konkreten Fällen geht, nicht betriebswirtschaftlich eingeengt und behindert wird, besonders dann, wenn sie keine primären Einkommensinteressen haben. Hinter jeder Controllingvermittlung muss also die Frage stehen, was ist davon für mich in der konkreten Situation meiner Organisation zu brauchen, was ist anzupassen, was ist abzuwandeln, was ist nicht brauchbar? Und: Ist das wirklich so?! Allein kann man das in den wenigsten Fälle hinreichend und kreativ beantworten. Aber das greift schon vor.

> Die Frage, die Vergleiche (nicht nur im Controlling) nutzbringend, weil öffnend macht, lautet:
>
> *Inwiefern bzw. unter welchen Annahmen und Bedingungen hilft die eine (auch die eigene) Ansicht/ Meinung/ Darstellung/ Argumentation/ Bewertung/ Beurteilung weiter und unter welchen Annahmen und Bedingungen eine andere (z.B. eine gegensätzliche)?*

2.2 Die Grundsituation des Controlling

Vielleicht ist Ihnen aufgefallen, dass ich immer »Controlling« schreibe, während oben in dem Begriffsbestimmungsversuch des Controllervereins von dem »Controller« die Rede ist – und hoffentlich auch von der Controllerin. Das hat einen einfachen Grund, den wir uns vor aller weiteren Beschäftigung mit dem Controlling klar machen müssen, und den ich auch bereits mehrfach genannt habe: Controlling ist eine Aufgabe des Managements. Das ist unabhängig davon, ob es in einer Organisation eine Stelle oder eine Abteilung für Controllingservice gibt. Die Literatur drückt sich mitunter vor der Bestimmung des Controlling und wechselt allzu rasch und ohne explizite Nennung des Perspektivenwechsels über zur Behandlung von Organisationsfragen des Controlling. Diese sind zweifellos wichtig, ersetzen aber nicht die Auseinandersetzung mit den Fragen und Problemen, die das Controlling und der Controlling-Service selbst aufwerfen.

2.2.1 Controlling ist Managementaufgabe!

Controlling ist Managementaufgabe. Das werden Sie noch öfter lesen. Es gibt aber auch eine Controllingaufgabe, die dem Management zuarbeitet. Dann ist Controlling Serviceaufgabe der Stelle(n) oder Abteilung(en) für Controllingservice, wobei es innerhalb der Erfüllung dieser Serviceaufgabe natürlich auch Managementaufgaben zur Selbstorganisation zu erledigen gibt. Controllingservice unterstützt das Management durch Informationsbeschaffung und -bereitstellung, Erhebungen, Analysen, Frühwarnungen, durch die Suche und »Vergrößerung« schwacher Signale, durch Steuerungsvorschläge, die Formulierung von Meilensteinen usw. Von seiner eigenen Controllingaufgabe aber wird das Management dadurch nicht entbunden. Die Planer haben nicht immer Recht und die Realisierer müssen sich bei Abweichungen nicht immer rechtfertigen, was ohnehin nur dazu führt, dass sie Recht fertigen. Miteinander die Sache, das Ergebnis zu drehen und zu wenden, macht Sinn und führt zu Erkenntnissen. Wer als Manager Controllingaussagen ungeprüft übernimmt, handelt fahrlässig. Er setzt sich der Gefahr aus, dass der Controllingservice beim Steuern zu stark in die Speichen greift und Argumente, die nur außerhalb dieses Servicebereichs zu hören sind oder Gewicht haben, vernachlässigt werden.

Schließlich zur Wiederholung: Viele kleine und mittlere Unternehmen oder andere Organisationen haben gar keine Stabsstelle oder Abteilung für Controllingservice. Sie könnten sie vielleicht gut brauchen, aber kaum wirtschaftlich nutzen oder nicht bezahlen. Aber in allen Organisationen, in denen Menschen etwas wollen, wollen sie auch wissen, wie weit sie noch von dem angestrebten Ziel entfernt sind, was die verbleibende Herausforderung ist, und wie sie möglichst günstig, ökonomisch: wirtschaftlich, diese Herausforderung angehen können. Controlling heißt, die Differenz zwischen dem nachhaltig Gewünschten, Gewollten, aktiv Angestrebten und dem erreichten Stand zu ermitteln, zu analysieren, zu bewerten und zu beurteilen, um steuernd eingreifen zu können. Controlling ist notwendig, unabhängig davon, ob es entsprechende Servicestellen für Controlling gibt oder nicht.

Auch die (Nach-)Kalkulation des Auftrags durch einen Schreinermeister auf den letzten leeren Seiten seines Taschenkalenders und seine Überlegungen, wie er wohl im Sommerloch seine Gesellen werde beschäftigen und bezahlen können, sind (u.a.) ein Stück Controlling. Das ist im kleinen und mittleren Unternehmen ebenso wenig verwunderlich wie im Großkonzern; in jedem Fall muss Unternehmenssteuerung und ihre Unterstützung zwangsläufig alle Funktionsbereiche des Unternehmens betrachten und berühren. Nehmen Sie das bitte auch wörtlich. Controllerinnen und Controller erscheinen gelegentlich »vor Ort«, um sich die Produkte und Vorgänge anzusehen. Die Lehrveranstaltungen selbst, die Kosten der Veranstaltungsräume, Pausen- und/oder Kantinenservice, Unterbringung usw. usw. sind zu planen und in Bezug auf ihrem Beitrag für das Gelingen des Bildungsziele zumindest zu bedenken. ‚Make or buy" heißt das Neuhochdeutsch.

Make or buy gilt auch für den Controllingservice selbst. Kleine und mittlere Unternehmen (im Prinzip auch große) können das Controlling als Serviceaufgabe von Beratern kaufen. Der entsprechende Markt scheint sich gerade zu entwickeln. Manchmal hat das den Vorteil, dass der hereingeholte Berater einen größeren Überblick hat. Natürlich hat aber auch er/sie seine/ihre eigenen Ansichten und Grenzen, die nicht voll übertragbar sein müssen.

Selbst dann, wenn sich eine Organisation eine Servicestelle oder -abteilung für Controlling leistet, bleibt Controlling Managementaufgabe. Unabdingbar hat das Management, dem vom Controllingservice zugearbeitet wird, die Aufgabe, Ziele zu setzen, Maßnahmen zu ihrer Erreichung zu veranlassen und die erreichten Ergebnisse mit den gesetzten Zielen zu vergleichen, die Differenzen zu analysieren, zu beurteilen und zu bewerten sowie gegebenenfalls Konsequenzen für Steuerungsmaßnahmen daraus zu ziehen. Finden sich keine Differenzen der angedeuteten Art, ist meist auch das von Interesse und verdient Beachtung und Analyse. Vergessen Sie nie: Pläne gehen selten auf! Und wenn, insbesondere wenn das oft passiert, sind die Ergebnisse nicht selten frisiert.

2.2.2 Controlling ist Differenzenproduktion

Die Differenzen, die im Controlling so wichtig sind, liegen nicht einfach vor. Sie müssen wirklich produziert werden, und sie werden vom Controlling, meist vom Controllingservice, produziert, welches/welcher »auf seine Weise« abbildet und damit faktisch interpretiert bzw. Interpretation nahe legt – ob es/er will oder nicht.

Der erste Referenzpunkt für eine Differenz im Controlling sind die Ziele. Sie müssen schriftlich fixiert werden, damit man sich später nicht selbst bemogelt (»Ungefähr so haben wir uns das vorgestellt.« Oder: »In etwa haben wir das Gewollte erreicht.« Das sind in aller Regel Ausreden.) Damit eine Differenz entsteht, müssen wir feststellen, wie weit wir an einem bestimmten Zeitpunkt (meist in der Gegenwart) gekommen sind, wie weit wir also von dem angestrebten Ziel noch entfernt sind, was die verbleibende Herausforderung ist. Vielleicht sind wir noch weiter entfernt, als wir gedacht haben und als uns lieb ist. Vielleicht ist es überraschend gut gelaufen. Vielleicht haben wir uns auch »nur« verrechnet, obwohl Controller sich nie (!) verrechnen dürfen. Schließlich ist es ein Irrtum zu glauben, dass Controller immer nur rechnen. Die Reduzierung von allem und jedem auf eine Zahl täuscht nicht nur Exaktheit vor, sondern steht immer in der Gefahr, einen Informationsverlust zu produzieren. Die Zahl für die Wellenlänge von Lila sagt zum Beispiel nichts über die Anmutung dieser Farbe. Die Farbangabe für die neue Veranstaltungsbroschüre sollte dagegen nicht nur ‚blau' lauten. Sie kann als Norm genau angegeben und mit einem Messgerät exakt gemessen werden, wenn sich das lohnt. Was wiederum eine Controllingfrage wäre.

Natürlich ist die Differenz nicht Selbstzweck. Sie ist vielmehr Anstoß und Provokation, selbst Produktionsprozess für viele Fragen, zum Beispiel die folgenden:

- Was ist die verbleibende Herausforderung, wenn wir heute hier stehen?
- Wieso sind wir (nicht) da, wo wir heute (nicht) sein wollten?
- Gibt es Einflüsse, die wir unterschätzt, überschätzt, nicht oder falsch gesehen haben? Warum? Wie sollten wir in Zukunft denken, hinsehen, agieren, steuern?
- Welche Einflüsse werden sich fortsetzen, welche sich abschwächen?
- Was ist seit der Fixierung des Ziels an Einflüssen hinzu gekommen?
- Welche Entwicklungen im Bildungssektor, die uns betreffen, deuten sich für die Zukunft zum Beispiel in den Untersuchungen der OECD oder der PISA-Studie an?
- Was von alle dem ist nützlich für uns, hilfreich oder was kann uns schaden?
- Wie ist zu reagieren?
- Welche Maßnahmen lassen sich ergreifen, um der verbleibenden Herausforderung zu begegnen?
- Wie lässt sich steuernd eingreifen?
- Oder: Wollen wir die weitere Entwicklung abwarten (z.B. um klarer zu sehen)?

Als Controllerin oder Controller werden Sie im konkreten Fall Antworten zu den obigen Fragen vorzuschlagen haben, die zweckmäßigerweise vom Management mit Ihnen abgewogen und schließlich vom Management entschieden werden. Haben Sie keine Servicestelle für Controlling, werden Sie die Fragen dennoch zu stellen und unter Umständen selbst zu beantworten haben, z.B. in der Geschäftsleitung oder im Kreis Ihrer Führungsmannschaft.

2.2.3 Controlling macht Unterschiede, die einen Unterschied machen

In der Abarbeitung dieser Unterschiede, z.B. durch steuernde Eingriffe, die das Management nun vornehmen kann, erweist sich der Nutzen des Controlling. Pläne sind wichtig, weil sie Bindungen und Festlegungen enthalten, die bis zu einem gewissen Grade sicherstellen können, dass bei auftretenden Hindernissen nicht sofort aufgegeben, zurückgewichen oder eine mehr oder weniger beliebige andere Richtung eingeschlagen wird. Pläne (fixierte Ziele und/ oder Abläufe, Budgets usw.) sind wichtig, um sich nicht später selbst etwas vorzumachen. Pläne sind wichtig, weil Sie die jeweils verbleibende Herausforderung erkennen lassen und so Steuerungsüberlegungen »erzwingen«. Pläne machen Unterschiede, über die neu nachgedacht werden kann, um die Situation besser zu überblicken. Empirisch ist belegt, wer plant und steuert ist erfolgreicher.

> Die Abweichung zwischen der erreichten aktuellen Situation und dem erwünschten Ziel bringt **die Herausforderung** sowie die »eingebaute« Dynamik des Controllingprozesses zum Ausdruck.

Die Abweichung zwischen dem erwünschten Ziel und der aktuellen Situation bzw. der bisherigen Zielerreichung, die ich *Herausforderung* nenne, ist die entscheidende Abweichung im Controlling. Sie enthält den Steuerungsimpuls. Das, was in der Literatur vorwiegend benannt wird, ist dagegen erst in zweiter Linie wichtig: die SOLL-IST-Abweichung. Darunter wird die Abweichung verstanden, die sich zwischen dem gedachten Stand der Dinge zu einem bestimmten Zeitpunkt im Verlauf des Realisierungsprozesses und der zu diesem Zeitpunkt tatsächlich erreichten Realisierung ergibt. Dieser Zeitpunkt liegt vor dem Zielzeitpunkt. Diese Abweichung kann Anhaltspunkte für neue Einflussgrößen, die Veränderung bisheriger Einflussgrößen und die denkbare weitere Entwicklung sowie notwendige Steuerungsmaßnahmen geben, schlimmstenfalls auch Auskunft über die eigene Ohnmacht in der aktuellen Situation. Vorangetrieben und vorangezogen wird der Steuerungsprozess allerdings in erster Linie von der oben genannten Herausforderung.

Bitte halten Sie an dieser Stelle ein wenig inne und bedenken Sie das, was Sie bisher gelesen haben. Beginnen Sie ein »Dossier«. Machen Sie sich Notizen darüber, was in Ihrer Arbeit bereits Controlling oder zumindest controlling-»verdächtig« ist. Was können Sie, mehr oder weniger abgewandelt und angepasst, für die Organisation, in der Sie arbeiten, nutzbar machen?

2.2.4 Ziele oder das Soll

Jedes Ziel ist Ausdruck eines Wollens. Ziele sind Wünsche, erwünschte Ergebnisse oder Abläufe, das, was sein soll, oder kurz: das Soll zu einem bestimmten Zeitpunkt oder in einem Zeitraum bzw. während eines Zeitraumes. Ein Zukunftsentwurf. Ziele formulieren einen (mehr oder weniger) reflektierten Willen, besser mehr reflektiert und nicht nur »ins Blaue hinein«. Ihre Formulierung sollte im Individualfall immer beginnen mit »Ich will ...«, bei einer Gruppe oder Organisation auch mit »Wir wollen...« oder auch als Auftrag mit »Sie sollen ...«. Das »Wir wollen ...« kann auch als Einschwörungsfloskel oder suggestives Einschwörungsritual eingesetzt werden. Natürlich gelingt das nicht immer. Was die Schwierigkeit bei der Formulierung der Ziele ist, wie Sie mit dieser Schwierigkeit umgehen können und inwiefern man die Zukunft kennen bzw. prognostizieren muss, um Ziele formulieren zu können, wird Gegenstand der nächsten Seiten sein.

Was wollen wir? Was können wir wollen? Inhaltlich muss das von demjenigen, derjenigen oder denjenigen entschieden werden, die etwas wollen. Formal lässt es sich dann präzisieren. Das Wollen wird nicht ganz unabhängig sein von dem, was man sich zutraut, wozu die Ressourcen reichen könnten etc. Ziele werden meist nicht genannt, ohne ein wenig auf die Mittel zu schielen. Ziele zu nennen, erfordert aber keine Prognose der Zukunft. Ziele können gesetzt werden. Ziele können in Workshops und mit Hilfe der Szenario-Technik entwickelt und ausprobiert werden. Vielfach ist es dabei üblich, best- und worst-case-Situationen durchzuspielen. Ziele werden auch der Konkurrenz nachgemacht. Unverzichtbar beim Formulieren von Zielen ist allerdings in jedem Fall, dass drei Zieldimensionen angesprochen und – bei mehreren Zielen und Ober- und Unterzielen – die Beziehungen geklärt werden, die zwischen den Zielen bestehen bzw. vermutet werden. Unterziele sollen Oberziele fördern. Das kann sein; das kann aber auch nur in Grenzen der Fall sein.

Ziele enthalten immer drei Dimensionen:

1. **Inhalt** (z.B. Gewinn, Zahl der Absolventen, Ausschuss reduzieren, Wartezeiten abbauen; Ausbildungsniveau verbessern)
2. **Ausmaß/Umfang** (z.B.: Der Gewinn soll 10 % vor Steuern betragen; 24 Absolventen; Ausschuss um 20 % reduzieren; Wartezeiten auf max. 3 Tage verkürzen; Durchfallquote ohne Qualitätsverlust um 12 % senken)
3. **Zeitbezug** (z.B.: im nächsten Kalenderjahr; im Laufe des Schuljahres; bis in sechs Monaten; bis zum Jahresende; noch in diesem Schuljahr)

Wenn eine Dimension fehlt, ist die Zielformulierung mangelhaft und unbrauchbar, da sie Ausreden und Uminterpretationen zulässt. Die Koordination verschiedener Abteilungen wird dann beispielsweise erschwert. Versprechungen von Politikern, die sich nicht festlegen wollen, haben oft diesen Charakter. Controlling hat im Fall der Zielformulierungen die Aufgabe, auf solche Mängel hinzuweisen und Verbesserungsvorschläge zu machen. Aber natürlich ist es häufig nicht leicht, die drei Zieldimensionen so zu formulieren, dass sie für eine Überprüfung der Zielerreichung etwas hergeben. Auch müssen die verantwortlichen Entscheidungsträger den Controllingvorschlägen nicht folgen, z.B. weil sie andere Gründe für ihre Entscheidung oder andere Einflüsse auf die Entscheidung beachten wollen als sie vom Controlling gesehen werden oder gesehen werden können.

Wenn Sie »am eigenen Leibe« lernen wollen und nicht nur abstrakt »auf Vorrat«, sollten Sie jetzt eine Pause machen, sich dann den Inhalt dieses Kapitels vergegenwärtigen und die folgenden Aufgaben erledigen:

- *Formulieren Sie – oder lassen Sie sich nennen – die drei wichtigsten Gesamtziele für die nächsten sechs Monate in der Einrichtung, in der Sie arbeiten und versuchen Sie dasselbe mit den Teilzielen für die Teileinheit, in der Sie beschäftigt sind.*
- *Formulieren Sie die drei wichtigsten persönlichen Ziele, die Sie in den nächsten sechs Monaten erreichen wollen.*

Nun können Sie mehrere Überprüfungen und gegebenenfalls Verbesserungsversuche Ihrer eigenen Situation vornehmen. Ich möchte Sie wenigstens zu drei Überprüfungen anregen:

1) *Sind die Gesamtziele Ihrer Organisation und ihrer Teileinheiten genau genug formuliert? Was kann präzisiert werden?*
2) *In welcher Beziehung stehen die Gesamtziele Ihrer Organisation und die Teilziele Ihrer Teileinheit zueinander?*
3) *Haben Sie persönliche Ziele formuliert? In welcher Beziehung stehen sie zu den Zielen Ihrer Organisation und den Zielen Ihrer Teileinheit?*

Mit der Formulierung von Zielen ist noch nicht die Bestimmung der Mittel zur Zielerreichung gegeben. Häufig werden Ziele als Auftrag formuliert, den der Beauftragte zwar erfüllen soll, wobei er aber, z.B. wegen der Unübersichtlichkeit der Situation, keine Anweisungen über die Vorgehensweise erhält.

»Anweisungen seien kurz und unklar.«
[Diese Weisheit wird NAPOLEON zugeschrieben.]

Eigentlich denkt man doch, dass Anweisungen verständlich sein sollen. Verständlich? Vielleicht. Wenn das möglich ist. Ist Gefahr in Verzug, wird eine Verständigung häufig schwer möglich sein. Manchmal ist sie auch gar nicht erwünscht. So bleiben Spielräume für die Ausführung, die allein am gewünschten Erfolg gemessen wird. Die präzise Fassung des Auftrags sollte in Absprache mit dem Beauftragten erfolgen. Der Mächtige hält sich freilich in unübersichtlichen Situationen auch schon mal gern alle Möglichkeiten offen und schafft sich eine weitere Überlegenheitsposition, da er hinterher sagen kann, was er für richtig oder falsch hält bzw. was andere »richtig« oder »falsch« gemacht haben. Der Schuldige ist so immer ein anderer als der Befehlsgeber. Brauchbar für erfolgreiches Controlling ist dies nicht, weder beim Ergebniscontrolling, noch wenn Prozesscontrolling angesagt ist. Praktisch ist das einfach Politik oder Taktik oder Verschwörung oder ... . Mächtig ist, wer den Ausnahmezustand ausrufen kann.

Die offene Formulierung und Fixierung von Zielen erhellt in vielen Fällen neue Aspekte und eröffnet schließlich Lernprozesse. Wer einen Stein in einen dichten Wald wirft, wird häufig einen Baum treffen. Ob er zielsicher werfen kann, lässt sich aber nur feststellen, wenn der Baum, den er treffen soll, vor dem Wurf bestimmt und markiert wird. Trifft er dann nicht, kann er daraus lernen.

„Durch Feler wird mann Kluk!"
[Becher, Dieter: Feler. Berlin, o. J.: Postkarte der Firma JOKER-Vertrieb]

Durch Fehler wird man nicht nur klug, sondern sie sind die einzige Möglichkeit zu lernen, da sie bestimmte Möglichkeiten ausgrenzen, was beim Erfolg nicht möglich ist. Der Sieg hat immer viele Väter und Mütter. Da Controlling Referenzpunkte setzt bzw. die Markierung solcher Punkte fördert, werden Abweichungen benennbar. Ich habe dann nicht in den Wald geworfen und keinen Baum getroffen, sondern ich habe in den Wald geworfen und den markierten Baum rechts um ca. 120 cm verfehlt. Ich muss anders ausholen (ich weiß noch nicht wie) und mehr nach links werfen (das weiß ich jetzt). So zu werfen wie bisher, wäre ein Irrtum, obwohl es beim ersten Mal auch ein Zufall war.

> Controlling ersetzt den Zufall durch den Irrtum.

Aus dem Zufall lässt sich schlecht lernen, aus dem Irrtum sehr wohl. Ich kann mich im Ziel irren oder in den Mitteln oder in beidem, aber ich kann dies bei richtigem Controlling nicht ignorieren. Ich kann das Irren sogar nutzen. Aber nur wenn ich den Plan schriftlich fixiere. Wenn das Ziel und der Plan aufgeschrieben werden, wirken sie wie eine Art Versicherung gegen allzu rasche Zufriedenheit. Beschönigende Einschätzungen wie »fast getroffen«, »eigentlich passt das auch«, »gar nicht so schlecht« werden nun nicht mehr möglich. Dennoch fragen vor allem Verantwortliche in kleinen Unternehmen und Organisationen, auch in vielen Bildungseinrichtungen und bei anderen Dienstleistern: Brauchen wir wirklich Controlling? Kostet uns das nicht zuviel? Wer so fragt, ist sich seiner Managementfunktion »Controlling« nicht bewusst, obwohl auch diese Personen in der Regel schauen, inwieweit sie das Gewünschte (schon) erreicht haben und damit, zumindest unsystematisch, schon Controlling praktizieren. Wer so fragt, ist sich auch nicht des »Versicherungs«- und des Vergewisserungscharakters von Zielformulierungen bewusst und schon gar nicht des damit erreichbaren Lerneffekts. Lernen ohne diese Hilfe wird in der Regel teurer werden. Oder wie es in einer Versicherungsbroschüre heißt: »Wenn Sie glauben, eine Versicherung sei zu teuer, versuchen Sie es doch mit einem Unfall.«

Machen Sie für den Anfang nichts anderes als die Ziele aufzuschreiben, wenn Sie den Papierkram' nicht wollen oder glauben, Controlling sei für Ihre Einrichtung überflüssig und es genüge, alles im Kopf zu haben. Sind die Ziele einmal formuliert und aufgeschrieben, wird alles andere fast von selbst und ohne überflüssigen Aufwand folgen.

Freilich sind präzise Zielformulierungen nicht immer einfach, manchmal auch wirklich nicht möglich. Nehmen wir das folgende Beispiel: »Wir wollen die Leistung der ProAkademie im nächsten Jahr um 17 % steigern.« Das „nächste Jahr" könnte man noch durchgehen lassen, obwohl etwa »in den nächsten 12 Monaten«, »im nächsten Schuljahr« oder im »nächsten Kalenderjahr« gemeint sein könnte. »17 % Steigerung« ist nur präzise, wenn klar ist, was mit »Leistung der ProAkademie« gemeint sein und gemessen werden kann. Nun messen Sie mal z.B. »den gesellschaftlichen aufklärerischen Nutzen der Universität« (ein Gesetzesauftrag in Österreich!) oder »den emanzipatorischen Fortschritt durch ein Studium« oder auch »nur« den von der „ProAkademie" versprochenen »Nutzen für das berufliche Weiterkommen« – falls solche Ziele angestrebt werden sollen. Selbst der Nutzen der Kurse, die in Ihrer Organisation angeboten werden oder der Nutzen eines MBA-Kurses sind kaum quantitativ eindeutig und unumstritten ausdrückbar – entgegen aller Marketingverlautbarungen. In der Regel sucht man dann nach Hilfsgrößen, die möglichst sinnvolle Referenzpunkte formulieren, die für das Erkennen von Unterschieden und Abweichungen herhalten können. Der Fachausdruck dafür ist »Operationalisierung«. Aber nicht alles lässt sich in Zahlen ausdrücken oder rechnen. Manchmal kann der Wert auch anders ausgedrückt werden: „Würden Sie diesen Kurs Ihrer besten Freundin empfehlen?" – „Ja, uneingeschränkt, weil ..." ; „Glauben Sie, dass diese Umschulungskurse für Langzeitarbeitslose die Teilnehmer wirklich weiter bringen?" – „Ich denke doch. Die Vermittlungsquote während des Kurses von sechs Monaten beträgt 64 %."

Gelegentlich wissen wir auch, dass etwas nützlich ist, ohne dieses »Gefühl« weiter präzisieren zu können. Das kann auch Controllerinnen und Controllern passieren. Wer Risiko scheut, risikoavers ist oder der trieb- und empfindsamkeitsreduzierenden Wirkung abstrakter Lehrbücher der Betriebswirtschaftslehre gefolgt ist, wird in einem solchen Fall allerdings nicht aktiv werden. Dabei sind für jede Praxis und natürlich auch für Controllerinnen und Controller Empfindsamkeit, Sensibilität für Gefühle, Stimmungen, Atmosphären, Kooperationsbereitschaft, Engagement, Offenheit, Lernfähigkeit und Lernbereitschaft, Einsicht in die Schwierigkeiten des Verhältnisses von Bild und Abgebildetem sowie Responsiveness unerlässlich. Responsiveness lässt sich wohl am besten mit »Bereitschaft anzuerkennen, dass auch andere ein Recht haben, ihre Interessen zu benennen« übersetzen. Es spielt gerade im non-direktiven Seminar eine bedeutende Rolle oder in der leiterlosen Gruppe, die für eine Gruppenarbeit gebildet wird. Diese Einsicht macht die Formulierung von Zielen nicht gerade einfacher, was aber weder mit dem Ignorieren der Einsicht noch mit Ignoranz gegenüber Zielformulierungen hinreichend gelöst werden kann. Die folgenden Beispiele machen nochmals deutlich, dass Controlling sich nicht nur in Zahlen, Kosteneinsparungen und Rechenbeispielen ausdrücken muss.

Bei der Arbeit mit Gruppen im Kommunikationszentrum eines Unternehmens kam ich mit dem Leiter dieses Zentrums, der zugleich der Controller des Unternehmens war, ins Gespräch. Ich sagte: »Das ist ein Glücksfall. Als Controller können Sie mir sicher sagen, wie Sie den Nutzen dieser Einrichtung berechnen.« Er schaute etwas spöttisch und sagte dann: »Als Controller kann ich Ihnen sagen, dass dieses Zentrum sich rechnet – aber ich kann es Ihnen nicht vorrechnen.« Wir haben uns dann lange und sehr anregend über die Erfolge des Kommunikationszentrums unterhalten. Einer der Haupterfolgsfaktoren waren die vielen ungezwungenen und ungeplanten Begegnungen zwischen Firmenangehörigen, die in dem Zentrum gerade an verschiedenen Projekten arbeiteten und durch die zufälligen Begegnungen auf dem Weg zur Kaffeetheke oder zum Klo Synergien freisetzten ...

Der informelle Gedankenaustausch wird manchmal gedankenlos unterbunden, was zu langsameren oder falschen Informationsflüssen führen kann. Lehrer und Dozenten können ihre Informationen über Kursteilnehmer auch nicht erst in der Dozentenkonferenz austauschen.

Ein berühmtes Beispiel erzählt auch die Geschichte von der Kopierstation auf dem Gang, an der sich immer viele Menschen trafen und nicht nur kopierten, sondern auch miteinander redeten. Das ärgerte den Sparefroh in der Geschäftsleitung, und sie schaffte die Kopierecke ab. Jede Abteilung auf diesem Flur bekam ihren eigenen Kopierer. Nach einiger Zeit merkte man, dass der Informationsstand im Unternehmen sich verschlechtert hatte und viel Informationen sehr viel länger brauchten, um in der Unternehmung durchzudringen. Der informelle Informationsaustausch in der Kopierecke (beim Militär sagt man »der Obergefreitendienstweg«) war weggefallen. Die Ecke wurde wieder installiert.

Die Reduzierung des Controlling auf Kostenrechnung und vor allem Kosteneinsparung karikiert auch die Geschichte von dem Berater, der ein Symphonieorchester dadurch rationalisieren wollte, dass er von jedem Instrument nur noch eines übrig ließ. Nichts gegen den Abbau von Verschwendung. Leistung wird allerdings nicht umsonst erzielt. Sie verursacht immer Kosten. Entscheidend ist, dass die Leistung über den Kosten liegt. Das ist die eigentliche unternehmerische Leistung. Kostenreduzierung ohne produktiven Einsatz der freigesetzten Ressourcen ist meist auch ein Zeichen von Einfallslosigkeit und Verwaltungsmentalität.

2.2.5 Zielsysteme und Zielbeziehungen

Vielleicht war eine der Schwierigkeiten bei der Formulierung der Ziele Ihrer Institution und/oder der eigenen Ziele, vor allem aber wohl auch des »Abgleichens« der Institutionenziele mit den eigenen persönlichen Zielen, dass nicht alle Ziele unter einen Hut zu bringen waren. Dazu ein kleiner Fall.

Die Zahl der guten Absolventen (z.B.: Abschlussnote 2,0 und besser) soll in einem Kurs bei gleichem Budget/gleichem Zeitaufwand um 30 % gesteigert werden. Das Budget und der Lehrkörper sind darauf abzustimmen, was dem Wunsch widerspricht, mit dem Budget auszukommen. Mindestens 20 % der Plätze sind als Stipendienplätze zu vergeben usw. Die Planung der Stundenpläne ist mit den Kindergartenzeiten für die Kinder der Dozentinnen und Dozenten zu koordinieren. Aber auch das Ziel, das die Bibliotheksbeauftragte zu verfolgen hat, nämlich eine für die ganze Institution zweckmäßige Bibliothek aufzubauen, steht in Konkurrenz zum Aufbau eines Weiterbildungsschwerpunktes »Controlling«, der es ermöglichen soll, die Zahl der Studierenden zu erhöhen und Mehreinnahmen aus Studiengebühren zu erzielen.

Wie versuchen Sie als Leiter oder Leiterin dieser Bildungseinrichtung die Koordination zu bewältigen?

Die Frage »In welcher Beziehung stehen die Ziele zueinander?« ist zu klären, wenn aus Zielen ein Zielsystem werden soll.

Ein Zielsystem einer Organisation enthält immer mehrere Ziele, deren Erreichung zugleich möglich sein soll, oder deren Erreichung dazu beitragen soll, dass übergeordnete Ziele besser erreicht werden können. Dabei ist zu beachten, dass die enthaltenen Ziele in vielfältigen Beziehungen zueinander stehen können. Insbesondere ist es nicht selbstverständlich – und deshalb besonders beachtenswert –, dass Ziele harmonisch zueinander passen oder koordiniert sind. Zielbeziehungen zwischen zwei oder mehr Zielen können harmonisch, teilweise harmonisch/teilweise komplementär sein und teilweise nicht sowie indifferent. Zielbeziehungen bleiben nicht immer gleich. Zielbeziehungen können sich im Zeitablauf, unter Stress und unter vielen anderen Einflüssen verändern.

Zielbeziehungen sind im Controllingprozess zu bedenken und im Auge zu behalten. Es ist durchaus möglich, dass innerhalb gewisser Grenzen ein Ziel einem anderen Ziel dienlich ist, jenseits dieser Grenzen aber mit ihm konkurriert. Nehmen Sie als Beispiel Umsatz und Gewinn. Es kann sein, dass weitere Umsatzsteigerungen nur durch Anwerbung weiterer Kursteilnehmer erzielbar sind. Der erzielte Überschuss steigt bei einer Steigerung der Studierendenzahlen auf beispielsweise 12 Personen, geht aber danach bis zu einer Steigerung von 22 Personen zurück, weil eine neue Klasse aufgemacht werden muss, was sich erst ab einer Steigerung der Gesamtzahl der Kursteilnehmer/innen auf 30 Personen rentieren würde bzw. kostendeckend wirksam wird.

Gleitende Arbeitszeit oder Sonderurlaub können probate Mittel sein, um berufliche und private Verpflichtungen besser koordinieren zu können. Gleichzeitig sind sie dem Betriebsklima dienlich. Wird gleitende Arbeitszeit aber gar nicht geregelt und werden nur die Arbeitszeiten insgesamt erfasst, kann es zu Schwierigkeiten in der Organisation kommen, weil manche Mitglieder über längere Zeiten nicht anwesend sind und nie alle zusammen kommen können. Sind Dozentinnen und Dozenten frei in der Wahl der Wochentage für ihre Kurse, werden sich sehr bald einige Dimido-Dozenten herausbilden: Sie sind nur dienstags, mittwochs und donnerstags da. Dieser Konflikt ist durch Kernarbeitszeiten und andere Regulierungen, die für alle gelten, bis zu einem gewissen Grade zu entschärfen. Aber es gibt natürlich härtere Beispiele. [Fallen Ihnen einige ein aus Ihrer Praxis?] Bedenken Sie auch, dass keine Regel ohne Ausnahme ist. Moraltheologen werden Ihnen sagen, dass das sogar für die zehn Gebote gilt.

Wichtig ist die Beachtung von Zielbeziehungen ganz besonders auch dann, wenn übergeordnete Ziele für die ganze Organisation aufgefächert werden in Ziele für die einzelnen Teilbereiche. Die Ziele der Teilbereiche (Lehre, Verwaltung, Studierendenbetreuung, Druckerei, Forschung, Bibliothek, Finanzen, Personal, Ehemalige, Öffentlichkeitsarbeit, Werbung, Sponsoring, Kooperation mit anderen Bildungseinrichtungen und Verlagen usw.) sollten eine sinnvolle Steuerung der Abteilungen sicherstellen, was nur heißen kann, dass die Abteilungen so arbeiten sollen, dass das Gesamtziel der Organisation gefördert wird (erwünscht: Zielkomplementarität) oder zumindest nicht behindert werden soll (Mindestwunsch: Zielindifferenz). Die Zielerreichungen der Abteilungen sind im Falle der Zielkomplementarität Mittel für das Oberziel und selbst Oberziel für weitere Subziele.

> Grundsätzlich gibt es drei Möglichkeiten von Zielbeziehungen, die sich allerdings ‚mischen' können, d.h. nur innerhalb bestimmter Intervalle der Ziele gelten:
>
> **Zielkomplementarität:** Die Erreichung eines Zieles kann die Erreichung eines anderen Zieles fördern.
>
> **Zielindifferenz:** Die Erreichung eines Zieles hat keinerlei Einfluss auf die Erreichung eines anderen Zieles.
>
> **Zielkonkurrenz:** Die Erreichung eines Zieles beeinträchtig oder behindert die Erreichung eines anderen Zieles oder macht sie sogar unmöglich.

Die Fälle, in denen die Beziehungen zwischen den Zielen klar und eindeutig sind, sind selten. So ist es häufig besser, statt von klaren Ziel-Subziel-Beziehungen bzw. Ziel-Mittel-Ketten auszugehen, Ziel-Subziel-Vermutungen bzw. Ziel-Mittel-Vermutungen oder auch Ziel-Mittel-Hypothesen anzunehmen und das Zusammenspiel im Controllingprozess im Auge zu behalten, um gegebenenfalls bessere Koordinationsmechanismen oder Zielindikatoren vorschlagen und einführen zu können.

Nebenbei bemerkt: Dies ist ein Schritt im dauernden Prozess organisationalen Lernens. Erfahrungen müssen erfahren werden. Nur selten lassen sie sich wirklich weitergegeben. Was gut koordiniert heißt, ist vielfach erst in einem Prozess des Ausprobierens zu klären – und wird sich von Zeit zu Zeit ändern. Der Beginn mit »Durchwursteln« ist in dieser Hinsicht ein systematisch-methodisch erster Schritt. Scheuen Sie sich nicht davor.

> *»Es kommt darauf an, dass wir die Fehler, aus denen wir etwas lernen können, so früh wie möglich machen.«*
> [WINSTON CHURCHILL]

Versuchen Sie nun anhand Ihrer oben gebildeten Beispiele für Ziele zu klären, welche Zielbeziehungen vorliegen und wie (wenig) eindeutig diese Zielbeziehungen möglicherweise sind. Denken Sie dabei auch an die folgende kleine Geschichte aus Alice im Wunderland. Manche Zielbeziehungen werden nämlich »einfach« angenommen, bestimmt, durchgesetzt. Das ist nicht selten bei den Zielvorstellungen im Hintergrund der Balanced Scorecard der Fall. Das geht dann gut, wenn im konkreten Fall gerade ein Bereich der Zielkomplementarität oder der Zielindifferenz getroffen wird. Um Akzeptanzprobleme möglichst zu vermeiden, ist aber wohl eher auf eine gemeinsame Beratung Wert zu legen. Übersehen Sie auch nicht, dass die Vorstellungen, die sich hinter den Begriffen in den einzelnen Köpfen gebildet haben, keineswegs übereinstimmen müssen. So beginnen nicht wenige Zieldiskussionen (und auch sinnvoll angelegte andere Gespräche) damit, sich Klarheit darüber zu verschaffen, wovon man genau redet. Häufig gibt es dabei gar nichts zu verstehen. Es kommt vielmehr darauf an, sich zu verständigen, »wie man es halten will«.

»Ich verstehe nicht, was Sie mit ›Glocke‹ meinen«, sagte Alice. Goggelmoggel lächelte verächtlich. »Wie solltest du auch – ich muss es dir doch zuerst sagen. Ich meinte: ›wenn das kein schlagender Beweis ist!‹« »Aber ›Glocke‹ heißt doch gar nicht ein ›einmalig schlagender Beweis‹«, wandte Alice ein. »Wenn ich ein Wort gebrauche«, sagte Goggelmoggel in recht hochmütigem Ton, »dann heißt es genau, was ich für richtig halte – und nicht mehr und nicht weniger.« »Es fragt sich nur«, sagte Alice, »ob man Wörter einfach etwas anderes heißen lassen kann.« »Es fragt sich nur«, sagte Goggelmoggel, »wer der Stärkere ist, weiter nichts.«

[Carroll Lewis: Alice im Wunderland]

Generell gilt, dass Ziele ‚widerspenstig‘ sind oder sein können. Manchmal liest man auch, man sollte sie als Feinde betrachten. Ziele müssen nicht nur definiert und bestimmt werden, sondern vor allem sollen sie erreicht werden. Mit der Fixierung ist also noch nichts erreicht – außer dem ersten Schritt. Mit der Zieläußerung ist noch nicht gesagt, ob die Mittel dafür da sein werden. Das heißt, die Mittel werden nicht aus den (meist fernen) Zielen abgeleitet, sondern man strebt Ziele an, die nach den im Planungszeitpunkt (= heute!) zur Verfügung stehenden Ressourcen herausfordernd, aber auch erreichbar erscheinen. Das ist schon etwas, aber ... Das Folgende ist keine Nebenbemerkung! Ziele, die formuliert werden, ohne die Mittelsituation zu beachten, sind unvollständig bedacht. Ziele sind der ferne Wunsch. Beim Formulieren der Ziele ist allerdings zu beachten, dass der Weg zu diesem Ziel immer hier und heute beginnt, also mit den hier und heute zur Verfügung stehenden Mitteln. Wir agieren nicht abgeleitet von den Zielen, sondern mit den konkreten Mitteln und Möglichkeiten *im Hinblick auf* die Ziele.

Noch ein Nachschlag: Ziele ändert man in der Planungsperiode nicht leichtfertig. Man hält aber bei erkennbaren Zielveränderungen, die man bei der Planung nicht mitbedenken konnte, auch nicht so starr daran fest, dass die Bedeutung des Instruments vermindert wird, weil der Einsatz nur noch eine Formsache ist.

Die Zielplanung wird in der Regel den Grundsätzen des Management by Objectives (MBO) folgen und ein Zielvereinbarungsprozess sein. Im »Gegenstromverfahren« werden »von oben« (der Gesamtleitung) und »von unten« (den Abteilungen bzw. Abteilungsleitungen) Zielvorstellungen und -vorschläge geäußert sowie in einem Verhandlungs-/Aushandlungsprozess abgestimmt. Natürlich kann man sich dabei der Marktforschung oder Kundenbefragung bedienen, wird man die Konkurrenzsituation berücksichtigen, die allgemeine Konjunkturentwicklung, die eigenen Stärken und Schwächen usw.

Mitunter wird im Zusammenhang von MBO auch von Kontraktmanagement gesprochen. Das gilt für das Gesamtziel, vor allem aber für die Bereichsziele. Wichtig ist zu erkennen, dass Teilziele und Teilpläne koordiniert werden müssen und dass die Summe der Teilpläne nicht automatisch den Gesamtplan ergeben muss. Zwar ist das Ganze – entgegen umgangssprachlicher Formulierung – nicht unbedingt mehr als die Summe der Teile, in aller Regel aber etwas anderes. Vor allem ist auch zu beachten, dass natürlich in diesem Prozess auch getrickst wird. Darüber mehr bei der Budgetierung, da es dort noch unmittelbarer relevant wird.

Zentral für MBO ist die Vorstellung, dass arbeitsteilig gegliederte Organisationen nicht nur ein Gesamtziel haben, sondern ein Zielsystem. In ihm sollen die Subziele der einzelnen Organisationseinheiten enthalten sein. Die Subziele sollen zum Oberziel in einer komplementären Beziehung stehen und dadurch eine »automatische« Koordination sicherstellen, so dass die Erreichung des Subzieles das Oberziel fördert. Freilich gibt es keinen Automatismus, sondern immer wieder auch Bereichsegoismen, Zielkonflikte, Missverständnisse und Verweigerung. Es gilt also wiederum, dass Organisationen keine trivialen Maschinen sind. Zielsysteme sind daher auszuhandeln. Ziel-Subziel-Beziehungen in Organisationen sind in der Regel keine Naturgesetzlichkeiten und sollten eher als Hypothesen und Ziel-Subziel-Vermutungen formuliert und vom Controlling überprüft werden, um besser koordinieren zu lernen. Mitunter bilden sich dann Routinen und Konventionen, die für längere Zeit »selbstverständlich« und hilfreich genutzt werden können.

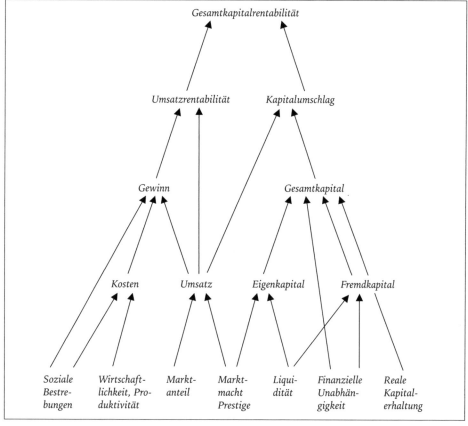

Abbildung 1:
Beispiel eines Zielsystems mit Ziel-Subziel-Vermutungen

Lassen Sie sich nicht täuschen. Die Hierarchie des abgebildeten Zielsystems (*Abbildung 1*) ist sehr unbestimmt. Sie darf auch keineswegs mit einer Organisationshierarchie verwechselt werden. Wenn Sie das praktisch ausprobieren wollen, dann nehmen Sie das Organisationsschaubild Ihrer Einrichtung, ordnen den einzelnen Positionen Ziele zu und versuchen diese so zu verändern, dass sie in der Hierarchie absteigend als Ziel-Subziel-Vermutungen akzeptiert werden. Vermutlich steht Ihnen dann ein längerer, aber klärender Diskussionsprozess bevor.

Der autoritären Hoffnung des Maschinenmodells der Organisation entspricht die verfehlte Hoffnung auf ein totales Zielsystem zur automatischen Steuerung von Unternehmungen oder anderen Institutionen. Dass die Lockerung der Vorstellungen des Maschinenmodells hin zu Verrechnungspreisen und budgetierten (teil-) selbständig agierenden Teileinheiten nicht als reale Lösung des Koordinationsproblems empfunden wurde, zeigte die Euphorie, mit der ab den 50er Jahren des 20. Jahrhunderts Managementinformationssysteme entwickelt und angepriesen wurden. Über Regelkreismodelle sollen sie sicherstellen, dass die Unternehmung nicht »aus dem Ruder läuft«. Der Taylorismus stirbt scheinbar nicht aus. Bis heute ist er als »Informationstaylorismus« weit verbreitet. Der Ausdruck wurde von WERNER KIRSCH geprägt.

Grundsätzlich blieben die Bemühungen darauf gerichtet, mit einem Zielsystem und entsprechender Betriebsdatenerfassung eine Art Korsett für das gesamte Unternehmen und auf allen Ebenen zu schneidern. Heute stehen dafür viele Software-Pakete zur Verfügung. Das ist nicht schlecht, kann aber nur begrenzt Hilfe schaffen. Alle Fantasien zur totalen (und totalitären) Steuerung von Organisationen scheiterten an ihrem Totalitätsanspruch. Die so genannten Ziel-Subziel-Beziehungen erweisen sich in der Praxis in nicht trivialen Fällen in aller Regel bestenfalls als Heuristik [= Hilfe beim (Er-) Finden] für die Bildung von Ziel-Subziel-Vermutungen, die hilfreich sein können, obwohl ihnen keine Gesetzmäßigkeiten zugrunde liegen. Immerhin ist denkbar, dass Zielbeziehungen manchmal auch durch Vereinbarung als verknüpft und konstituiert verstanden werden können.

Die auf der untersten Ebene in Ihrer Organisation zu nennenden Ziele lassen sich sicherlich weiter verfeinern und vertiefen. Beispielsweise kann die finanzielle Unabhängigkeit einer Weiterbildungseinrichtung unter genau zu beobachtenden Bedingungen durch die Vermehrung der Zahl der Kursteilnehmer gesteigert werden und vielleicht auch dadurch, dass Sie die Stühle zu Werbezwecken vermieten. Manchmal lässt sich auch für die Bibliothek ein Sponsor finden, wenn man sie nach ihm benennt. Das liegt dann zunächst außerhalb des Zielsystems, wie manchmal auch einige Kosten, die man nicht bedenken konnte. Ferner gilt, dass jede Intervention durch die Kreierung eines Kennzahlensystem oder einer anderen Beobachtungs-, Berichts- oder Steuerungstechnik die beobachtete Organisation verändert, da der Blick jeweils neu gelenkt und neu abgelenkt wird. Diese Unschärfe ist unüberwindbar, nicht überholbar. So ist es aus Gründen der Lenkung und Steuerung nicht verwunderlich, dass flexiblere und offenere, situationsnähere

Verfahren zur Führung und Steuerung gesucht wurden. Dabei kommt man an dem Gespräch über die technisch ermittelten Zahlen nicht vorbei.

Wenn Sie nun versuchen, ein Zielsystem für Ihre Organisation (die Gesamtorganisation) und für Ihre Abteilung zu erstellen, werden Sie sehr deutlich sehen, welche Zielbeziehungen/Ziel-Mittel-Vermutungen sich in Ihrer Organisation feststellen lassen. Besonders interessieren dabei die Fragen: Wo könnten Zielkonflikte entstehen? Wie könnten die Zielkonflikte gehandhabt werden? Ganz lösen werden sie sich in der Mehrzahl der Fälle nicht lassen.

2.2.6. Ein einfaches Planungsbeispiel im Controlling

Warnung! Ich bitte nicht zu vergessen, dass in der technokratisch-funktionalistischen Darstellung der Grundsituation, die nun folgt und die weitestgehend dem Lehrbuch- und Handbuchstandard entspricht, insbesondere die »Zwischentöne« des kommunikativen Miteinanders, auf die in diesem Buch aus Gründen der Praxisnähe besonderer Wert gelegt wurde, nicht entsprechend vorkommen und die Frage der Definitionsmacht damit nicht thematisiert wird. In der Praxis führt das dazu, dass Controlling häufig weniger leistet als es leisten könnte. Das ist dann der Fall, wenn es als Herrschaftsinstrument überwiegend zu rigider und misstrauischer Kontrolle benutzt und auf die Durchsetzung und Absicherung von Machtansprüchen reduziert bleibt. Es kann dann auch vorkommen, dass man sich gerade in einem vermeintlich partizipativen Zielvereinbarungsgespräch selbst die Schlinge um den Hals legt. Vor allem aber unterbleiben, wenn der unvermeidbare kommunikative Gesamtzusammenhang in der Organisation nicht beachtet wird, alle die Anregungen, die praktisch bereits vorhanden (das Fingerspitzengefühl für die konkrete Situation; die untrüglichen Ahnungen und viele andere tatsächliche oder vermeintliche Frühwarnungen durch schwache Signale), formal aber nicht ausdrückbar sind oder formal nicht abgerufen werden können.

All das, was bisher hier entwickelt worden ist und wozu ich Sie beim aktiven Bearbeiten und Nutzen hoffentlich ein wenig anregen konnte, lässt sich etwas formal und stark vereinfacht zusammenfassen als Bild der Grundsituation aller Controllingfälle.

Nehmen Sie bitte – und mit der vorausstehenden Warnung im Hinterkopf – ein leeres Blatt Papier und vollziehen Sie die nächsten Schritte anhand Ihrer eigenen Praxis nach. Notieren Sie sich gegebenenfalls Punkte aus der Warnung, die Ihnen dabei einfallen.

Der unsägliche Ausdruck »Controlling«, der immer schon Kontrolle als mit Bestrafung verbundene Überwachung assoziieren lässt, erweckt natürlich auch Misstrauen. Ihm ist am besten zu begegnen, wenn man Kontrolle als Bestandteil des Controlling benennt und charakterisiert. Kontrolle ist im Controlling nichts anderes als die Feststellung, ob ein Ziel erreicht wurde oder nicht. Das sagt noch nichts über die Ursachen aus. Leider tut vielfach autoritäre und einfallslose Praxis ein Übriges, um diese Klarstellung des Kontrollbegriffs im Controlling zunichte zu machen.

> Controlling als kritische und unaufgeregte Aktion verstanden, leistet mehr als der misstrauische Einsatz von Kontrolle, weil Controlling Ursachen und Gründen für Abweichungen nachgeht, was dem präpotenten misstrauischen Befehlshaber fremd ist. Controlling sucht nach Verbesserungsmöglichkeiten, nicht nach Schuldigen.

Nach so vielen Vorbemerkungen kommen wir zur technokratischen und funktionalistischen Darstellung der Grundsituation des Controlling, die in diese umfassenderen Betrachtungen eingehüllt gesehen werden sollte. Die Darstellung hat ihre Vorzüge in der Einfachheit, in der der Grundgedanke deutlich gemacht werden kann. Nach dem bisher Vorgetragenen sollte allerdings klar sein, dass dieser Grundgedanke nicht ausreicht, um sich von Controlling wirklich einen Begriff zu machen und es sinnvoll betreiben zu können, da im Implementierungsprozess und im praktischen Verlauf die Interessen, Motive und Ängste, aber auch die Freuden und Leiden der beteiligten Menschen nicht zu ignorieren sind.

Zeichnen Sie nun bitte als erstes ein Koordinatensystem. Rechts an die waagrechte Achse (Abszisse oder auch x-Achse) schreiben Sie »t« (für Zeit). Mein Beispiel bezieht sich auf einen Planungszeitraum von einem Kalenderjahr. Deshalb teile ich vom Ursprung der Abszisse (Nullpunkt der Achse) zwölf gleiche Abschnitte (für die zwölf Monate) ab. Unter den Beginn des ersten Abschnitts schreibe ich 01.01.2007, unter das Ende des zwölften Abschnitts 31.12.07. Damit habe ich den abstrakten Maßstab für die Dimension »Zeitbezug«. Wenn Sie ein anderes, eigenes Beispiel aus Ihrer Praxis gewählt haben [was Sie tun sollten!!!], kann die Einteilung natürlich auch Wochen oder Tage oder Jahre sein und sich auf ein anderes Jahr beziehen.

An die senkrechte Achse schreiben Sie die inhaltliche Zieldimension, die Sie betrachten wollen. Ich schreibe »Absolventen«. Auch diese Achse (Ordinate) muss in Maßeinheiten unterteilt werden. Für mich ist das einfach: Von 0 Absolventen bis 30 teile ich dreißig gleich lange Abschnitte ab.

Nun fehlen noch die »Konkretisierung von Inhalt« (= die Dimension »Ausmaß«) und »Zeitbezug« (wann konkret soll das Ziel erreicht sein oder in welchem Zeitraum). Ich bleibe bei dem Beispiel von weiter oben und entscheide mich für »24 Absolventen« (= Ausmaß) und – da in dieser Institution die Abschlussprüfungen von den Kandidaten terminlich frei gewählt werden können – für die Zeitdimension »bis zum Jahresende« (= konkreter Zeitbezug). Ich zeichne als nächstes parallel zur Abszisse eine Waagerechte durch Punkt 24 der Ordinate ein und eine Senkrechte auf der Abszisse am 31.12.07. Wo diese beiden Geraden sich schneiden, liegt mein Ziel (**Z**), beschrieben nach Inhalt, Ausmaß und Zeitbezug.

Was wir jetzt gemacht haben, könnte man auch einen ersten Schritt zu einem einfachen Plan nennen.

Wenn man der Meinung ist, dass die Absolventen sich etwa gleichmäßig über das Jahr verteilen werden, kann man nun den Punkt (0 Absolventen; 01.01.07) mit dem Zielpunkt (24 Absolventen; 31.12.04) verbinden. Auf der entstandenen Linie (I) lässt sich für jeden Monat des Jahres ablesen, wie viel Absolventen die Organisation hervorgebracht haben sollte – »wenn alles normal läuft«, d.h. die Annahmen aufgrund früherer Erfahrungen zutreffen.

Bis zum 30. Juni 07 beispielsweise sollten es 12 Absolventen sein. Dieser gedachte Verlauf muss nicht linear sein. Vielleicht wird bis Ende Juni ein etwas schleppender Verlauf erwartet (insgesamt 6 am 30.06.), in der Urlaubszeit im Juli und August gab es bisher meist kaum Absolventen (+ 2; insgesamt am 31.08.: 8 Absolventen) und danach stieg in der Vergangenheit die Zahl im September bis Ende November (21 am 30.11.) stark an. Wenn das bisher so war, würde zwischen dem 01.01.07 und dem 31.12.07 eine entsprechende andere Linie (**II**) einzuzeichnen bzw. anzunehmen sein. Der gedachte Verlauf muss also keine Gerade sein.

Sie müssten, wenn Sie den Zeichnungsanweisungen gefolgt sind, in etwa ein Bild wie das der *Abbildung 2* vor sich liegen haben.

Statt der *Abbildung 2* könnte als Plan auch eine Wertetabelle vorliegen, die bei erwarteten linearen Verlauf wie folgt aussehen würde (2. Zeile des Beispiels A):

Beispiel A:

2007

01.01.	31.01.	29.02.	31.03.	30.04.	31.05.	30.06.	31.07.	31.08.	30.09.	31.10.	30.11.	31.12.
0	2	4	6	8	10	12	14	16	18	20	22	24
1	2	3	3	5	6	6						

Bei dem oben angegebenen erwarteten nichtlinearen Verlauf (II) sähe der Plan als Wertetabelle wie folgt aus (2. Zeile des Beispiels B):

Beispiel B:

2007

01.01.	31.01.	29.02.	31.03.	30.04.	31.05.	30.06.	31.07.	31.08.	30.09.	31.10.	30.11.	31.12.
0	2	3	4	4	5	6	7	14	18	20	21	24
1	2	3	3	5	6	6						

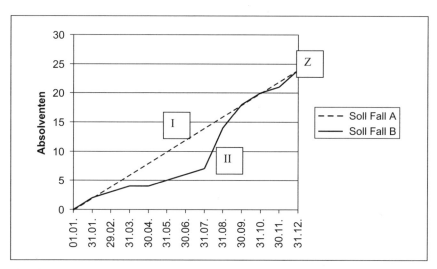

Abbildung 2:
Zielplanung für ein Jahr

Die jeweils dritte Zeile zeigt die tatsächliche Gesamtzahl der Absolventen zum jeweiligen aktuellen Stichtag bzw. Betrachtungszeitpunkt (=**IST**; im Beispiel jeweils der 30.06.).

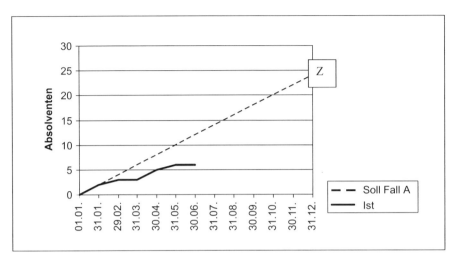

Abbildung 3:
Abweichungsermittlung Fall A

Für den Fall A besteht erheblicher Steuerungsbedarf, wenn das gewünschte Ergebnis noch erreicht werden soll. Die tatsächliche Herausforderung (Ziel minus aktuelles IST) beträgt 18 und weicht damit im Fall A erheblich von der gedachten und geplanten Herausforderung in Höhe von 12 ab.

Befinden wir uns am 30. Juni des Jahres 2007, hätten wir es im Beispiel A (*Abbildung 3*) beim »Normalverlauf« noch mit der gedachten **Herausforderung** von 12 (= 24 ./. 12; **Ziel-SOLL** am 31.12. minus angenommenes **IST** am 30.06.) zu tun, wenn unsere Erwartungen eintreffen. Da die Erwartungen bisher allerdings nicht eingetroffen sind, ist die wirkliche Herausforderung am 30.06.2007: 18 (=24 ./. 6).

Im Beispiel B beträgt die am 30.06. erwartete/gedachte/geplante Herausforderung 18 Absolventen, die noch »produziert« werden müssten. Eine **SOLL-IST-Abweichung** am 30.06. liegt daher nicht vor. Das wäre am 31.03. (-1) und am 31.05. (+1) anders gewesen. Die Herausforderung am 31.03. war 21, am 31.05. betrug sie 18, wie einen Monat später. (Vgl. *Abbildung 4*)

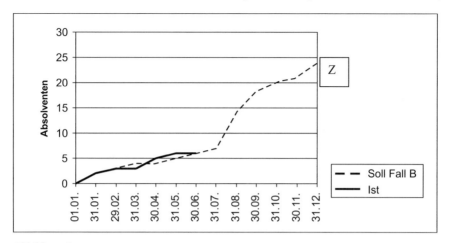

Abbildung 4:
Abweichungsermittlung Fall B

Aus der **Gap-Analyse** ersehen wir die erwartete Entwicklung (Trend ohne Aktion). Eingezeichnet werden kann zusätzlich die erhoffte Entwicklung, die sich aus einer Intervention ergeben sollte. In beiden Fallen wird ein Trend erwartet, der die Lücke nicht schließt. Im Fall B ist zum 30.06. kein Steuerungsbedarf erkennbar, da für Ende Juni nicht mehr als 6 Absolventen erwartet wurden und eine Herausforderung von 18 im Plan liegt. Der Trend, der ohne Eingreifen erwartet wird, würde aber auch im Fall B am Jahresende zu einer Lücke führen.

Graphisch wird die ungedeckte Lücke erkennbar, wenn man den Trend, den man am 30.06. zu erkennen glaubt, bis zum 31.12. verlängert (nach Einschätzung der Beurteilenden) und dann die Differenz vom erwarteten Ergebnis zum geplanten Ziel (Z) ermittelt. Die Abbildungen 5 und 6 zeigen Beispiele für beide Fälle. Die Lücke ohne Intervention (ohne Aktion) bei A wird im Beispiel der *Abbildung 5* etwa auf 14 geschätzt, die bei B (*Abbildung 6*) ohne Intervention etwa auf 4. Die GAP-Analyse und ihr Ergebnis können so zu einem Anstoß für Steuerungsüberlegungen werden. Bei einer Interventionsabsicht ließe sich nun eine weitere erwartete und geschätzte Trendlinie einzeichnen. Das kann auch für mehrere Interventionsalternativen erfolgen. Die Schätzungen der Gap-Analyse sind in der Praxis nicht selten mehr oder weniger „Daumen-mal-Pi-Peilungen", bzw. aus der Diskussion zur Einschätzung der Situation „abgeleitet" (z.B. best-case versus worst-case). Bei statistisch-rechnerischem Vorgehen handelt es sich um eine Trendberechnung/Hochrechnung, deren Darstellung hier den Rahmen sprengen würde. In Bildungseinrichtungen fehlt dafür in aller Regel auch das Datenmaterial, da die Produktlebenszyklen/Kurslebensdauern für statistische Schätzungen in aller Regel zu kurz sind und dementsprechend viele (kaum einschätzbare) Annahmen getroffen werden müssten. Schließlich ist darauf hinzuweisen, dass – unabhängig von allgemeinen Messproblemen – die Gap-Analyse die Gefahr in sich birgt, nur einzelne Produkte, Fächer oder Kurse zu betrachten. Der Blick auf den Gesamtzusammenhang kann dabei verloren gehen.

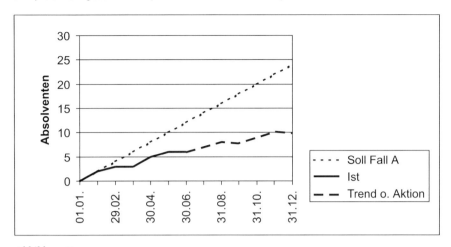

Abbildung 5:
Gap-Analyse Fall A

Der Steuerungsbedarf oder entsprechende Fehlanzeige sind damit grundsätzlich geklärt. Nun kommt die Feinanalyse. Natürlich kann über den Steuerungsbedarf erst entschieden werden, wenn geklärt ist, ob die Planzahlen richtig übertragen und die aktuellen Daten (das jeweilige IST) richtig erfasst wurden, was für eine Entwicklung und welche Einflussgrößen zum bisherigen Verlauf bzw. Stand und zu der (Nicht-)Abweichung am Betrachtungstag (30.06.) geführt haben.

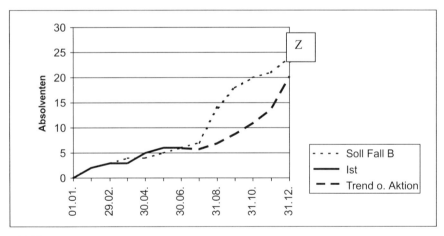

Abbildung 6:
Gap-Analyse Fall B

Wird im Beispiel A erwartet, dass ohne Steuerung nur 10 Absolventen erreicht werden (Die Lücke betrüge dann aufgrund dieser Lücken- oder GAP-Analyse 14 Absolventen), müssen sich die Verantwortlichen Maßnahmen und Aktionen zur Steuerung einfallen lassen. Im einzelnen bedeutet das, dass weitere Planungen für die Maßnahmen, die zur Verfügung zu stellenden Mittel und bezüglich der weiteren Überprüfung der Wirksamkeit der eingeleiteten Maßnahmen vorzunehmen sind.

In Unternehmungen, die planen, ist die Aufstellung des Plans bis zum Beginn des neuen Geschäftsjahres der Normalfall. Bei öffentlichen Haushalten, vor allem nach Wahlen, manchmal auch davor, wird u. U. lange mit dem Provisorium des alten Haushalts gewirtschaftet. Der für das laufende Jahr aktuelle Haushalt kommt vielleicht erst im Juli zustande. Das passiert auch dann, wenn die Verfassung etwas anderes vorschreibt. Im übrigen werden auf der untersten Planungsebene, z.B. bei öffentlichen Bildungsträgern, wegen der anschließenden parlamentarischen Prozesse schon so frühzeitig Planungen verlangt, dass zwischen dem Zeitraum, in dem die Planung stattfindet, und dem Zeitraum, in dem sie realisiert werden soll, oft kaum noch sinnvolle Übertragungen möglich sind.

Bleibt eine ergänzende Bemerkung zum Schluss dieser Darstellung der Grundsituation, um die es im Controlling immer geht. Auch Herausforderungen oder Abweichungen von Null sind zu analysieren, denn erstens kann die »Null-Herausforderung« bzw. »Null-Abweichung« durch Rechenfehler entstanden sein.

Zweitens kann sie entstanden sein, weil sich Entwicklungen zum Betrachtungszeitpunkt gegenseitig kompensieren, was in der Zukunft nicht mehr der Fall sein muss. Drittens können aus unterschiedlichsten Gründen, Interessen und Motiven Manipulationen vorliegen. Bei den meisten Zielen und den für sie gewählten Messgrößen ist es in hohem Maße unwahrscheinlich, dass – insbesondere mehrmals hintereinander – der Plan 100%-ig genau erfüllt wird. Planung dient der Fixierung eines Ziels, der Differenzenproduktion und vor allem der Steuerung. Das ist das Entscheidende. Planung heißt: Genau aufschreiben, was man als Planender und Verantwortlicher will. Planung soll das organisationale Lernen verbessern. So wünschenswert Planerfüllung grundsätzlich auch ist, die Planerfüllung *um jeden Preis* ist kein sinnvolles Ziel. Nicht zuletzt ist wichtig, dass die allzu rasche Verknüpfung von Planzielerreichung und Anreizen bzw. Sanktionen ebenfalls nicht ratsam erscheint, weil sie das prozessbezogene Lernen in der Situation verhindert. Bei den Betroffenen wird in diesem Fall das Taktieren gegen das Belohnungs- und Bestrafungssystem – Belohnungsmaximierung bzw. Bestrafungsvermeidung – in den Vordergrund ihrer Verhaltensüberlegungen rücken.

> Planung ist der schriftliche Entwurf einer Zukunft oder von Zukünften – zukünftigen Ergebnissen und/oder zukünftigen Abläufen.

Planung hat viele Funktionen. Dient sie dem Entwurf von Zukünften, die unter bestimmten Bedingungen erwartet und dann entsprechend der Planung gehandhabt werden können, schafft sie Zeit für Überlegungen in überraschenderen Situationen.

Dass der wollende Mensch und der mit seinem Willen in der Planung durchsetzungsberechtigte und/oder durchsetzungsfähigste den Willen in der Realität gern erfüllt sähe, denn er benennte die eigene Wunschvorstellung, versteht sich von selbst. Aber manchmal besteht die letzte Steuerungsmöglichkeit auch darin, die eigenen (möglicherweise unrealistischen) Wünsche zu verändern.

»Wenn es besser kommt als vorausgesagt,
dann verzeiht man sogar dem falschen Propheten.«

[LUDWIG ERHARD]

Diskussionsanregungen zu „Controlling als Differenzproduktion und Differenzanalyse"

»Bei uns macht Controlling keinen Sinn, denn in unserem Geschäft lässt sich nichts vorhersagen. Wir sind davon abhängig, ob unsere Kurse ankommen bzw. unsere Angebote angenommen werden.«

Inwiefern ist diese Aussage des Leiters einer Bildungseinrichtung zu verstehen, zu bedenken und zu hinterfragen, inwiefern nicht?

Wie können Lehrveranstaltungen verbessert werden, wenn die Lehrenden und die Lernenden (keine) Noten erhalten?

Literatur zur Vertiefung

BDU – Bundesverband Deutscher Unternehmensberater e. V. (Hg.) (2000): Controlling. Ein Instrument zur ergebnisorientierten Unternehmenssteuerung und langfristigen Existenzsicherung. Leitfaden für die Controllingpraxis und Unternehmensberatung. 4. Aufl. Berlin: Erich Schmidt Verlag
Der Titel braucht keine weitere Erklärung

Kappler, Ekkehard (1983): Planung ohne Prognose. In: Ekkehard Kappler/Johannes J. Seibel/Siegfried Sterner (Hg.): Entscheidungen für die Zukunft. Instrumente und Methoden der Unternehmensplanung. Frankfurt am Main, S. 9-19.
Das Thema spricht für sich.

Vgl. zu Prognoseverfahren auch:
Horváth, Péter: a.a.O., z.B. 5. Aufl., S. 412 ff. sowie die dort angegebene Literatur.
Die beschriebenen Verfahren sind als pragmatische Heuristiken zu verstehen. Das Problem jeglicher Prognose besteht darin, dass sie nicht überprüfbar ist. Man kann nie wissen, ob ein Ergebnis aufgrund der Prognose eingetreten ist oder auch ohne die Prognose zustande gekommen wäre.

3   Controlling als Prozess

„Wieso glauben Sie, dass ich Sie wegen eines
Fehlers entlasse? Sie haben die Firma nicht eine
Million Dollar gekostet, sondern die Firma hat
gerade eine Million Dollar in Sie investiert!"
[Diese Einsicht und Aussage wird Jack Welch zugeschrieben.]

Controlling ist ein nie endender Prozess, den es immer wieder neu zu verstehen und zu gestalten gilt, den Sie aber auch immer wieder neu verstehen und gestalten können. Das verlangt, die einzelnen Schritte des Controllingprozesses zu reflektieren und für Ihre Einrichtung spezifisch anzupassen. Evaluierung ist ein im Bildungswesen relativ breit eingeführter Begriff. Er beschreibt darin spezielle Controllingaufgaben und –vorgehensweisen, muss aber meist durch die Planungs- und Steuerungsidee des Controlling explizit ergänzt werden. Wer in der Lage ist, Steuerungsvorschläge zu verstehen und zu entwickeln, wird generell mit seiner Organisation, seinem Unternehmen, seiner Bildungseinrichtung erfolgreicher sein. Das schließt das Verstehen mit ein, warum Steuerungsvorschläge vom Management manchmal nicht angenommen werden.

Planen – Plan erstellen – Teilpläne koordinieren – Budget erstellen – Aktionen bedenken – Maßnahmen durchführen – Kontrollieren – Daten erfassen – Abweichungen (Plan-Ist) ermitteln – Analysieren – Berichten (Reporting) – Bewerten – Steuerungsmaßnahmen überlegen und vorschlagen ... (da capo) ...

Es gibt kein »al fine« im Prozess des Controlling.

Im Grunde ist dieser Kreislauf noch viel differenzierter, als es der obige Ablauf zeigt. Es kann laufende Rückkopplungen zwischen allen Elementen geben, und es gibt sie auch häufig. Mit dem Willen zur Planung wird der Wille zu einem lernenden System bekundet, das in der Lage ist, sich Veränderungen in allen Abschnitten und Bereichen immer wieder anzupassen. Bei allen Schritten ist Controlling beteiligt bzw. zu allen diesen Schritten leistet Controllingservice seinen Beitrag. Sehr bewusst nenne ich diese Aufzählung verschiedener Tätigkeiten »Controllingprozess«, da beispielsweise in der öffentlichen Verwaltung üblicherweise der genannte Prozessablauf »Antragstellung – Zuweisung – Controlling« genau die Kontrollkonnotation mit all ihren vermuteten Schrecken aufkommen lässt, die einem sinnvollen Controllingverständnis außerhalb und zum Teil auch innerhalb der Controllingservicebereiche so schadet. Controlling ist nicht die Innenrevision, wenngleich es von ihr lernen kann. Controlling ist auf Planen und Steuern ausgerichtet.

Ich saß in seinem Büro vor dem Tisch des Ministerpräsidenten, der mit mir darüber reden wollte, ob sich die Beteiligung des Landes an einer Ausstellung rentieren würde. „Könnten Sie dazu eine Nutzen-Kosten-Analyse machen?" war seine Frage.
„Ja," sagte ich. „ Was soll denn dabei herauskommen, Herr Ministerpräsident?"
„Nein, nein. Ich meine das schon ernst, seriös."
„Ich auch."
„Dann verstehe ich Ihre Frage nicht."
„Ich meine, was könnten denn Nutzenkriterien für das Land sein, die man im Zusammenhang mit dieser Ausstellung abwägen könnte?"
„Ich dachte, da könnten Sie mir weiterhelfen?"
„Das schon, Herr Ministerpräsident, aber dann müssten wir jetzt die Plätze tauschen."
„Ah, jetzt habe ich, glaube ich, verstanden. Und was machen wir nun?"
„Wir können ja über mögliche Nutzenkriterien reden, und ich begleite den Prozess als Controller."
„Ja, das gefällt mir."
Und so geschah es.

Letztendlich wird das verantwortliche Management über die Oberziele und den Rahmen für die Subziele (Abteilungsziele) sowie das Budget entscheiden. Aber eine Entscheidung ist nur der abschließende »Gewaltakt«, wenn alle Argumente ausgetauscht und abgewogen sind. Ist dann noch immer kein Konsens gefunden, bleiben noch immer mehrere, nicht mehr unterscheidbare Möglichkeiten offen, muss jedoch etwas getan werden, obwohl niemand mehr sagen kann was – dann ist Entscheidung angesagt. Die Entwicklung differenzierter Informationen und Argumentationen, die davor liegt, damit dieser Entscheidungsfall auch in komplexen Situationen und Organisationen möglichst selten eintritt, ist im wesentlichen das Feld des Controlling. Wenn es für das Controlling nichts mehr zu unterscheiden gibt, muss das Management entscheiden.

> **Controlling unterscheidet, Management entscheidet.**

Wie ist das zu verstehen? Wenn in der Praxis niemand mehr weiter weiß, aber dennoch etwas getan werden muss, damit es weiter geht, ist es Aufgabe des verantwortlichen Managements, eine Entscheidung zu fällen. Das gilt zum Beispiel wenn es um die Entscheidung für ein neues Kursprogramm geht. Alle Gedanken, Fantasien und Bedenken sind ausgetauscht. Nun muss entschieden werden, ob der Schritt gewagt werden soll. Das muss keine einsame Entscheidung sein, sondern kann natürlich auch in einem Leitungskreis oder einer anderen Führungsgruppe geschehen.

Solche Entscheidungen sind immer ein wenig oder auch ein wenig mehr ein Schritt »ins Blaue hinein«. Sie sind verständlicherweise nicht beliebt, da sie riskant sind und das Risiko nicht abschätzbar ist. Bis zu einem gewissen Grade sind die hohen Managementgehälter daher eine Art Risikozuschlag. Verständlicherweise wollen auch Manager dieses Risiko eher vermeiden und suchen nach Hilfe. Dazu sollen der interne Controllingservice oder externe Berater beitragen. Dass dies den permanenten Austausch zwischen Controllingservice und Management bzw. Beratern erforderlich macht, ist unabdingbar, in der Praxis aber noch immer keine Selbstverständlichkeit.

Solange innerhalb eines vorgegebenen Zeit- und Ressourcenrahmens (Budgets) noch Alternativen gefunden werden können und solange diese Alternativen »unter der Lupe des Controlling« doch noch Qualitätsunterschiede zeigen, muss nicht entschieden werden. Es genügt die Auswahl der Alternative, die als beste erkannt wurde, die im strengen Sinne »die einzige Alternative« ist. Gäbe es nur diese Fälle, genügte ein Computer oder ein Roboter für diese Wahl. Aber die meisten Situationen in Organisationen sind anders, komplexer, nicht programmierbar. Es gibt Wechselwirkungen und zirkuläre Wirkungen, Widersprüche und Paradoxien in Organisationen, und auch Liebe und Gemeinheiten. Organisationen sind keine trivialen Maschinen, bei denen man weiß, was herauskommt, wenn man weiß, was man hineinstecken muss. Organisationen sind komplexe Systeme. In komplexen Situationen »gehorcht« der Output nicht mehr dem Input, so dass vieles passieren kann. Insbesondere kommt es zu vielen Wertungen, die nur die betroffenen bzw. interessierten Menschen in diesem Prozess treffen können. Manchmal versuchen die Betroffenen die Entscheidung abzuschieben. Wenn der Controllingservice dies zulässt, falls er es überhaupt abweisen kann, ist er meist schlecht beraten. Die von ihm getroffene Entscheidung wird spätestens dann auf ihn zurück fallen, wenn in diesem Fall etwas anders läuft als geplant. Das gilt in allen Phasen des Managementprozesses, der damit immer auch Gegenstand von Controlling und Gegenstand von Controllingprozessen ist bzw. auf den sich Controlling und Controllingservice immer beziehen. Management möchte mit Hilfe des Controlling das Risiko blanken Entscheiden-Müssens mindern. Controlling soll Unterschiede finden, wo ansonsten entschieden werden muss. Aber wenn auch Controlling oder Controllingservice keine Unterschiede beispielsweise zwischen Alternativen mehr finden, dann muss entschieden werden. Managerschicksal – mit der Gefahr des Trainerwechsels als »rituellem Mord«.

Diskussionsanregung zu „Controlling als Prozess"

Controlling wird aus unterschiedlichsten Motiven eingesetzt. Zum Zwecke der Steuerung, der Rechtfertigung, der Kontrolle, der „Rationalitätssicherung der Führung" (so Weber und Schäffer), als eine Grundlage des Berichtswesens, als Beleg dafür, dass man versucht hat, das Risiko abzuschätzen und nicht fahrlässig zu erscheinen, dass man versucht hat, Teilpläne zu koordinieren usw. Controlling ist also eigentlich überall im Unternehmen dabei. Auf Controlling bzw. das Verhältnis von Controlling und Unternehmen trifft zu, was man von intensiver Färbung eines Stoffes oder im übertragenen Sinne auch von der ideologischen Färbung eines Menschen sagt: »In der Wolle gefärbt«. Dennoch wird immer wieder eine heftige Diskussion um die Abgrenzung des Controlling von anderen Disziplinen geführt, wie etwa vom Absatz, Personal, von der Unternehmensführung, der Logistik, dem

Rechnungswesen etc. Die oben genannte »Formel« »Controlling unterscheidet, Management entscheidet« scheint da eine Klärung zu bringen. Sie ist zweifellos eingängig. Aber ist sie nicht auch fragwürdig?

3.1 Planen

> **Planung ersetzt den Zufall durch den Irrtum.**

Diesen Satz kennen Sie schon. Bei der Beschäftigung mit Zielformulierungen habe ich ihn schon einmal erläutert. Das ist unten im Kasten noch ein wenig fortgesetzt.

Viele Menschen denken, dass Planung Prognosen voraussetzt. „Wir können gar nicht planen. Bei uns ist nichts vorhersehbar." Das ist ein Irrtum. Bereits bei den Überlegungen zur Zielfindung habe ich darauf hingewiesen, dass die Bestimmung von Zielen nur ein Wollen voraussetzt. Ziele benennen, was ich erreichen will. Ganz ohne Prognose, wenngleich doch ein wenig auf das möglicherweise Erreichbare schielend. Prognosen sind als Heuristiken, also als Denk- und Überlegenshilfen mitunter brauchbar. Man muss sich nur darüber im klaren sein, dass sie nie überprüfbar sind. Man kann nämlich nie wissen, ob das nach der Prognose eingetretene Ereignis ohne die Prognose auch eingetreten wäre. Und bei verhinderten Ereignissen ist das nicht anders. Das Wetter lässt sich auch nur einigermaßen prognostizieren, wenn es schon fast am Ort ist. Wetterprognosen beeinflussen nicht das Wetter, aber wir wissen immerhin, wenn sie falsch sind. In diesem Sinne sind sie bestenfalls Hypothesen.

- Planung ist dazu da aufzuschreiben, was man erreichen will und wie das geschehen soll.
- Planung schafft Zeit für Überraschungen; was geplant (durchdacht) ist, brauche ich nicht immer wieder neu bedenken, wenn es so läuft wie es geplant ist.
- Planung gibt an, was sein soll und wie es laufen soll.
- Unternehmen, die planen, sind erfolgreicher als diejenigen, die nicht planen.
- Niemand kann in die Zukunft sehen, aber im Plan wird dokumentiert, wie der Planer bzw. sein Auftraggeber sie haben will (der Plan ist der Zukunftsentwurf des Planers).
- Planung beschreibt als Alternativ- oder Schubladenplanung wünschenswerte Zukünfte oder zukünftige Vorgehensweisen, wenn bestimmte Ereignisse eintreten sollten.
- Planung findet immer in der Gegenwart statt. Da niemand die Zukunft voraussehen kann, beschäftigt sich Planung mit den in der Gegenwart erkennbaren Variablen, mit sehr schwachen bzw. nur von Experten zu erkennenden Signalen.
- Planung ist immer eine Intervention in die Zukunft – die allerdings nicht aufgehen muss.

Viele Prognosen werden schließlich gerade deshalb gemacht, damit die prognostizierten Ereignisse verhindert werden können. Wer will dann aber noch sagen, dass es die Prognose war, die die Verhinderung ermöglicht hat. Vielleicht wäre auch ohne Prognose gar nichts passiert. Vielleicht ist sogar gerade wegen der Prognose Schlimmeres passiert (denken Sie nur an all die Schrecken, die einem mitunter die Beipackzettel bei Medikamenten einjagen.). Wie sagt der Volksmund: Von allen denkbaren Prognosen ist die Prognose der Zukunft die schwierigste.

Aber selbst wenn man eine Formel gefunden hat, um die Vergangenheit zu prognostizieren (das Entwickeln einer solchen Formel ist häufig möglich, wenn auch mitunter sehr kompliziert, und der Sinn kann fraglich sein), gibt es keine Garantie, dass diese Formel auch für die Zukunft gilt. Beispielsweise weiß jeder Banker, dass die Gewinne der Vergangenheit wenig über die in der Zukunft zu erzielenden Gewinne aussagen; die Kredite werden aber aus den Gewinnen, die zukünftig gemacht werden, zurück gezahlt. Und die sind immer ungewiss.

Prognosen bleiben bis zu einem gewissen Grade nach wie vor Kaffeesatzdeuterei. Das soll nicht gegen die Hypothese über die Zukunft sprechen, die man aus Erfahrung mitunter macht und die durchaus hilfreich sein kann, wenn man mit ihr vorsichtig umgeht, d.h. genau betrachtet, ob sich nicht wesentliche Bedingungen gegenüber früher geändert haben. Nicht wenige Erfahrungen macht man – und braucht sie nie wieder. Ich werde auf Prognosen etwas später noch einmal zurück kommen.

Das wichtigste Budget überhaupt ist das Zeitbudget. Das wird oft sträflich vernachlässigt – trotz der teuren Time-Planer, die es gibt. Die Zeit, so schreibt an einer Stelle Friedrich Engels, ist die einzige wirklich knappe Ressource. Wegen dieser Knappheit sind zwar große Leistungen vollbracht worden – der Soziologe Zymund Baumann führt auf die Endlichkeit unseres Erdendaseins alle Kulturleistungen zurück –, aber im operativen Alltag entsteht genau daraus auch viel Stress. Also planen Sie Ihren Zeitbedarf möglichst genau. Zeit ist der Inhalt. Genau planen müssen Sie die benötigte Menge, den Bedarf, und den ‚Verbrauchszeitraum‘, also den datumsgenauen Zeitraum, in dem Sie die geplante Arbeit erledigen wollen. Natürlich nur, sofern das möglich ist. Andernfalls müssen Sie flexibel bleiben. Der Stundenplan ist ein sehr treffendes Beispiel für Zeit-, Raum- und Kapazitätsplanung. Ohne ihn wäre Unterricht nicht sinnvoll zu koordinieren. Das gilt aber nicht nur für Schulstunden oder Dates, sondern auch für die eigene Arbeit, ihren Ablauf und deren Koordination mit anderen Abläufen, von denen man selbst abhängig ist oder die man beeinflusst bzw. für die man Vorarbeiten zu leisten hat. Zunächst setzt man beispielsweise in so einen Ablaufplan die sicheren Termine ein (z.B. Steuertermine, Veranstaltungsbeginn und -ende, die bereits feststehenden Events, Feiertage, Geburtstage). Wenn Sie erst einmal daran gehen, werden Sie erfahren, was alles so »eine Bank« ist. Alles was fix einplanbar ist, erleichtert einem die Planerstellung. Dann muss das ‚nur noch‘ zur Routine werden.

Geradezu paradox muss Ihnen nach diesen Ausführungen freilich die Behauptung vorkommen, man könne auch das Unvorhersehbare planen. Aber es geht öfter als man denkt. Dazu ein Beispiel aus der Praxis.

Auf der jährlichen einwöchigen Führungskräftetagung einer großen Einrichtung im Dienstleistungsgeschäft war ein Tag dem Zeitmanagement gewidmet. In einer kurzen Vorerhebung hatten die Manager dem eingeladenen Berater und Moderator mitgeteilt, dass ihr Hauptproblem die Zeitknappheit sei. Auf die Frage, warum sie ihre Zeit nicht einteilen könnten, antworteten sie übereinstimmend, dass das an ihrem Chef läge, der immer wieder mit überraschenden Aufträgen käme, die kurzfristig zu erledigen seien. Völlig überrascht waren sie allerdings von der Frage des moderierenden Beraters: „Warum planen Sie das nicht ein?" Es entwickelte sich ein kurzer Dialog.

„Aber wir haben doch gerade gesagt, dass diese Aufträge überraschend kommen!"
„Ja. Das habe ich verstanden. Was meinen Sie denn, wie viel Zeit Sie für die Erledigung solcher überraschenden Aufträge in einer Woche benötigen?"
„So zirka zwanzig Prozent."
„Das ist eine ganze Menge, aber immerhin eine bestimmte. Also müsste diese Zeit doch einplanbar sein."
„Aber sie kommen doch unvorhersehbar!"
„Ja. Aber sie sind in etwa zwanzig Prozent Ihrer Wochenarbeitszeit abgearbeitet?"
„Ja."

„Karl Valentin hätte vermutlich gesagt, dann nehmen Sie doch den Freitag oder den Mittwoch oder den Dienstag dafür oder einen anderen Wochentag. Das geht so schematisch natürlich nicht. Wenn Sie allerdings täglich z.B. eineinhalb Stunden Ihrer Zeit nicht vollplanen, hätten Sie die zur Verfügung. Wenn Sie sie nicht brauchen, ziehen Sie etwas von den nächsten Tagen vor und gewinnen dann später mehr Luft. Sie müssen nur konsequent sein und die als ‚offen' eingeplante Zeit wirklich offen halten. Gegenüber dem bisherigen Zustand verlieren Sie nichts, denn Sie müssen die überraschenden Aufträge ohnehin abarbeiten, ob Sie die Zeit dafür offen gehalten haben oder nicht. Der Vorteil ist, dass keine Bugwelle der noch nicht erledigten geplanten Arbeiten entsteht und somit auch weniger Stress."

Zwei Nachträge: (1) Die Manager haben es versucht, aber nach einiger Zeit ist ihr alter Schlendrian wieder zurückgekehrt, weil sie nicht konsequent waren. Sie haben jede freie Minute mit ihrer normalen Arbeit vollgeknallt, so dass bei Überraschungen durch den Chef die alte Bugwelle und der alte Stress wieder entstanden sind. (2) Ein Kollege von mir sagt gelegentlich, wenn man ihn mit einem Terminvorschlag um einen Termin bittet: „An diesem Tag geht es nicht, da habe ich nämlich noch keinen Termin. Da will ich lesen und nachdenken und schreiben." Er hat auf diese Weise hervorragende Arbeit geleistet.

Gehen wir von einem laufenden Unternehmen bzw. einer laufenden Organisation im Bildungswesen aus. Die Begriffe Unternehmen, Organisation, Institution werden hier weitgehend synonym in dem Sinne von »ein Unternehmen ist eine Organisation«, »eine Schule ist eine Organisation«, »ein Verein ist eine Organisation« verwendet.

Für einen bestimmten Zeitabschnitt ist ein Plan zu erstellen, der in dem anvisierten Realisierungszeitraum erfüllt werden soll. Ist der Zeitabschnitt das Kalenderjahr, wird etwa im Oktober davor mit der Planung begonnen. Pläne sagen, was sein soll. Plan- und Zielvorschläge orientieren sich an den Erwartungen, Erfahrungen, der Sicht der Entwicklungen in der Vergangenheit, persönlichen Interessen und Präferenzen, der Einschätzung der Kunden, den Berichten von Marktforschern und Beratern, der Region, der Konkurrenz, dem Produktlebenszyklus, der allgemeinen wirtschaftlichen Entwicklung, den Deckungsbeiträgen der Produkte, dem Image, den Gefühlen, Emotionen usw. Planung ist eine Praxis, die von der Institution, den persönlich und gesellschaftlich vermittelten Wert- und Normvorstellungen sowie zulässigen Ausnahmen, der Organisationskultur und dem persönlich-individuellen Miteinander in einer Organisation bestimmt wird, auch wenn das einige Theoretiker nicht wahr haben wollen, die glauben vorschreiben zu können, was rational ist und was nicht.

> Planung ist die systematische und nachprüfbare Festlegung (der Plan ist ein schriftliches Dokument) von Zielvorstellungen und Maßnahmen zur Zielerreichung. Planung ist der erste Schritt der Führung und die erste Phase im Controlling. Sie legt die Ziele fest und die Abläufe oder die Rahmenbedingungen zu ihrer Erreichung. Betrifft die Planung eine Organisation, ist es zweckmäßigerweise ein diskursiver Prozess, und es ist genau zu überlegen, wer beteiligt sein soll. Als Grundregel kann gelten, dass alle diejenigen beteiligt sein sollen, bei denen Betroffenheit (z.B. bei der Durchführung und von den Folgen), Kompetenz (Können, Wissen, Erfahrung) und Verantwortung (formale Verantwortung von der Position her, aber auch Engagement) zusammen kommen. Das ist das alte Subsidiaritätsprinzip. Planung schreibt auf, was ich in welchem Ausmaß wann will und gegebenenfalls auch, was wann von wem in welchem Umfang und mit welcher Qualität erwartet wird!

Organisationen und die Abläufe in ihnen und um sie herum sind komplexe Gebilde, mehr oder weniger lose gekoppelte Zusammenhänge, die wir nie voll beherrschen. Nur in trivialen Zusammenhängen bestimmt das, was man hineinsteckt, eindeutig das, was herauskommt. Der Normalfall der Organisation und ihres Zusammenhangs mit ihrer Mitwelt ist anders. Man kann nie genau sagen, was eine Maßnahme bewirken und was sie für Folgen haben wird. Das sichert nicht zuletzt die Jobs des Managements – und der Controller und Controllerinnen. »Zu Risiken und unerwünschten Nebenwirkungen fragen Sie den Controller und die Controllerin« – aber auch die werden häufig wenig dazu zu sagen wissen. Manchmal werden sie auch »Jenachdem« antworten. Das ist bereits eine Hilfe, denn es regt zum Nachdenken über die Spezifika der Situation an. Controllerinnen und Controller werden auch sagen, dass gerade Planung hilfreich ist, weil man dabei (a) etwas über unerkannte Zusammenhänge lernen kann und weil man (b) eher sieht, wenn etwas aus dem Ruder läuft. Auf diese Weise entsteht die Möglichkeit, dass man manchmal frühzeitig nachzujustieren/ zu steuern versuchen kann. Es gibt noch mehr Gründe für Planung, wenn man sie nicht mit den Vorstellungen mechanistischer Planwirtschaft verwechselt. Einige weitere Beispiele enthält die folgende jederzeit ergänzbare Aufzählung.

1. Die Zielsetzung und Planung verlangen, dass ich mir klar werde, was ich will und dass ich das auch schriftlich fixiere. Wenn mehrere Menschen daran beteiligt sind, müssen sich alle darüber klar werden.
2. Mögliche Konflikte in der Organisation, zwischen ihr und ihren Mitgliedern, den Mitgliedern untereinander und im Verhältnis zur Mitwelt werden im Zusammenhang mit Planungsüberlegungen eher erkannt und können so (vielleicht) besser gehandhabt werden.
3. Durch Planung wird der Erfolg als das Erreichen von Zielen bestimmt, was eine wirkungsvolle Grundlage zur Führung und Motivation darstellt. Man weiß so besser, wie man die Richtung halten kann oder wann man sie ändern muss.
4. Die Entwicklung und Beurteilung von Maßnahmen wird erleichtert; die Tagesarbeit wird flexibler. Es lässt sich nun besser sagen, ob bestimmte Aktivitäten im Hinblick auf die vereinbarten Ziele erfolgversprechend sein können. Entscheidungen können aus dem Planungskonzept heraus getroffen werden, was das Argumentieren erleichtert. Konzepte erleichtern die Formulierung von Gründen und Argumenten, weil sie schon vorgedacht haben.
5. Klar definierte Ziele erschweren Manipulation und Machtmissbrauch (außer bei der Zieldefinition).
6. Pläne und Ziele ermöglichen das Delegieren und entlasten somit die Führungskräfte.
7. Ziele sind die Grundlage eines Kontrollsystems und erleichtern die Unterscheidung wichtiger und unwichtiger Abweichungen in der konkreten Entwicklung.
8. »Kontrolle« als Plan-Ist-Vergleich wird »normal« und verliert, wenn ernsthaft so verstanden, den Geruch der Bespitzelung und Bestrafung.
9. Warum haben Ritter im Mittelalter bevorzugt auf Berge gebaut und möglichst noch einen hohen Turm dazu?
10. Klar beschriebene Ziele stärken die Verhandlungsposition; sie erleichtern notwendige Kompromisse bei der Maßnahmenentwicklung und -durchführung.
11. Ziele sind die Grundlage eines offensiven/aktiven Managements.
12. Ziele helfen die Überbewertung von Einzelfällen zu vermeiden.
13. Aus empirischen Untersuchungen geht hervor, dass planende Unternehmen grundsätzlich erfolgreicher sind als nicht planende.

Bei öffentlichen Bildungseinrichtungen mit ihrer Semestereinteilung liegt der Zeitraum, für den geplant wird, mitunter zwischen dem 01. Oktober X und dem 30. September X+1. Sind die öffentlichen Haushalte für das Kalenderjahr ausgelegt, kommt es bei abweichendem Geschäftsjahr zu Verwerfungen zwischen den Mittelzuweisungen und dem geplanten Ablauf, die gravierend sein können und eine erste Planungsunsicherheit darstellen. Zwar spielt sich auch das ein, doch zumindest bei Personalwechsel treten immer wieder Fehler auf.

Nachdenkpause mit kleinen Zwischenfragen und Aufgaben

- *Schauen Sie bitte einmal, ob und welche Pläne in Ihrer Institution existieren.*
- *Warum gibt es diese Pläne? (Warum gibt es keine Pläne? Sollte es Pläne geben? Welche?) Wie sehen sie aus? Wer erstellt sie? Wie werden sie erstellt? Wen betreffen sie?*
- *Wie wird damit umgegangen? Was für Konsequenzen haben sie?*
- *Gibt es Budgets? Planen Sie Ihr Zeitbudget?*
- *Wie hängen Pläne und Budgets zusammen? Wie wird der Zusammenhang hergestellt?*

Weitere Fragen?

- *Es gibt zahlreiche Gründe für Planung. Welche Pläne würden Sie sich in Ihrer und für Ihre Organisation wünschen? Warum?*
- *Welche Pläne sind Ihrer Meinung nach überflüssig? Für Sie oder auch für andere? Warum?*
- *Wie gehen Sie mit Planungsunsicherheiten um? Was stört Sie?*
- *Wie können Sie das ändern? Wer könnte für Änderung sorgen?*
- *Wie können Sie sich auf solche Planungsunsicherheiten einstellen, wenn Sie nichts im Ablauf ändern können?*

Die letzten vier Fragen deuten bereits auf das folgende Beispiel hin. Lesen Sie sie bitte nochmals, wenn Sie auf der nächsten Seite das Beispiel aus der Praxis gelesen haben.

Immer wieder erlebt man, dass neue Entwicklungen aufkommen, die nachträglich berücksichtigt werden sollen. Das kann durch Steuerungsmaßnahmen geschehen, manchmal aber auch die Änderung der Ziele betreffen. Letzteres sollte in der Realisierungsphase eines Planes nur bei wirklich gravierenden, bisher nicht bekannten und irreversiblen Entwicklungen vorgenommen und auf jeden Fall dokumentiert werden. Vielleicht werden die Ziele in der Realisierungsphase eines Planes auch in solchen Fällen nicht geändert, aber dann sollte der Zeitpunkt notiert werden, ab dem die einschneidende Veränderung bekannt ist, um sie bei der Analyse der Abweichungen berücksichtigen zu können.

Pläne können auch für längere Zeiträume erstellt werden. Man spricht dann meist – in Abgrenzung zur kurzfristigen Planung – von strategischer Planung. Strategische Planung ist allerdings nicht nur vom betrachteten Zeitraum her von der operativen Planung abzugrenzen. Anders als die Literatur behauptet, leitet sich auch die operative Planung nicht einfach oder gar deduktiv aus der strategischen ab. Vielmehr findet operative Planung „im Hinblick" auf die strategische Planung statt. Damit ist gemeint, dass die strategische Planung bei operativen Planungsüberlegungen »immer im Hinterkopf vorhanden ist und mitspielt«.

Ein **Beispiel** aus der Praxis:

Die Firma Ax.com stellt Fahrkartenautomaten her. Sie gehört zu einem großen Wirtschaftskonzern. Etwa 95 % der Produktion gehen in den Export. Dieses Unternehmen plant z.B. in der Fertigung (es könnten auch ein Verlag oder eine Druckerei sein) aufgrund der Aufträge (oder z.B. der Messetermine) eine Monatsproduktion (oder eine 6-Monatsproduktion) im Voraus. In den Plänen ist festgelegt, welches Team welchen Auftrag bearbeitet, wie die Maschinen-Belegung sein soll usw. Über die Durchführung im Detail entscheiden die Arbeitsteams autonom. Nun kam es immer wieder vor, dass beispielsweise besonders lukrative Aufträge vorgezogen werden sollten oder andere zusätzlich herein kamen. Die Geschäftsleitung sah darin ein Problem, weil die Gefahr drohte, dass die Pläne infolge solcher Ausnahmen nicht mehr ernst genommen würden.

Sie beschloss daher, die Arbeitsgruppen, die die Zusatzaufträge hätten bearbeiten müssen, zu fragen, ob der Auftrag noch angenommen werden kann oder nicht. Das (vielleicht) überraschende Ergebnis: Keine der Arbeitsgruppen lehnte je einen Zusatzauftrag ab, und die Pläne wurden eingehalten. Da auf diese Weise die Arbeitsgruppen lernten, immer selbständiger zu arbeiten, erwirtschaftete dieses Werk die höchste Arbeitsproduktivität im Konzern. Es kam allerdings wiederum anders als erwartet. Das mittlere Konzernmanagement hintertrieb die inzwischen eingespielte Praxis, bis sie untersagt wurde. Die Spekulation der Betroffenen über die Motive: »Die haben das nicht durchschaut und fürchteten, dass sie überflüssig würden«. Natürlich sank die Arbeitsproduktivität in der Folge wieder.

In gewisser Weise lässt sich sagen, dass die strategische Planung »parallel« zur operativen Planung vorhanden ist oder sein sollte. Beide bedingen sich stark gegenseitig. Eine sehr erfolgreiche operative Planung wird die Bedeutung der strategischen Planung zurück gehen lassen. Das kann dazu führen, dass vorhandene Potenziale verkümmern. Andererseits brauchen aber auch die operative Planung und das operative Geschäft immer wieder die Anregungen und die Kritik der strategischen Planung.

Es ist nicht selten, dass wichtige Planrevisionen stark umstritten sind. Schließlich haben sich einige Menschen (z.B. Mitarbeiter, Lieferanten, Kunden, andere Abteilungen) auf die Pläne eingestellt. Eine der großen Gefahren der Planung ist, dass verabschiedete Pläne zur Behinderung oder Verhinderung von etwas benutzt werden. Deshalb: Auch der Plan ist nur eine Möglichkeit, die zwar intensiv und nachhaltig verfolgt werden soll, aber nicht um jeden Preis. Wäre das der Fall, würde der Plan letztendlich zur Abhängigkeit (Herrschaft durch Verfahren), Inflexibilität und zur Diktatur führen. Gerade deshalb wird er von autoritären Personen auch gern benutzt. Mit Plänen lässt sich gut Macht und Machtmissbrauch kaschieren, da ja nicht mehr die Person, sondern das Verfahren »die Richtung vorgibt«. »Ich würde ja gern anders, aber Sie sehen selbst ...«. Meist wird dann noch verschleiernd hinzugefügt, »dass es objektiv nicht anders geht. Die Zahlen sind da unbestechlich.« Wer das glaubt, ist mit Zahlen besonders leicht zu belügen. Grober Missbrauch! Zugleich kann das Wissen, dass Pläne mitunter geändert werden können, zu einem veränderten Verhalten der Planenden führen.

Zu einer auf Partialinteressen bezogenen, politischen Nutzung der Planung ein Beispiel. Der Fall betrifft die Entwicklung und Einführung eines neuen Programmangebots. »In den nächsten vier Jahren wollen wir unser Angebot besonders im Dienstleistungssektor erweitern. Das bedeutet die Schaffung der folgenden Stellen für … mit erster Priorität«. Liegt eine solche Aussage vor und wird z.B. im zweiten Jahr danach klar, dass eine Entwicklung nicht erkannt oder noch nicht erkennbar war, muss revidiert werden. Diejenigen, die dagegen sind, werden nun sagen: »Warum haben wir überhaupt unseren Entwicklungsplan gemacht, wenn er nun schon wieder geändert werden soll?« In einem Fachbereich wurde noch hinzugefügt: »Das macht uns im Senat und im Präsidium unglaubwürdig.« Unschwer zu erraten, dass es hier ein Interesse an der Beibehaltung des »alten« Entwicklungsplanes gab und die Vertreter dieser Ansicht durch die Revision des Entwicklungsplans eine Beschneidung ihrer Ressourcen befürchteten. Sie benutzten den Plan gewissermaßen als Waffe.

Planung geht manchmal schief. Die letzten Sätze deuten das bereits an. Misslingende Planung lässt sich zwar nicht immer vermeiden, aber das Risiko falscher bzw. misslingender Planung bzw. von misslingendem Controlling lässt sich ein wenig vermindern, wenn man bedenkt, warum Planung manchmal schief geht.

Planung scheitert, wenn
1. im Top-Management kein Interesse an Planung besteht,
2. Planung und ihre Notwendigkeit von Personen in Linienpositionen nicht gesehen, nicht unterstützt bzw. nicht akzeptiert werden,
3. nicht alle Manager beteiligt werden (wenn auch nicht alle mitmachen werden),
4. Planung nur als Feuerwehr verstanden wird, wenn es bereits brennt,
5. Planung nicht an den gegenwärtigen Aktivitäten anknüpft,
6. die Planer auch über die Durchführung entscheiden,
7. Planerinnen und Planer glauben, allein planen zu können,
8. Planabweichungen ohne Folgen bleiben oder schön geredet werden,
9. Planerinnen oder Planer keine Persönlichkeiten sind und nicht auf hochkarätigen Positionen sitzen,
10. Brainstorming oder ähnliche Informationsgewinnungs- und Informationsbewertungsaktivitäten nicht in offenen Foren stattfinden,
11. eine ausgedachte Strategie mit der Aktion verwechselt wird,
12. Pläne nicht einfach zu lesen sind,
13. Planänderungen kategorisch verweigert werden,
14. Planänderungen zwar vorgenommen, aber nicht dokumentiert werden,
15. Planerinnen und Planer sich als Besserwisser aufspielen,
16. Managerinnen und Manager und/oder Planerinnen und Planer nach einem halben Dutzend erfolgreicher Jahre mit geringen Abweichungen glauben, sie wüssten nun wie es geht,
17. Pläne nur mit Anreizen schmackhaft gemacht werden.

Natürlich ist diese Aufzählung nicht erschöpfend. Unterteilt man personelle, technische und organisatorische Ursachen und fragt man, was wohl vermeidbar wäre, kommt man zum Beispiel zu der folgenden Matrix, die weitere Aufschlüsse und Handhabungsmöglichkeiten angibt. Auch sie ist nicht erschöpfend, kann aber Anregungen im konkreten Fall liefern.

Planungsprobleme	Personell	Technisch	Organisatorisch
Häufig vermeidbar	Demotivierte Mitarbeiter und Mitarbeiterinnen; Ausbildungsmängel; Überlastung; zu rasche Einführung und zu rasche Verknüpfung mit Anreizen/Sanktionen	Rechenfehler; Planungsfehler; Meldetermine werden nicht eingehalten; falscher Instrumenteneinsatz; nicht eindeutige Kennzahlen-Definitionen	Unklare Kompetenzen; personelle Engpässe; Überschätzung von Strukturierungen; ausschließliche Ergebnisorientierung; geringe oder fehlende Prozessorientierung
Kaum vermeidbar (zumindest nicht beim ersten Auftreten)	Fluktuation; ungeeignete Mitarbeiter und Mitarbeiterinnen; falsche Einschätzungen; Irrtümer; Schussligkeit; Manipulation	zusätzliche Anforderungen; fehlende technische Unterstützung	Ungeplante Kunden- und/oder Lieferantenveränderungen; räumliche Aufteilung; Termindruck
Nicht vermeidbar	Manche Krankheiten	Technologische Grenzen; fehlende Teile	Vertragsänderungen; Konkurs von Kunden oder Lieferanten; Naturkatastrophen;

Nun muss ich noch die Lösung der „Ritterfrage" nachtragen und einige weitere Hinweise zur Prognose und ihren Schwierigkeiten geben.

Verständlicherweise wüssten wir alle gern, was auf uns zukommt, um uns darauf einzurichten. Ritter haben deshalb ihre Burgen auf Berge gesetzt und noch einen Turm darauf, um weiter sehen zu können. Sie konnten damit nicht in die Zukunft sehen, aber sie konnten sehen, wo der böse Feind oder die Postkutsche, die überfallen werden sollten, sich im Augenblick des Sehens – also in der jeweiligen Gegenwart – gerade befanden. Und je weiter sie sehen konnten, desto mehr Zeit hatten sie, um die Verteidigung oder den Überfall vorzubereiten, also Zukünfte zu entwerfen, die ohne diesen Entwurf nicht zu erwarten wären. Die Zukunft, die sich ohne diese Beobachtung und Vorbereitung (vielleicht; denn da waren ja auch noch die Annahmen und später die Ferngläser – auch die der Kutscher und Raubritter) ereignet hätte, fand also auf keinen Fall statt.

Manche Signale, die heute etwas davon andeuten, was morgen sein wird, sind ganz schwach. Manche (unangenehme) Information verdrängen wir auch, wollen aber andererseits gern ein Frühwarnsystem. Manchmal hängen wir auch nur einer Gewohnheit nach. Manche Informationen sehen wir einfach nicht, weil unsere Einstellung, unser mentales Modell, unser blinder Fleck das nicht zulassen. Manche Prognose ist nichts weiter als eine (heroische) Entscheidung. Sensibilität hat nichts Heroisches an sich. Postheroisch, meint DIRK BAECKER, muss Management heute agieren.

Prognosen vermitteln uns nicht die Zukunft, ändern dennoch nicht selten unsere Einstellung und unsere Absichten. Sie sind mit Vorsicht zu genießen und nicht Voraussetzung unserer Pläne, in denen zunächst unser Wille (natürlich mit einem gewissen Maß an Realismus bezüglich des Machbaren und der vorhandenen Ressourcen) zur Sprache kommt. Je nach Vertrauen in die Prognoseverfahren, eine Wahrsagerin oder den Kaffeesatz, können Prognosen dennoch erheblichen Einfluss haben. Sie konstruieren, wie jede Beobachtung und Darstellung, die Wirklichkeit mit. Gerade deshalb müssen wir sie uns genau ansehen. Nicht selten ist eine Organisation gescheitert, weil die Gescheiterten die Meinung verbreitet hatten, es ginge dieser Organisation schlecht (Self-fullfiling Prophecy).

Zu einem Kurzüberblick über Prognoseverfahren verweise ich auf das bereits zitierte Buch von PÉTER HORVÁTH (2006) und die dort angegebene Literatur sowie meinen Aufsatz über „Planung ohne Prognose". Den nachfolgenden kritischen Hinweis suchen Sie nicht nur in der Controllingliteratur allerdings vergebens.

Zur Prognose benutzen wir Befragungen so genannter (manchmal selbst ernannter) Experten. Auch diese Leute können nicht in die Zukunft sehen. Alles was wir hoffen können ist, dass sie anderes sehen als wir und vielleicht sogar manche Dinge sensibler wahrnehmen bzw. weitergeben. Diesen Effekt haben auch Gruppengespräche, Brainstorming, Teamsitzungen, Szenarienerarbeitung, Simulationen, Sensitivitätsanalysen, Trendberechnungen, die Methode der exponentiellen Glättung, Kreativitätstechniken usw.

Machen Sie sich bitte klar, dass das, was ich über die Heisenbergsche Unschärferelation gesagt habe, auch für all diese Prognosen gilt. Es kommt nur heraus, was die Prognostizierenden hineinstecken, nicht nur an Informationen, sondern auch an Verfahren. Mit Verfahren kann man sich aber eben auch verfahren. Daher nochmals: Prognosen, welcher Art auch immer, sind keine Wissenschaft, Prognoseverfahren sind keine wissenschaftlichen Verfahren. Nicht umsonst treten Trendforscher als Gurus auf. Um sie zu entzaubern: Stellen Sie sich vor, es gibt einen Trend, und niemand geht mit!

Gleichwohl können Prognosen als Heuristiken mitunter anregend sein. Anhaltspunkte für beachtenswerte Abweichungen liefern sie fast immer. Das gilt ja auch für Bleigießen und Science-Fiction-Romane und etwas aus der Mode gekommene Pfänderspiele oder das Kinderspiel „Ich sehe was, was Du nicht siehst. Und das ist blau ...?" Oder das folgende Gedicht von ROBERT GERNHARDT *(der hier wohl zum ersten Mal in einem betriebswirtschaftlichen Zusammenhang zitiert wird)*:

> *„Ich hab was für dich,*
> *rate mal was:*
> *Mit ‚G' fängt es an,*
> *Und es endet mit ‚las',*
> *und man kann daraus trinken –"*
> *„Eine Gurke?"*

Außer der Pointe enthält das kleine Gedicht eine tiefe Wahrheit. Sie äußert sich im Fragezeichen. Wenn Sie Planungsprozesse und –verfahren einführen wollen, müssen Sie Mitarbeiterinnen und Mitarbeiter ermutigen, Fragen zu stellen. Das gilt immer, wenn sie wollen, dass Mitarbeiterinnen und Mitarbeiter sich weiterentwickeln und ihre eigene Expertise der Institution bzw. den Kolleginnen und Kollegen mitteilen. Im übrigen ist dies die einfachste und preiswerteste Form von Wissensmanagement. In einer bekannten Kindersendung heißt der Text des Einleitungsliedes „Wieso? Weshalb? Warum? Wer nicht fragt bleibt dumm." Unter Missachtung dieser sehr hilfreichen Verhaltensweise erlebt man dagegen im Berufsleben nicht selten die Bemerkung: „Der fragt und fragt. Ja, lernt der denn das nie?!"

Auch die Berufung auf Erfahrungen ist eine Art Prognoseverfahren. Ich will die Tendenz zu dieser »Ich-Prognose« am Beispiel der **Trendberechnung** kurz erläutern. Sie verdient befragt und hinterfragt zu werden.

Jede Trendprognose ist die *angenommene* Fortsetzung einer auf bestimmte Weise abgebildeten bisherigen Entwicklung. Da steckt schon in der Art der Aufbereitung und Darstellung der Informationen aus der Vergangenheit eine Menge von Entscheidungen und Selektion drin. Daraus ergibt sich aber keineswegs automatisch die Fortsetzung. Bei jeder Trendberechnung müssen wir entscheiden, mit welcher Methode das geschehen soll. Mit der Auswahl der Methode werden in aller Regel zahlreiche nicht genannte und mitunter auch nicht bewusste Entscheidungen mit getroffen. Bewusst legen wir beispielsweise nur fest, ob wir eine lineare, eine progressive oder eine degressive Weiterentwicklung erwarten. Entsprechend dieser von uns gebildeten und über die Methode eingebrachten Erwartungen berechnet die Methode dann die nach ihrem inneren Konstruktionsprinzip bestmögliche Trendkurve für die Zukunft. Diese Berechnung ist also so präzise wie die Annahmen und die Beobachtungen, das Methodenverständnis und die Prämissenreflexion, die wir in der jeweiligen Gegenwart zu leisten vermögen. Anders gesagt: Jeder von uns berechnete Trend ist unser Trend; jede von uns übernommene Trendberechnung ist die Trendberechnung desjenigen, der den Trend berechnet hat plus unsere Entscheidung (!), uns darauf einlassen bzw. uns darauf verlassen zu wollen.

Eine Prognosemethode versucht diese Schwierigkeit elegant zu lösen. Es ist die **exponentielle Glättung**. Bei dieser Methode wird davon ausgegangen, dass die nicht erkennbaren Einflüsse, die zu der Abweichung geführt haben mögen, auch in den nächsten zwei bis drei Perioden noch wirksam sein können, wenn auch mit abnehmender Intensität, exponentiell abnehmender Intensität. Man benutzt bei dieser Methode den Plan und fügt in der ersten Folgeperiode (Periode 2) beispielsweise die Hälfte der Abweichungen hinzu bzw. zieht sie ab im negativen Falle. In der Periode 3 nimmt man den so entstandenen Wert der Periode 2 und fügt noch ein Drittel der Abweichungen am Ende der Periode 1 hinzu sowie die Hälfte der Abweichungen der Periode 2 usw. Die stillschweigende Prämisse, auf der dieses Verfahren aufbaut, heißt: »Selten ändert sich etwas schnell.« Das kann ja so sein, ist aber auch unter Umständen nur ein weiteres Beispiel dafür, dass wir unsere Wissenslücken durch Annahmen zu schließen versuchen, was uns teuer zu stehen kommen kann. Häufig denken wir, ohne es zu merken, genauso wie viele andere zu dieser Zeit, was später große Überraschungen auslösen wird.

Viele Beispiele aus der Praxis zeigen das. »Wir geben unserem Kind nicht einen Namen, der dazu führt, dass es dann in der ersten Schulklasse mit sieben Mitschülern sitzt, die alle den gleichen Vornamen haben. Also nennen wir die Tochter Lisa.« Zwölf Monate später steht in der Zeitung, dass im letzten Jahr Lisa an der dritten Stelle der gewählten Mädchennamen liegt. Auch Kultusminister geben manchmal die Prognose ab, z.B. dass es in fünf Jahren zu wenig Junglehrerinnen und Junglehrer geben wird. Nun stürzen sich einige Studierende mehr auf diese aussichtsreiche Berufschance – und in fünf Jahren gibt es zu viele Pädagogikabsolventen. »Wir haben zu wenig Informatikstudenten«, waren sich die Wissenschaftsminister und die Industrie in fast allen europäischen Ländern in den 90er Jahren einig. Für Nicht-EU-Personen mit Informatikausbildung wurde in Deutschland eine Greencard eingeführt. Zum Glück kamen kaum Bewerber. Heute gibt es eher zu viele Informatiker. Manche Bildungseinrichtung führt neue Kurse ein, weil die Zeitungen von diesem neuen Fach voll sind. Dabei sind die Zeitungen erst voll mit dieser »Neuigkeit«, wenn auch die letzte »Trottel Times« gemerkt hat, dass es da angeblich etwas »Neues« gibt. Die Kursinhalte sind dann nicht selten schon überholt.

Nochmals: Die Prognostizierenden lassen sich zwar von der bisherigen Entwicklung leiten, welche Trendkurve sie in die bisherige und in die zukünftige Entwicklung hineinlegen, hängt aber ganz allein von diesem ihrem Gefühl und ihrer (individuellen und/oder kollektiven) Verfahrensentscheidung ab. Die Wahl des Verfahrens, des Navigationssystems bestimmen die Benutzer bzw. manchmal auch diejenigen, die einem anderen ein entsprechendes System verkaufen oder »auf's Auge drücken« können. Aber auch in diesem letzteren Fall muss der »Endabnehmer« es benutzen, also Vertrauen haben oder dem Zwang oder der Macht unterliegen, der versprochenen »Wahrheit« einer Prognose (»ohne Gewähr«) zu glauben. Daran ändern auch »verfeinernde« Wahrscheinlichkeitsangaben nichts, die ebenfalls nur unter ganz bestimmten Bedingungen Sinn machen. Deshalb grenzen auch Marketing, Werbung und Werbeerfolgsprognosen manchmal an Esoterik.

Ach, dass der Mensch so häufig irrt und nie recht weiß, was kommen wird.
[WILHELM BUSCH]

Sie können das Gelesene vertiefen, wenn Sie sich ein wenig mit den folgenden Fragen beschäftigen:

- Finden Sie Möglichkeiten heraus, in Ihrer Einrichtung »weiter sehen zu können« oder so gut hören zu können »wie die Gänse auf dem römischen Capitol«.
- Wer bzw. welche Abteilung hat in Ihrer Institution den besten Zugang zu Informationen formell/informell?
- Sie planen die Instandhaltungskosten für das nächste Jahr: Wieviele Stühle werden zu ersetzen sein, wie viele PC, wie viele Drucker, wie viele Birnen in Overhead-Projektoren und Beamern? Wie viele Bücher werden verschwinden oder

beschädigt werden? Wie kommen Sie auf diese Zahlen? Was sagt die Kaufmännische Geschäftsführung dazu?

(Und jetzt: Hang loose! Mindestens dreißig Schritte gehen. Etwas trinken.)

Diskussionsanregung zu „Controlling als Prozess – Planen"

Der Vorwurf „Planwirtschaft!" kommt schnell, wenn man von und für Planung zu sprechen beginnt. Da schwingen viele Vorurteile mit, die nicht immer leicht zu entkräften sind. Könnte es nicht dennoch sein, dass hier sehr verschiedene Dinge in einen Topf geworfen werden?

3.2 Budgetieren

Steht der Plan mit seinen Zielvorstellungen, müssen die für die Realisierung benötigten Mittel bestimmt, festgelegt, verteilt werden. Die Vorstellung einer solchen Reihenfolge leuchtet ein und so kann man versuchen, nach dem Zielbildungsprozess die Budgetplanung durchzuführen.

Budgets werden ausgehandelt oder zugeteilt, damit die budgetierenden Bereiche selbständig arbeiten können. Sie dienen also der Koordination durch Rahmensetzungen. Budgets orientieren sich an den zu erledigenden Aufgaben und sind in einer dezentralen Organisation ein Abwägungs- und Aushandlungsprozess. Die entsprechenden Budgets benennen nach Art, Umfang, zeitlichem Bedarf bzw. Anfall die zur Verfügung stehenden Ressourcen für die Gesamtorganisation und für ihre Teileinheiten. Sie stellen den Spielraum dar, in dem sich die jeweiligen Budgetverantwortlichen bei der Erfüllung der Ihnen übertragenen Aufgaben selbstverantwortlich bewegen können. Wäre die Organisation eine Maschine oder ein Automat, bräuchte es keine Budgets. Die komplexen Organisationen unserer Gesellschaft sind dagegen nicht so zu gestalten, dass nur ein paar Rädchen reibungslos ineinander greifen. Wo Menschen zusammenkommen, geht es immer politisch zu, d.h. Interessen, Erwartungen, Hoffnungen und Macht, aber auch Ohnmacht, Intrige, Zumutungen, Sympathie und Antipathie, Geiz und Ehrgeiz, Kenntnis und Unkenntnis, Expertise und Bluff und vieles andere sind mit im Spiel. Das bleibt nur einigermaßen steuerbar, wenn die Einheiten klein und überschaubar sind sowie situationsgerecht mit der Expertise vor Ort innerhalb bestimmter Grenzen (Budgets) selbstorganisiert arbeiten können.

Zum Zeitbudget haben Sie bereits im vorausgehenden Abschnitt etwas gelesen, weil viele Menschen wegen der erlebten Zeitknappheit gar nicht erst zu planen beginnen. Das ist natürlich »strafverschärfend«. Es erinnert an die beiden Arbeiter, die dicke Baumstämme sägen. Nach einiger Zeit fällt es ihnen immer schwerer. Da meint der eine: „Lass' uns mal die Säge schärfen." – „Nein," sagt der andere. „Dazu haben wir keine Zeit."

In Budgets wird schriftlich festgehalten, welche Mittel in welchem Umfang wofür und wann zur Verfügung stehen und wer unter welchen Bedingungen darüber verfügen darf. Einige Grundsätze für die Budgetbestimmung können die Sinnhaftigkeit der Budgetierung deutlicher machen und eine Vorgehensweise festlegen, die dazu beiträgt, dass nicht jedes Jahr neu Verfahrensweisen diskutiert werden müssen und die Vergleichbarkeit der Budgets leidet. Freilich ist Vergleichbarkeit kein Selbstzweck. Verfahren müssen dem Zweck entsprechen. Das kann auf Kosten der Vergleichbarkeit gehen (müssen). Selbst wenn das Budgetierungsverfahren nie abschließend geregelt werden kann, gibt eine Grundsatzregelung doch für einige Zeit eine einigermaßen gemeinsame Handlungsbasis.

Budgets werden durch Zielklärungen vorbereitet. Ein Budgetleitfaden und Budgetformulare (beides wird sich im Laufe des Umgangs mit ihnen verbessern) erleichtern das gemeinsame Verständnis für und von Budgets. Alle Beteiligten brauchen aber zumindest am Anfang eine kleine Schulung darüber. Dem sehr praxisnahen Buch „Budgetplanung" von STEPHEN BROOKSON sind, leicht ergänzt und angepasst, die folgenden Regeln für erfolgreiche Budgeterstellung entnommen.

REGELN FÜR ERFOLGREICHES BUDGETIEREN	
REGELN	BEDEUTUNG FÜR DIE PRAXIS
KONTINUIERLICH BUDGETIEREN Planen und Budgetieren sind keine einmaligen Aktionen.	Sehen Sie in der Budgetierung mehr als eine jährliche Routine. Die Zukunft ist ungewiss; passen Sie daher das Budget regelmäßig dem veränderten Geschäftsumfeld an.
NEHMEN SIE SICH ZEIT Budgets sind die Quintessen der Planung und wollen gut durchdacht sein.	Unterschätzen Sie nicht den Zeitaufwand, der für die Informationsbeschaffung und die Erstellung von realistischen Budgetvorschlägen erforderlich ist.
BEZIEHEN SIE ANDERE MIT EIN Ziehen Sie alle hinzu, die am Budgetierungsprozess und an der Realisierung des Budgets bzw. der Pläne beteiligt sein müssen.	Budgetieren sollte nicht nur auf der obersten Ebene stattfinden. Beziehen Sie wichtige, fachlich kompetente Menschen mit ein. Wenn der Budgetierungsprozess gelingt und seine positiven Folgen sichtbar werden, steigert das auch die Motivation. Budgetierung sollte – wie schon Zielbildung – im Gegenstromverfahren erfolgen, d.h. »von oben« und »von unten« werden Budgetvorschläge erarbeitet und schließlich in einem abgestimmten Budget vereinigt.
SEIEN SIE REALISTISCH Konzentrieren Sie die Budgets auf das, was die Organisation/ die Abteilung wirklich braucht.	Bedenken Sie, dass bei knappen Ressourcen interne Konkurrenz um einzelne Budgetposten entstehen kann, so dass vielleicht zu Beginn absichtlich überhöhte Forderungen gestellt werden.
SEHEN SIE NACH VORN Blicken Sie bei der Budgeterstellung in die Zukunft und nicht in die Vergangenheit.	Richten Sie Ihr Handeln auf zukünftige Ziele aus; misstrauen Sie historischen Daten. „Ungefähr richtig" ist nur zu leicht „völlig falsch". Die Budgeterstellung ist kein Ort zur „Begleichung alter Rechnungen" – obwohl auch das immer wieder vorkommt.

DENKEN SIE POLITISCH Der Umfang eines Budgets ist nicht gleichzusetzen mit seiner Bedeutung.	Der Budgetierungsprozess führt immer wieder zu unergiebigen Machtspielchen. Wer das größere Budget hat, hat nicht immer recht und ist auch nicht immer in der wichtigsten Abteilung. Nach-Denken beispielsweise kann sehr preiswert sein.
BEOBACHTEN SIE DIE LAGE Prioritäten und Beträge müssen unter Umständen der Entwicklung angepasst werden.	Seien Sie bereit, Budgets aufgrund gut begründbarer Anlässe u. U. nachzubessern, gleichzeitig aber auch alle Ausgaben zu hinterfragen und andere Lösungen für unvorhergesehene Schwierigkeiten zu finden.
ERLAUBEN SIE FLEXIBILITÄT Budgets müssen nicht sklavisch eingehalten werden.	Geben Sie kein Geld aus, nur weil es bewilligt wurde. Hamstern Sie keine Budgetüberschüsse, "weil man sie vielleicht einmal brauchen kann". Andere können sie vermutlich sofort brauchen.
BEGINNEN SIE HEMDSÄRMELIG, ABER BEGINNEN SIE Jedes Budget liefert einen Rahmen und gibt Referenzpunkte für die spätere Analyse von Abweichungen.	Wenn Sie nicht beginnen, lernen Sie nicht mit Budgets zu arbeiten. Es kommt nicht darauf an, dass alles gleich klappt. Nach zwei bis drei Runden (Jahren) werden Sie sehr viel Erfahrung gesammelt haben und selbst weitere Nutzungsmöglichkeiten entdecken.

Einige allgemeine Prinzipien des »Budgetmanagements« gehen auf eine Dokumentation der Universität für Bodenkultur in Wien zurück. Sie sind im folgenden Kasten wiedergegeben und leicht kommentiert. Bei staatlichen Budgets ist allerdings zu beachten, dass aufgrund des Haushaltsrechts nicht selten falsche Budgetierungsanreize gesetzt werden, was nahezu zwangsläufig zu falschem Budgetieren und falschen Ausgaben führt. Das ist insbesondere der Fall, wenn gegen die Regel BLICKEN SIE BEI DER BUDGETIERUNG NACH VORN verstoßen wird. Wird nicht Zero-Base-Budgeting betrieben, also jedes Jahr neu und im Hinblick auf die Ziele budgetiert, sondern aufgrund der Ausgaben des letzten Jahres, verhindert dies eindeutig den sparsamen Umgang mit Mitteln. „Nur alles ausgeben, sonst bekommen wir im nächsten Jahr weniger!"

Für das **Budgetmanagement** soll gelten:

- Das **ökonomische Prinzip**, das auch Wirtschaftlichkeitsprinzip genannt wird, besagt, dass eine vorgegebene Leistung mit geringst möglichem Aufwand bzw. mit gegebenem Aufwand eine höchstmögliche Leistung erzielt werden solle. Freilich ist die Leistung nicht immer ganz klar. Insbesondere können Nebenwirkungen auftreten, die beispielsweise Kosten an anderer Stelle verursachen, die nicht im Budget enthalten bzw. vorgesehen sind. Dann ist zwar punktuell vielleicht Wirtschaftlichkeit erzielt, aber nicht im Gesamtzusammenhang.
- Das **Prinzip der Sparsamkeit** gilt als Grundsatz in solchen Fällen, in denen Aufwand und Erfolg in einem so entfernten sachlichen und zeitlichen Verhältnis stehen, dass ein wertmäßig erfassbares Verhältnis von Aufwand und Nutzen (Leistung) nicht hergestellt werden kann. Das gilt auch, wenn beispielsweise die Leistung schwer zu bestimmen ist (z.B.: Was ist der bewertbare Nutzen von Kenntnissen der Balanced Scorecard oder von Wissenschaftstheorie?) Mitunter wird dieses Prinzip überstrapaziert, insbesondere dann, wenn rigoros Kosten eingespart werden und die damit wegfallenden Leistungen bzw. der entsprechende Nutzen von einseitigen »Kostenjägern«, denen man vermutlich die falschen Anreize geboten hat, übersehen werden. Diese Gefahr tritt häufig bei der Gemeinkostenwertanalyse auf.
- Das **Prinzip der Zweckmäßigkeit** zielt auf die Zweck-Mittel-Relation im personellen wie im sachlichen Bereich des Ressourceneinsatzes ab. Die Mittel sollen dem Zweck entsprechen, angemessen sein. Andererseits heiligt der Zweck nicht immer die Mittel, was beispielsweise im Fall von Vorteilsannahme oder Bestechung leicht einzusehen ist. Viel häufiger wird dieses Prinzip aber wohl durch Gedankenlosigkeit verletzt: „Das machen wir so wie immer."

Alle drei Prinzipien sollen für Antragstellung, Zuweisung und Analyse sowie für die Entscheidungen über Maßnahmen der Prozessgestaltung gelten.

Im Falles des Sparsamkeitsprinzips wird man oft von inputorientierter Budgetgestaltung sprechen. Möglichst große Erfolge sollen mit einem Budget erzielt werden. Aber „möglichst große Erfolge" ist ein außerordentlich unscharfer Begriff. Er lässt alles zu. Jeder Verlust kann dann als Investition deklariert werden, die sich später auszahlen wird. Sollte Ihnen dieser Argumentationsversuch begegnen, fragen Sie am besten nach den zu jeder Investition gehörenden Einnahmen. Ohne solche Einnahmen sind die Ausgaben wohl eher als Verlust zu betrachten.

Lassen sich Leistungen Budgets zuordnen bzw. werden Budgetumfänge von solchen Leistungen abhängig gemacht, wird von Outputorientierung gesprochen (z.B.: je mehr Absolventen in einer Abteilung, desto mehr Budget). Neuerdings geschieht das an vielen Bildungseinrichtungen ziemlich rigoros und ohne hinreichend reflektierte Sicht auf die Folgen (Ich komme darauf zurück, wenn wir über Leistungsindikatoren sprechen werden). Ist der Bezug nicht wohl durchdacht, führt das zu Fehlsteuerungen. Das kann so fatale Folgen haben wie die Beteiligung von Verkäufern am Umsatz. Sie steigern dann den Umsatz um jeden Preis, buchstäblich auch über Preisnachlässe und Sonderkonditionen. Das kann so weit gehen, dass Verluste eingefahren werden. Wenn schon Beteiligungsanreize sein sollen, dann sind sie besser am erzielten Deckungsbeitrag statt am Umsatz fest zu machen.

Generell wird man bei Bildungseinrichtungen ohne Forschungsauftrag wohl bei der Budgetierung stark auf Teilnehmerzahlen und Kursgebühren Bezug nehmen müssen und für die Entwicklung neuer Kurse Projektbudgets zur Verfügung stellen. Mit **Projektbudgets** ist im wesentlichen auch bei Forschungsaufgaben zu arbeiten. Projektbudgets enthalten die für ein präzise definiertes Projekt in einem festgelegten Zeitrahmen zur Verfügung stehenden Mittel. Das Zeitbudget, das auch einen Netzplan für die abzuwickelnden Tätigkeiten enthalten kann, enthält bei Projekten immer einen definierten Anfang und ein definiertes Ende.

Nachdenkpause mit kleinen Zwischenfragen und Aufgaben:
- *Wenn es bei Ihnen Budgets gibt: Inwiefern werden sie tendenziell inputorientiert, inwiefern outputorientiert bestimmt?*
- *Was sind für Sie relevante Inputvariablen, die auf das Budget Auswirkungen haben, was relevante Outputvariablen?*
- *Wie differenziert müssen diese Variablen sein?*
- *Wie viele Budgetmittel (welcher Anteil des Budgets) werden aufgrund welcher Variablen verteilt bzw. zugeteilt?*

Es gibt weder eine festlegbare Zahl von Plänen noch eine festlegbare Zahl von Budgets. Es gibt so viele wie Sie – gegebenenfalls zusammen mit anderen – benötigen. Sie werden die richtige Anzahl und den richtigen Umfang für den Start rasch herausfinden und im Laufe der Zeit immer besser anpassen können.

Das **Finanzbudget** listet die Einnahmen und Ausgaben auf. Das geschieht nach Art (z.B. Haushaltsmittel, Drittmittel, Sponsorengelder; Reservenbildung oder -auflösung, Fremdmittel, Zinszahlungen, Steuern, Ausgaben etc.), Höhe, Zeitpunkt (Eingang oder Fälligkeit), lässt Lücken erkennen, die noch geschlossen werden müssen, oder Überschüsse, die (beispielsweise vorübergehend) für spätere Verwendung Zins bringend angelegt werden können.

Das **Investitionsbudget** enthält die investiv benötigten Mittel für Neu-, Rationalisierungs- und Ersatzinvestitionen. Das laufende Budget ist mehr oder weniger ein **Liquiditätsplan,** der sicherstellen soll, dass die Organisation zu jedem Zeitpunkt den erforderlichen Zahlungen nachkommen kann. Generell kann nicht davon ausgegangen werden, dass der Sinn von Budgets (Rahmensetzung, Steuerungsmöglichkeit, Effizienzanalyse etc.) bei Beginn einer nur haushaltsmäßigen Routinezuweisung, aber auch bei einer Projektbudgetzuweisung, allen Beteiligten klar ist.

Nachdenkpause mit kleinen Zwischenfragen und Aufgaben
- *Nahezu beliebig viele weitere Beispiele ließen sich bilden. Machen Sie selbst einige Versuche.*
- *Welche Bereiche in Ihrer Einrichtung ließen sich Ihrer Meinung nach mit Hilfe von Budgets führen?*

Bei öffentlichen Haushalten orientieren sich zumindest die ausführenden Einheiten bei ihren Vorschlägen oder Anträgen für das nächste Jahr in der Regel am letzten Jahr und z.B. an der Inflationsrate sowie beabsichtigten Projekten. Denkbar ist auch – und von Zeit zu Zeit sollte das zumindest in einem Planspiel durchgespielt werden – ein sogenanntes **Zero-Base-Budgeting**. In diesem Fall wird davon ausgegangen, dass bei der Budgetplanung »bei Null angefangen wird«, so als wären keinerlei Vorgaben, Beschränkungen und hinreichende Erfahrungen vorhanden, um die zu bewältigenden Aufgaben zu erledigen. Überspitzt gesagt, denn ganz bekommt man die Vergangenheit ja doch nicht aus dem Kopf: »Jedes Jahr ist ein neues Jahr«, sollte als Grundsatz gelten, allerdings mit dem Bewusstsein im Hinterkopf, dass wir unsere Erfahrungen nicht leicht abschütteln können. Unwirtschaftlichkeiten, die sich eingeschlichen haben, Arbeitsabläufe, die nicht mehr nötig sind oder aufgrund der technologischen Entwicklung besser gestaltet werden können und ähnliches lassen sich dann mitunter entdecken und verändern.

Mehr Outputorientierung ist in vielen Fällen anzuraten, aber nicht das Allheilmittel für die Verbesserung der Wirtschaftlichkeit von öffentlichen Haushalten oder Bildungseinrichtungen. So kann ein Ergebnis, das vermeintlich durch größere Effizienz erzielt worden ist, auch auf Manipulation zurück gehen, weil die falschen Anreize in der Outputorientierung gesetzt wurden. Aus England ist ein Beispiel bekannt, das in abgewandelter Form überall passieren könnte und vermutlich auch immer wieder so oder ähnlich passieren wird. Bei der Evaluierung wurde in einer Universität festgestellt, dass die Anzahl der Veröffentlichungen pro Wissenschaftler in einem Fachbereich im Vergleich zu entsprechenden Fachbereichen anderer Universitäten sehr niedrig war. Aufgrund der so gemessenen geringen Forschungseffizienz drohten Stellenkürzungen. Ob die veröffentlichten Seiten pro Wissenschaftler dafür der richtige Maßstab sind, darüber kann man streiten. Aber hier war es eben so. Wer nichts veröffentlicht, erreicht auf jeden Fall nur geringere Breitenwirkung. Drei Jahre wurden als Frist für eine Besserung gesetzt. Nach drei Jahren war die Forschungseffizienz um sechzig Prozent gestiegen. Kennt man die Schreib-, Begutachtungs- und Erscheinungszeiten der Journale, weiß man, dass diese Steigerung etwas viel für diesen Zeitraum ist. Man schaute also genauer hin. Die absolute Zahl der Veröffentlichungen war fast gleich geblieben, aber die Kennzahl für Forschungseffizienz, »Veröffentlichungen pro Wissenschaftler« war nach oben geschnellt. Der Grund war rasch gefunden. Die Verwaltung hatte die Wissenschaftler, die nichts veröffentlicht hatten, auf die Liste für nicht wissenschaftlich Beschäftigte gesetzt. Das hatte zur Aufblähung der evaluierten Verwaltungsliste geführt – zumindest auf dem Papier, denn alle hatten ihre bisherige Stellung beibehalten.

Wie wenig Bewusstsein in Bezug auf Outputorientierung häufig noch besteht, zeigt auch das Beispiel im folgenden Kasten.

> » ... Antrag an die Budgetkommission: Das Projekt ›Einführung von Lehrveranstaltungen in Englischer Sprache‹ kann erst ein Jahr später als geplant abgeschlossen werden. Bitte stellen Sie die für dieses Jahr notwendigen Mittel in Höhe von   ... zur Verfügung. ... « Rückfrage der Budgetkommission: »Wozu benötigen Sie die Mittel?« Antwort des Projektverantwortlichen: »Was soll die Frage?«
> »Vielleicht können Sie uns angeben, wieso das Projekt um ein Jahr verlängert werden muss und inwiefern erkennbar ist, dass es dann wirklich abgeschlossen sein wird.«
> »Ich habe Ihnen doch bereits geschrieben, dass wir nicht fertig geworden sind, und wenn ich sage, dass wir noch ein Jahr benötigen, dann können Sie mir das schon glauben. Ich habe schließlich schon ganz andere Projekte abgewickelt.«
>
> - *Unter welchen Bedingungen hätten Sie verlängert?*
> - *Wie vergeben Sie Mittel für Projekte?*

So einleuchtend die soeben beschriebene Reihenfolge von Zielbildung und anschließender Budgetierung auch ist, sie ist doch häufig eine ziemlich abstrakte Vorstellung (der Entscheidungslogik) – oder »eine Lüge im nicht moralischen Sinne«, wie eine Formulierung bei FRIEDRICH NIETZSCHE heißt, die sich auf vermeintliche Sachzwänge bezieht. Von Zielen lässt sich im strengen Sinne deduktiv nichts ableiten. Wäre das möglich, wäre die Budgetsteuerung überflüssig. Zwar müssten auch in diesem Falle Mittel zur Verfügung gestellt werden, was z.B. eine Gegenüberstellung von Einnahmen und Ausgaben und u. U. ein Liquiditätsbudget erforderlich machen könnte. Ein Spielraum, den das Budget einräumen sollte, wäre aber überflüssig. Budgetsteuerung ist ja gerade deshalb erfunden worden, um Situationen handhaben zu können, in denen nicht klar ist, welcher Weg zum Ziel führt. Beim Militär heißt das Auftragstaktik. Die Alternative wäre der detaillierte Befehl, der aber präzise Kenntnis der Abläufe voraussetzt. Budgetsteuerung ist Auftragstaktik unter einschränkenden Bedingungen, eben den Bedingungen des Budgets. Kontextsteuerung heißt die Hoffnung, dass die Budgetverantwortlichen im Rahmen des Budgets zu gegebener Zeit das Richtige tun werden, um zum Ziel zu kommen.

Ziele und Mittel können sich gegenseitig beeinflussen. Ziele »suchen« nach Mitteln, Mittel »suchen« nach Zielen. Probleme suchen nach Lösungen und Lösungen/Lösungsverfahren suchen nach Problemen. Maßnahmen und Aufgaben bestimmen Mittel und Ziele genauer, und manchmal ist erst am Ende dieses ganzen Prozesses klar, was konkret das Ziel war – ohne dass dies ein Planungsfehler wäre. Denn aus dem, was ich will, folgt nicht zwangsläufig, wie ich es erreichen kann und welche Mittel ich benötige. Und vorhandene Mittel weisen manchmal einen Weg, der Erfolg versprechend ist, aber in den bisherigen Zielvorstellungen noch nicht vorhanden war oder sie erst präzisiert. Viele Wege führen nach Rom.

»Im letzten Jahr haben wir nicht die Bewerberzahl erreicht, die wir uns auch für dieses Jahr wieder vorgenommen haben. Sollen wir nun unsere Werbestrategie ändern, andere Angebote in unser Kursprogramm aufnehmen, die Vermittlungsformen neu überdenken – oder was?«

»Nun, wir haben doch schon darüber gesprochen, dass wir in unser Angebot Kurse für ›Verhandlungsführung‹, ›Gesprächsführung‹, ›Mediation‹ und ›Moderation‹ aufnehmen wollen.«

»Ja. Aber wer kann das machen?«

»Ich könnte einen Pilotkurs entwickeln, wenn es dafür ein Budget gibt. Ich müsste acht Wochen entlastet werden, um ein Pilotprojekt auflegen zu können. Das Budget wäre für meine Vertretung notwendig und einige Mittel für Literatur und andere Vorbereitungsmaßnahmen.«

»Aufgrund des Teilnehmereinbruchs im letzten Jahr wird uns das aber schwer fallen.«

»Wenn wir nichts reinstecken, kann auch nichts rauskommen. Wir dürfen nicht immer nur in Kosten denken. Was ich vorschlage, ist eine Investition, für die wir zur Not Mittel aufnehmen müssen.«

»Wenn wir einen Sponsor hätten? Ansonsten müssen wir wohl mit der geplanten Bewerberzahl zurückgehen.«

Das kann lange so gehen, bis man zu einer Einigung bzw. einer Entscheidung kommt. Im soeben gezeigten Beispiel wurde eine gefunden, aber als alles entschieden und gut begründet war, sagte ein erfahrener Kollege, mehr zu sich selbst: »Das wird so nicht funktionieren; das ist zu rational.«

Wie abstrakt und schwach das rationalistische Konzept von Zielen und daran ausgerichteten Mitteln sein kann, zeigt unter anderem auch die Rede von der Umsetzung, die einer Entscheidung zu folgen hat. Konkret heißt das nichts anderes, als dass die Entscheidung unvollständig war und ihre Realisierung nicht hinreichend bedacht worden ist, vielleicht auch nicht bedacht werden konnte. Dann ist es aber auch nicht verwunderlich, wenn schließlich bei der Umsetzung etwas ganz anderes heraus kommt als bei der Entscheidung beschlossen wurde. Vielleicht ist es das, was Napoleon mit seiner oben zitierten Vorstellung von kurzen und unklaren Anweisungen meinte. Sie merken, es wird von allem zugleich gesprochen, den Zielen, den Plänen, den Mitteln, den Menschen, die die Schritte setzen sollen, möglichen Maßnahmen, dem Zeithorizont, Abweichungen etc., und immer sind Motive, Interessen, Sympathie und Antipathie, Paradoxie, Widerstand, Hoffnung und Enttäuschung mit dabei. Der ganz normale »Wahnsinn«.

Nachdenkpause
(Mögen Sie heiße Schokolade oder ist gerade Sommer? Ich machte übrigens beim Schreiben auch an diesen Stellen Pause, an einem kalten, regnerischen Herbsttag)

- *Wie läuft Budgetierung bei Ihnen persönlich ab? Haben Sie ein gegliedertes Haushaltsbudget? (Lassen Sie sich nicht »verbetriebswirtschaften«!)*
- *Wie bestimmen Sie das Taschengeld Ihrer Kinder? Wie reagieren die Kinder darauf? Wie bestimmen Sie Ihr Taschengeld?*

Der Normalfall ist der Ernstfall. Er ist es insbesondere, weil er nicht dem ausgedachten, schönen, rationalistischen, transparenten, wertfreien, apolitischen und amenschlichen Modellablauf der formalen Entscheidungslogik oder der betriebswirtschaftlichen Lehrmeinung entspricht – weder der herrschenden noch einer anderen. Der Normalfall ist immer interdisziplinär. Aber Entscheidungslogik und Betriebswirtschaftslehre sind deshalb nicht zu verwerfen. Auch ihnen gegenüber gibt es in der Praxis Differenzen, die für das Controlling interessant sind und manchmal (z.B. durch interdisziplinäre Erfahrung) bearbeitet werden können. Solche Lernprozesse sind im praktischen wie im wissenschaftlichen Zusammenhang wertvoll. Beispielsweise ist die vermeintliche Ordnung einer bestimmten Logik oder Rationalität anregend, aber nicht ohne weiteres und sogar eher selten der Vielfalt oder dem vermeintlichen Begriffschaos interdisziplinärer Ansätze überlegen. Unmittelbar brauchbar ist sie ohnehin kaum. Im übrigen gilt, dass man sich zur Beurteilung dieser Frage ohnehin in beide Richtungen einarbeiten muss, die rationalistische, modelltheoretische, disziplinäre und disziplinierende und die eher interdisziplinäre, weniger übersichtliche, die mitunter auch die kreativere sein muss.

Zweckmäßig kann es sein, über Ziele und Vorgehensweisen erst dann zu entscheiden, wenn für alle Beteiligten wirklich klar ist, wer was, wann, wo, unter welchen Bedingungen, mit welchen Mitteln, mit wem gemeinsam tun sollte, und wenn ferner klar ist, dass das so bei der Vorbereitung der Entscheidung in mehreren Szenarien durchgespielt und als realistischer Ablauf erkannt worden ist. Schließlich muss noch klar sein, dass alle beteiligten Personen einverstanden sind. Das verlängert den Planungs- und Entscheidungsprozess in der Regel, verkürzt aber die Realisierung, weil Sie weniger unliebsame Überraschungen erleben werden. Die praktische inhaltliche Konsistenz wird ebenfalls gefördert und die Akzeptanz der Entscheidung sowie für die beschlossenen Maßnahmen steigt. Nur über Ziele zu entscheiden, lässt fast alles offen, was zur Realisierung notwendig ist. Nicht selten hebt bei Zielentscheidungen, zumal bei diffusen, einer die rechte Hand »zum Schwur« und schwört hinterrücks mit der linken bereits ab – mit dem Gedanken, das, was ihn interessiert und jetzt nicht dabei ist, werde er in der Realisierung/Umsetzung schon noch ins Spiel bringen.

Andererseits sind gerade das Budget und die Zielvereinbarung ein Mittel, um Menschen in unübersichtlichen Situationen einigermaßen koordiniert, »mit Blick für das Ganze«, flexibel und handlungsfähig zu machen. Innerhalb der Grenzen der Zielvereinbarung und der durch das Budget gesteckten Handlungsmöglichkeiten sollen die Akteure nach eigener Beurteilung der Lage Handlungsspielräume nutzen, um situationsgerechter agieren oder reagieren zu können. Ziele und Budgets benennen einen Auftrag und einen Handlungsrahmen, keinen Handlungsbefehl im Detail. Vorschriften versuchen hingegen nicht selten ins Detail zu gehen, ohne dies wirklich garantieren zu können. Sie verlieren dann ihre Flexibilität. Wenn mit Dienst nach Vorschrift gedroht (!) werden kann, ist die Vorschrift offenbar für den ursprünglich beabsichtigten Zweck nicht zu gebrauchen und falsch.

Damit soll nicht gesagt werden, dass jede bürokratische Regelung falsch oder schlecht ist. Bürokratie und eingespielte Routinen erleichtern die Arbeit und sparen Kosten, weil nicht immer wieder ein bestimmter Vorgang neu bedacht werden muss, die Wiederholung Lernfortschritte gestattet und die Regelmäßigkeit und Gleichförmigkeit die Überprüfung der Ordnungsmäßigkeit erleichtert sowie auch dem Gegenüber eine Möglichkeit eröffnet, sich darauf einzustellen. Das gilt aber nicht auf Dauer. Um die Vorteile von Routineregelungen genießen zu können, sind Routinen von Zeit zu Zeit zu hinterfragen und zu verändern und/oder anzupassen. Jede Verfassung braucht ihre Verfassungsänderungsklausel.

Vielleicht kann Ihnen die eine oder andere der folgenden Fragen in Ihrem Alltag einen kleinen Anstoß zu dem Versuch einer Budgetierung geben.

- *Wen müssen Sie in Ihrer Organisation fragen, wenn Sie Ausgaben tätigen müssen/ wollen?*
- *Unterlassen Sie es, weil die Abrechnungsmodalitäten so lästig sind?*
- *Kann man die Abrechnungsmodalitäten nicht ändern?*
- *Welche Routinen lassen sich in Ihrer Organisation identifizieren?*
- *Wo könnte die Einführung von Routinen Erleichterung für die Beteiligten schaffen? Inwiefern?*
- *Werden Sie gefragt, was Sie in Ihrem Arbeitsbereich im nächsten Jahr erreichen wollen und was Sie dafür von wem und wann benötigen?*
- *Gibt es einen Investitionsplan?*
- *Sprechen Sie sich für das nächste Jahr mit den Kolleginnen und Kollegen in Ihrer Organisation und in Ihrem Umfeld ab,*
  - mit denen Sie zusammenarbeiten müssen,
  - von denen Sie Unterstützung benötigen,
  - für die Sie Ihre Leistungen erbringen?

Die Fragen leiten nahezu unmittelbar zu Entscheidungen über Aktionen, Maßnahmen und Kontrolle sowie zur Abweichungsanalyse über. Vorher will ich aber noch einiges über Schwierigkeiten bzw. Tricks beim Budgetieren sagen, und dann können Sie zum Abschluss dieses Unterkapitels noch versuchen, Vorgehensweisen zum Umgang mit dem im nächsten Kasten dargestellten Fall zu entwickeln. Er hat keine Musterlösung.

In manchen Unternehmen heißt es im Herbst „Es ist wieder Budgetierungszeit. Da muss ich mich für das Spiel fit machen." Die Umsatzziele werden weniger ambitioniert formuliert, die Budgetmittel höher, der Produktionschef macht dramatisch deutlich, dass ausgelassene Neuinvestitionen das Unternehmen zu einem Randdasein verurteilen würden. Mit Budgets sind besonders in Zeiten guter Konjunkturverläufe gute Erfahrungen gemacht worden. Zum Teil war das aber nur der Fall, weil genug da war und niemand so genau hingeschaut hat.

So ist mancher Trick nicht aufgefallen, der heute nicht mehr toleriert wird. Am 03. Oktober 2005 ist dazu ein kleiner Artikel von LAUREN KELLER JOHNSON auf der Homepage der Harvard Business School erschienen, aus dem ich die folgenden Gedanken zusammenfasse:

Budgettricks führen zum Mittelmaß, wenn die Anreizsysteme für das Management zum Spiel gegen das Budgetierungssystem verleiten. Fünf Typen von Managern bzw. von Verhaltensweisen werden beschrieben, die im Budgetierungszusammenhang besonderen Schaden anrichten können. In der Praxis kommen sie wohl eher in Mischkultur vor.

Die »Sandbagger« kennen sich mit Sandsäcken und Befestigungen aus. Sie erscheinen zum Budgettreffen mit Plänen, die nicht ehrgeizig sind, weil sie das Ziel leichter erreichen und den Bonus kassieren wollen. Wird ihnen das vorgehalten, erwidern sie, dass sie schließlich am dichtesten an ihrem Geschäft wären. „Oder glauben Sie, dass ich mein Geschäft nicht beherrsche? Sie haben es an mich delegiert! Trauen Sie mir jetzt nicht mehr?"

Die »Zauberer« kennen sich in ihrem Geschäft sehr gut aus, zeigen das aber nicht in ihren Ziel- und Budgetvorschlägen. So lassen sie besonderes Licht auf sich fallen, wenn sie wunderbarerweise doch wieder große Erfolge erzielen.

Der »einsame Agent« reklamiert für sich, dass er nicht in die konventionellen Abläufe passt, denn sein Geschäft sei einmalig und immer wieder völlig neu. Er verlangt besondere Unterstützung und beispielsweise Ausnahmen bei der Reisekostenbudgetierung oder anderen Regeln, die eigentlich für alle gelten sollen.

Der »Visionär« ist kurz vor dem Durchbruch mit einer revolutionären Idee im technischen oder organisatorischen Bereich. Das kostet natürlich zuerst etwas, wird dann aber das große Geld bringen. Jetzt heißt es Geld in die Hand zu nehmen, obwohl der Wert des Planes noch nicht wirklich empirisch belegt werden kann. Er ist eben strategisch zu werten. Kurzfristige Minderleistung ist da normal und zu tolerieren. Techniker versuchen mit den jüngsten »bahnbrechenden« Fortschritten zu punkten, Marketer mit der ganzen Leidenschaft ihres extrovertierten Jobs. Beide haben es mitunter leicht in boomenden Bereichen.

Der »Geiselnehmer« bildet den Abschluss dieses plakativ-pragmatischen Typologieversuches. Er argumentiert in Budgetverhandlungen, dass er den Löwenanteil an den Ressourcen bekommen muss, weil er in kürzester Zeit den größten Leistungsbeitrag zu leisten in der Lage ist. Sie versuchen die Geschäftsleitung auf ihre Seite zu ziehen und können dem Unternehmen besonders schädlich werden, wenn es ihnen gelingt, das Unternehmen zu überdimensionierten Aktivitäten in hoch riskanten Einzelprojekten zu überreden.

»Gegenmittel« sind natürlich vom konkreten Fall abhängig, aber in der Allgemeinheit der obigen Typologie lässt sich doch etwas bestimmter antworten. Zunächst erweist sich hier Controllingservice oder ein anderes Vier-Augen-Prinzip als hilfreich. Einheiten, die unabhängig von den Linienmanagern planen, können ganz im Sinne der im nächsten Unterkapitel genannten Prophylaktischen Abweichungsanalyse tätig werden. Sie können zur Entschlüsselung der vorgetragenen Pläne und der dahinter steckenden Annahmen beitragen. Das gilt auch und vermutlich besonders für Servicepositionen, die sich mit der strategischen Entwicklung des Unternehmens beschäftigen. Ähnlich hilfreich kann eine so genannte 360-Grad-Betrachtung sein. „Welche Ziele verfolgt das Projekt? Dienen sie der Person oder der Einrichtung? Zielen sie präzise genug auf unsere Kunden? Sind sie glaubwürdig? Was passiert, wenn diese Pläne scheitern?"

Fall: Probleme bei der Budgeterstellung

Die MAK GmbH ist ein mittelgroßes Bildungsunternehmen, das Managementseminare, Inhouse-Seminare einschl. Beratung, zwei Fachhochschulstudiengänge und Spezialseminare für Gemeindeverwaltungen anbietet. Sie war darin aufgrund ihrer modernen Erwachsenenbildungsdidaktik und des Einsatzes zeitgemäßer Informations- und Kommunikationstechnologie sehr erfolgreich und ist in den letzten Jahren stark gewachsen. Vor einem Jahr wurde die Organisationsstruktur so geändert, dass nun drei Bereiche voneinander getrennt als eigene Profit Center agieren: Managementseminare einschl. Inhouse-Seminare und Beratung, Fachhochschulstudiengänge, Spezialseminare für Gemeindeverwaltungen. Obwohl jeder Bereich seinen eigenen Kundenkreis hat, ergeben sich doch etliche Berührungspunkte, wie z.B. im Bereich der Anwerbung von Dozenten, die in allen drei Bereichen benötigt werden, bei gemeinsamen Veranstaltungen für alle drei Bereiche, bei der Nutzung der Veranstaltungsräume, des Rechenzentrums und der Bibliothek. Auch die I+K-Techniken sind ähnlich, so dass darüber ein reger Erfahrungsaustausch stattfindet.

Karin Swoboda und Erich Neuenfels sind Mitarbeiter in der im Zuge der Neuorganisation geschaffenen Controlling-Serviceabteilung der MAK. Sie arbeiten derzeit gemeinsam an einem Budgetierungssystem für die Bereiche. Es stellt sich nämlich heraus, dass die geänderte Organisationsstruktur stärker als erwartet Adaptionen im Bereich der Controlling-Instrumente nach sich zog. So war bisher die Budgetierung im Wesentlichen zentral durch Mitarbeiter des kaufmännischen Geschäftsführers erfolgt. Diese waren noch in der Lage, das Unternehmen ausreichend zu überblicken und entwickelten die jährlichen Budgets aufgrund ihrer Erfahrung sowie den Plan- und Istgrößen vergangener Jahre.

Im Jahr nach der Neuorganisation wurde die Budgetierung der Controllingserviceabteilung übertragen – und diese scheiterte, als sie das Budget analog zum früheren Usus selbst aufstellen wollte. Fred Pundy, der Manager des Managementbereiches, legte sich bei der Präsentation des Budgets einfach quer: »Das sind ja aus der Luft gegriffene Hausnummern, die ihr da produziert.« und »Über das brauchen wir doch gar nicht zu diskutieren!« waren seine Worte. Die beiden anderen Bereichsmanager stimmten ein, und damit war das Budget vom Tisch.

Karin und Erich wurden daraufhin von der Geschäftsleitung mit der ehrenvollen Aufgabe bedacht, ein neues Budgetsystem zu entwickeln, das von allen akzeptiert würde – keine leichte Aufgabe. Der springende Punkt war, so waren die beiden überzeugt, dass sich die Bereichsmanager durch den Budgetierungsprozess überfahren vorkamen, hatten sie doch die wesentlich bessere Kenntnis ihres jeweiligen Bereiches. Also musste man sie in irgend einer Form in die Budgeterstellung einbeziehen, aber wie? Karin meint: »Mandy Singer,« die Managerin des Fachhochschulbereichs, »so könnte ich mir vorstellen, brauchen wir einfach nur zu fragen, und sie wird uns bereitwillig ihre Informationen nach bestem Gewissen geben. Aber bei Fred Pundy bin ich mir da nicht so sicher.« »Das glaube ich auch,« meint Erich. »Der ist viel zu fixiert auf den Erfolg seines eigenen Bereiches, koste es, was es wolle. Ich meine, er würde seine Kosten zu hoch angeben, nur um hinreichend Entscheidungsspielraum für besondere Situationen zu behalten, die rasches Handeln erfordern.« »Ist das ein Problem?«, fragt Karin, »Wir könnten doch seine Kosten einfach um, sagen wir, zehn Prozent reduzieren, bevor wir sie ins Budget aufnehmen. Allerdings, wer sagt uns, dass es gerade zehn Prozent sind? Und was passiert, wenn er damit ohnedies schon rechnet?«

»Bei Georg Trum vom Bereich Gemeindeverwaltung werden wir wohl mit Ähnlichem rechnen müssen,« meint Erich. »Ihn habe ich im Verdacht, dass er die Kosten deshalb überschätzen wird, um Luft zu haben für Anschaffungen, die er eigentlich gar nicht benötigen würde. Erst letztes Jahr hatte er darüber hinaus auffällig hohe Reise-kostenabrechnungen geliefert und ist noch immer unterhalb des Budgets geblieben. Dafür hat er auch noch einen tollen Bonus erhalten. Ich habe mir das einmal näher angesehen: Irgendwie hat er es geschafft, für einige Kostenpositionen überdurch-schnittlich hohe Vorgaben zu bekommen und in weiterer Folge zu halten.» »Das hätte früher doch einmal kontrolliert werden müssen«, sagt Karin zu Erich. »Ja, schon. Ich glaube, bei den Reisekosten wurde das sogar einmal gemacht. Aber da hat er die Leute davon überzeugen können, dass diese Reisen alle wirklich zwingend erforderlich waren, damit er spezieller auf Gemeindeprobleme eingehen kann«.

»Das Problem liegt an ganz anderer Stelle. Karin, was hältst Du davon, wenn wir einfach sagen, das Budget ist nur für unsere Planung, und die Bereichsmanager werden überhaupt nicht danach beurteilt.« Karin schüttelt den Kopf: »Woran sollen sie denn dann beurteilt werden? Die drei Profit Center sehen sich doch einer sehr unter-schiedlichen Erfolgssituation gegenüber. Wenn wir die Budgets nicht als Plangröße beibehalten, wird der Bereich mit dem ungünstigsten Umfeld immer am schlechtesten beurteilt, auch wenn der Manager sein Bestes gibt. Ich glaube nicht, dass wir das entkoppeln können.«

»Also gut,« unterbricht sie Erich. »Dann probieren wir es wirklich so, dass wir die Bereichsbudgets einfach als Entwurf verschicken. Wenn sie jemandem nicht passen, muss er eine andere Zahl begründen.« Und Karin wirft ein: »Klar, und dann sagen wir, der Mandy glauben wir alles, und bei Pundy und Trum nehmen wir erst wieder unsere Zahlen. Die können uns gegenüber doch fast alles so begründen, dass wir in der kurzen Zeit, die wir für die Erstellung des Budgets haben, keine Gegenargumente finden.« »Vielleicht war es doch nicht so schlecht, einfach alles zentral festzulegen. Wir müssen es den Bereichsmanagern nur anders verkaufen; oder wir drohen ihnen, dass wir die Berechnungsart und die Höhe ihres Bonus ändern, wenn sie nicht aufhören mit ihrer Opposition gegen die Budgeterstellung; da sind sie sicher empfindlich.«

[Der Fall ist meinem deutschsprachigen Lieblingsbuch zum Controlling entnommen und leicht abgewandelt:
EWERT, RALF/WAGENHOFER, ALFRED (2003): Interne Unternehmensrechnung. 5. Aufl. Berlin Heidelberg New York: Springer, S. 452 f.]

Analysieren und bearbeiten Sie den geschilderten Fall möglichst in einer kleinen Gruppe, z.B. anhand der folgenden Fragen:

- *Welche Probleme bestehen genau?*
- *Welche Problemhandhabungsvorschläge werden gemacht?*
- *Wer hat daran welches Interesse? Welche Widerstände sind erkennbar?*
- *Welche Typen von Managern werden hier beschrieben?*
- *Inwieweit sind die Handhabungsvorschläge tragbar? Unter welchen Bedingungen?*
- *Was würden Sie machen?*

Diskussionsanregung zu „Controlling als Prozess – Budgetieren"

„Mitarbeitermotivation ist ein großer Wert für Ihr Budget" steht als Schlagwort in einem Budgetierungsbuch. Ist es nicht eigentlich umgekehrt? Oder wie – oder was?

3.3 Entscheiden, kontrollieren, analysieren – Aktionen, Maßnahmen, Abweichungen, Konsequenzen

Eine lange Überschrift, obwohl zu diesem Punkt wenig anzumerken ist. In der Praxis stellt sich das anders dar. Ist der »case of action« einmal erkannt und geklärt, gilt es in der Praxis Aktionen und Maßnahmen zu bestimmen. Aktionen, Maßnahmen, Investitionen, Projekte, Leistungsprämien usw. zu benennen und zu bestimmen, ist ein konkreter Vorgang, der aufgrund des Gelernten und Erfahrenen, der gesehenen vorhandenen Möglichkeiten, der bestehenden Machtverhältnisse, der Vorlieben, Neigungen und Abneigungen, des gemeinsamen Austausches über die erwarteten Wirkungen, aufgrund bisheriger Gewohnheiten, aufgrund des Umfeldes, der gesetzlichen Bestimmungen und Beschränkungen usw. konkrete Handlungsmöglichkeiten und -anweisungen herausfiltert. Das kann Rückwirkungen auf die Ziele und die Budgets haben, so dass auch darüber noch einmal beraten werden muss. Sind die Maßnahmen bestimmt, werden sie durchgeführt, entsprechende Kenngrößen inhaltlicher und zeitlicher Art (z.B. Meilensteine) erfasst und die Wirkung der getroffenen Maßnahmen kontrolliert, das heißt, den beabsichtigten Wirkungen, Zielen, Ergebnissen, Abläufen gegenüber gestellt. So werden die verbleibenden Herausforderungen bis zum Ziel und die aktuellen Abweichungen gegenüber erwarteten Teilzielerreichungen sichtbar.

Damit sind wir bereits bei den Abweichungen und der Abweichungsanalyse. Die Gründe für Abweichungen sollten festgestellt werden. Auch hier gibt es wieder zahllose Möglichkeiten. Das beginnt bei Rechen- und Übertragungsfehlern, Abweichungen, die sich aus der Wahl der Methode ergeben und inhaltlichen/sachlichen Abweichungen. Es kann zu Mengenabweichungen gekommen sein (z.B. wurden zwar nicht mehr Stellen als geplant benötigt, aufgrund von Krankheit und Schwangerschaftsfreistellungen mussten aber zusätzliche Personen als Aushilfen beschäftigt und bezahlt werden). Abweichungen können auch durch veränderte Bewertungen auftreten, wenn etwa von der Zentrale den einzelnen Einheiten andere Umlagen für zentrale Verwaltung, EDV, die allgemeine Poststelle, Hausmeister- und Wartungsausgaben auferlegt oder Zuwendungen gestrichen werden. Durch Wechsel von Lieferanten können sich ebenfalls neue Preise ergeben. Vielleicht müssen Sie aufgrund der Konkurrenzsituation im Laufe des Jahres die Preise anpassen, die Sie von Ihren Kursteilnehmern verlangen, weil die Konkurrenz ihre Preise geändert hat (Target Pricing); das kann Rückwirkungen auf die geplanten Kosten haben, z.B. wenn Sie die Lehrmaterialien einsparen oder von den Teilnehmern selbst bezahlen lassen müssen/können/wollen. Ein relativ häufiger Streitpunkt sind die Mieten und Reinigungskosten, die an die Zentrale abgeführt werden müssen, wenn von Teileinheiten externe Räume entgeltlich für Veranstaltungen zur Verfügung gestellt werden. Auch die Gemeinkostenaufschläge bei Projektanträgen sind Gegenstand von Debatten und können sich ändern. Schließlich können Sponsorengelder ausbleiben usw. usw.

Vergessen Sie nicht: Auch Investitionen verlangen Pläne (Business Plan), insbesondere Ausgaben- *und* (!) Einnahmepläne, sowie deren Überprüfung: Hat sich die Investition bezahlt gemacht?

Nochmals: Ohne fixierte Pläne gibt es keine Abweichungen, ohne die Analyse von Abweichungen keine Erkenntnis und keinen Lernfortschritt in Bezug auf relevante Aktionen und Maßnahmen sowie steuernde Interventionsmöglichkeiten. Sind »Sollbruchstellen« vereinbart oder Ausstiegsszenarien durchgespielt, kann es auch zu dieser Steuerungsmaßnahme kommen.

Nachdenkpause mit kleinen Zwischenfragen und Aufgaben
(vorher eine Banane essen, etwas trinken):
- *Auf welche Weise kommen Aktionen oder Maßnahmen in Ihrer Organisation zustande?*
- *Welche Arten von Abweichungen werden in Ihrer Einrichtung diskutiert und analysiert, z.B. nur die Soll-Ist-Abweichung zu einem bestimmten Zeitpunkt (= Abweichung II) oder auch die Abweichung zwischen dem Ist zu einem bestimmten Zeitpunkt und dem gewünschten Soll zum Ende der Planungsperiode (= Herausforderung oder Abweichung I)?*

Grundsätzlich wird nach Gründen für erkannte Abweichungen gesucht, damit man aus der Abweichung lernen, das heißt u.a. andere oder anders intensive Interventionen machen kann. Manchmal mag auch jemand einen Fehler gemacht haben. In diesem Fall ist daran zu arbeiten, dass die Lernergebnisse aus dem Fehler genutzt werden, so dass er sich nicht wiederholt. Beispielsweise könnte das eine Schulungsmaßnahme sein. Die Suche nach dem Schuldigen und seine Bestrafung leisten dieses im Normalfall wenig bis gar nicht. Auch ein Nachfolger müsste geschult werden – und würde im übrigen andere Fehler machen.

Grundsätzlich kann gelten, dass Abweichungsanalysen ohne Konsequenzen sinnlos sind. Bitte überlegen Sie sich zwei oder drei Beispiele aus Ihrer Einrichtung, wo es zu Abweichungen zwischen Plan und Ist gekommen ist. Wie wurde damit umgegangen? Wie sollte damit umgegangen werden? Was erwarten Sie von Ihrem Änderungsvorschlag? An diese Fragen schließt sich sofort an: Wie wird mit Verbesserungsvorschlägen umgegangen? Gelten muss: Fragen Sie nie jemanden um seine Meinung, einen Verbesserungsvorschlag, eine Beurteilung usw. ohne sich Zeit für die Antwort zu nehmen! Nehmen Sie sich keine Zeit dafür und geben Sie kein Feedback, zerstören Sie Potenziale.

Da sich aus Abweichungen lernen lässt, ist es günstig, möglichst frühzeitig in Bezug auf die Planungsperiode Abweichungen erkennen zu können. Besonders günstig wäre dies vor der Realisierungsphase, also schon bei der Planerstellung. Natürlich können das keine Soll-Ist-Abweichungen sein. Wenn aber zwei oder mehr sachkundige Planungsteams oder Planer und Planerinnen bezüglich einer ganz bestimmten Situation (z.B. bzgl. der Entwicklung der Abbrecherquote in einem Fach oder innerhalb einer Weiterbildungsveranstaltung für Langzeitarbeitslose) zu unterschiedlichen Ergebnissen (z.B. unterschiedliche Mengenerwartungen und/oder unterschiedliche erwartete Werte) kommen, haben Sie eine Plan-Plan-Abweichung. Wenn sich herausfinden lässt, warum von der einen Seite so und von der anderen Seite anders gedacht worden ist, zeigen sich unter Umständen Einflussgrößen, die nicht entdeckt worden wären, hätte nur ein einsamer Planer oder ein in sich abgestimmtes, langjährig tätiges Team die Planung vorgenommen. Diese Einflussgrößen können nun bereits bei der weiteren Planung berücksichtigt werden. Ich nenne das *Prophylaktische Abweichungsanalyse*.

Dieses Vier-Augen-Prinzip (oder mehr Augen) hat sich auch bei der Planung und der Abweichungsanalyse im Gegenstromprinzip bewährt: Top down und Bottom up werden nicht nur aus unterschiedlichen Interessen, sondern auch wegen unterschiedlicher Erfahrungen, Detailkenntnisse, Sichtweisen und mentaler Modelle Unterschiedliches sehen lassen, und es wird sich lohnen, darüber zu reden. Was man selbst nicht sehen kann, darüber muss man reden.

Zumindest am Ende einer Lehrveranstaltung können Sie diese von den Teilnehmerinnen und Teilnehmern beurteilen lassen. Auch diese Evaluierung wird zu Abweichungen von früheren Beurteilungen dieses Kurses und zu Abweichungen gegenüber Ihren Erwartungen führen. Sie können diese Abweichungsproduktion verstärken, wenn Sie vor der Evaluierung Ihre eigenen Erwartungen bzgl. der Evaluierung schriftlich (in der Form der Auswertung) festlegen. Das ist Ihr Plan, den Sie beispielsweise anhand der letzten Evaluierungsergebnisse entwickelt haben, weil Sie einige Verbesserungen ausprobieren wollen. Nun werden Sie sehen, ob Ihnen dies gelungen ist. Legen Sie also das folgende Design schriftlich nieder: Planen Sie für eine Lehrveranstaltung die von Ihnen gewünschten Evaluierungsergebnisse, evaluieren Sie sich selbst und lassen Sie die Teilnehmer oder auch Dritte die Evaluierung vornehmen. Vergleichen Sie die nun vorliegenden zwei/drei Evaluierungen (Selbstevaluierung; Fremdevaluierungen) mit Ihrem Plan und legen Sie die zu ziehenden Konsequenzen fest.

Ein Problem bleibt bei jeder Analyse freilich erhalten, wenn es auch nicht gegen die Analyse spricht, sondern dafür, die Analyse vielfältig anzulegen. »Wenn wir nach langem Suchen und peinlicher Ungewissheit uns endlich einen bestimmten Sachverhalt erklären zu können **glauben** (Hervorhebung E.K.), kann unser darin investierter emotionaler Einsatz so groß sein, dass wir es vorziehen, unleugbare Tatsachen, die unserer Erklärung widersprechen, für unwahr oder unwirklich zu erklären, statt unsere Erklärung diesen Tatsachen anzupassen.« (WATZLAWICK, 1990, S. 66 f.)

Diskussionsanregung zu „Entscheiden, kontrollieren, analysieren"

„Einsame Entscheidungen" sind in einer komplexen Organisation und einer ebenso komplexen Organisationsumgebung nicht gefragt. Insofern ist heute eher „postheroisches Management" (so ein Buch von DIRK BAECKER) gefragt. Manche glauben, dass damit dem Laisser-faire/Laisser-aller oder der Mitbestimmung aus demokratietheoretischen Überlegungen das Wort geredet wird. Das kann man tun. Der Erfolg ließe sich auch mit Hilfe des Controlling planen und überprüfen. In den meisten Organisationen geht es aber nicht um Laisser-faire oder Demokratietheorie, sondern auch bei Partizipation und postheroischem Management um Effektivität und Effizienz. Es ist eine intensive Diskussion wert, aus dieser Perspektive die Frage danach zu stellen, in welchem Verhältnis vor einem solchen Hintergrund sinnvollerweise Führung und Partizipation stehen.

3.4 Berichten (Reporting)

> *Der Köder muss dem Fisch schmecken,*
> *nicht dem Angler.*
> [Anglerweisheit]

Wie sag' ich's meinem Kinde? Oder auch: Der Ton macht die Musik. Skeptiker meinen: Ich glaube nur den Bilanzen und Statistiken, die ich selbst erstellt habe! Eigentümer wollen in der Regel über den Erfolg einer Organisation informiert werden, auch das Finanzamt, Banken und Kunden, vielleicht auch die weitere Mitwelt. Das geschieht im so genannten externen Berichtswesen, also durch Bilanzen, die Gewinn- und Verlustrechnung, Prospekte und Kataloge, Angebote und Statistiken, die von Gesetz wegen von Ämtern oder anderen Institutionen angefordert werden. Für Controlling sind diese Vorgänge insofern interessant, als es wiederum gilt zu überprüfen, ob die beabsichtigten Zwecke mit diesen Informationen und mit der Form, in der sie gegeben werden, erreicht worden sind. Über diese Überprüfung und Verbesserungsvorschläge wird es einen Bericht geben, der sich systematisch nicht von anderen Berichten des Controlling unterscheidet und dem internen Berichtwesen zuzurechnen ist. Alle Aktionen und Maßnahmen des Berichtswesens und ihre Folgen sollen geplant und dokumentiert werden, damit sie einer Abweichungsanalyse unterzogen werden können, deren Resultate wiederum dokumentiert, besprochen, abgewogen, bewertet und umgesetzt werden.

Berichte (z.B. über Zahl der Absolventenvermittlungen, Dozentinnen und Dozenten, Teilnehmerentwicklung, Zeitungsmeldungen und andere Pressearbeit, Zahlungsverhalten, Ausleihhäufigkeit in der Bibliothek, Entwicklung des Hotelbetriebs, Weiterbildungskosten und Schulungskosten) werden in aller Regel, wenn auch mit Blick auf den Adressatenkreis, zu den gefragten bzw. zu berichtenden Inhalten das Berichtsdatum, den Zielwert, den SOLL-Wert zum Berichtszeitpunkt, den IST-Wert zum Berichtszeitpunkt, die absolute Herausforderung bis zum Ziel, die absolute Abweichung zwischen SOLL und IST, die entsprechenden prozentualen Werte und gegebenenfalls Empfehlungen zu Maßnahmen enthalten. Hilfreich für Wirkungsanalysen sind Angaben über das Vorjahr oder andere Vergleichszeiträume. Ergänzend kann die erwartete Abweichung zwischen dem Ziel und dem vermutlich erreichbaren Ergebnis am Ende der Planungsperiode genannt werden (Gap-Analyse), was aber die deklarierten Annahmen über die gedachten Steuerungsmaßnahmen enthalten muss (z.B. im Sinne durchgespielter Best-case- und Worst-case-Annahmen). Grundsätzlich gilt, dass es zu allen auftauchenden Fragen im Managementprozess Berichte geben kann. Um einer Aufblähung des Berichtswesens zu begegnen, ist der Anlass für Berichte immer wieder selbst zu überprüfen. Auch brauchen nicht alle Menschen im Unternehmen alle Berichte. Und nicht jeder Bericht muss zum Routinebericht gemacht werden. Nicht zu jeder Frage muss gleich ein Bericht erstellt werden. Manchmal genügt ein Telefonat.

Darstellen, dokumentieren, berichten sind allerdings keine »unschuldigen« oder neutralen Tätigkeiten. Darauf verweisen schon die letzten Sätze. Es ist allerdings „dramatischer" als die wenigen Beispiele einer bewussten Differenzierung im Berichtswesen andeuten. Berichte enthalten immer schon den ganzen individuellen, persönlichen und gesellschaftlich vermittelten Wahrnehmungs-, Bewertungs- und Selektionshorizont des Produzenten und des Konsumenten solcher Botschaften. Da dies auch die im Bildungs- und Berufsbildungssystem vermittelten Konventionen mit einschließt, werden diese Handlungen freilich nicht nur willkürlich oder beliebig und individuell sein, aber eben auch.

Aber wie immer, »alles« ist auch bei Dokumentationen eine nicht einlösbare Forderung. Jede Dokumentation ist unabdingbar selektiv, ohne genau bzw. vollständig angeben zu können, »was nicht drin ist«. Das gilt nicht selten selbst dann, wenn die zu dokumentierenden Sachverhalte scheinbar klar definiert sind, denn ob etwas unter die Definition fällt oder nicht, ist immer eine Verständigungs- und Tatfrage, letztendlich Ergebnis eines hermeneutischen Prozesses. Unterschiedliche Einstellungen und Überzeugungen legen unterschiedliche Gewichtungen, Auswahlentscheidungen und Bewertungen nahe. Und für den Leser gilt ähnliches. Berichte lenken – zumindest der Intention nach – den Blick, die Gedanken auf bestimmte und dennoch zugleich nicht voll bestimmte Weise. Sie lenken damit den Blick und die Gedanken aber auch ab. Light out, spot on! Mitunter richten Berichte aus und ab. Manchmal soll das so sein, manchmal nicht.

Berichtsdatum: Berichtende/r: Adressat:	ZIEL**	SOLL**	IST**	Abweichungen**					
				ZIEL/IST (die Herausforderung)		IST/SOLL		Vermutlicher Zielwert (unter anzugebenden) Bedingungen*)	
				absolut	in %	absolut	in %	Best-case	Worst-case
Kursanmeldungen									
Firmenanfragen/Vermittlung									
Vermittelte Absolventen									
Firmenanfragen/Inhouse-Seminare									
Einnahmen Inhouse-Seminare									
Interne Dozenten (Zahl)									
Interne Dozenten (Kosten)									
Externe Dozenten (Zahl)									
Externe Dozenten (Kosten)									
usw.									

Bedingungen (z.B. geplante Maßnahmen) der Gap-Analyse
**Nahezu zu allen Angaben lassen sich auch Vergleichswerte vorausgehender Perioden anfügen.*

Wir schauen immer schon durch eine Brille und sind auch nicht gegen optische Täuschungen gefeit. Manchmal berichten/sehen wir auch nur, was wir berichten/sehen wollen. »Die halbe Wahrheit« ist nicht die Unwahrheit, aber eben auch nicht »die ganze Wahrheit« – sofern es die überhaupt gibt. Eigentlich können wir gar nicht ganz genau wissen, welche oder wie viel Wahrheit wir in unseren Berichten konstruieren, solange die Koproduktion durch die Leserinnen und Leser noch aussteht.

Um Berichte weniger mehrdeutig zu machen, wird versucht, durch Heuristiken – Wiederholungen, Darstellungen auf andere Weise und aus anderer Perspektive, Schulungen, Konventionen, Vorschriften und Normierungen – die Möglichkeiten der Interpretation einzugrenzen. Das ist nützlich, allerdings um den Preis, dass z.B. schwache Veränderungen, die aufgrund des routinisierten und disziplinierenden Hinschauens nicht erkannt werden, nicht frühzeitig zu Maßnahmen führen werden. Das kann ein Wettbewerbsnachteil sein.

Grundsätzlich werden an Berichte vier Maßstäbe anzulegen sein:
- Aktualität
- Empfängerorientierung
- Entscheidungsorientierung
- Genauigkeit

Aktualität kann vor Genauigkeit gehen. Dann sind die Eilmeldungen aber zu kennzeichnen und in angemessener Zeit zu ergänzen. Im Routineablauf des Berichtswesens werden das Monats-, Quartals- und Jahresberichte sein. Sie sind standardisiert, sollten aber doch jährlich auf die oben genannten Kriterien hin überprüft werden. Ist Gefahr in Verzug, weil eine entscheidende Abweichung erkannt oder vermutet wird, sind natürlich Ad-hoc-Berichte erforderlich, die mitunter als Abweichungsberichte bezeichnet werden. In Projekten wird die Einteilung etwas anders sein. Zum einen wird es auch da festgelegte Berichtsintervalle und -arten geben (z.B. regelmäßige Fortschrittsberichte über Leistungen, Termine, Kosten, Probleme, Maßnahmen), zum anderen werden Berichte aber wohl auch nach dem definitiven Erreichen von definierten Meilensteinen zweckmäßig sein. Schließlich können Sonderuntersuchungen und entsprechende Berichte vom Management beim Controllingservice auch jederzeit angefordert werden. Sonderberichte werden situationsbezogen angefordert, z.B. um eine Managemententscheidung vorzubereiten oder zu untermauern, aber auch weil Zeitabweichungen bei der Auslieferung, Qualitätsmängel, außergewöhnliche Verzögerungen bei Projekten, ungewöhnliche Misserfolgsquoten, Häufung von Beschwerden über Lehrende, Studienmaterialien, Didaktik oder andere zu klärende Unübersichtlichkeiten oder Unregelmäßigkeiten entstanden sind. Auch die Auslastung von Abteilungen oder anderen Bereichen, die Fluktuation, die Fremdvergabe, die Risikovorsorge, die Entwicklung der Auftragslage bei bestimmen Kunden oder Kundengruppen können Gegenstand von Sonderberichten sein.

Die gedachten Empfänger von Berichten müssen nicht so denken wie Sie als Berichtender. Versuchen Sie daher vorher herauszufinden, was der Empfänger aus seiner Sicht braucht, und kennzeichnen Sie weitere Anmerkungen als Vorschläge zu Informationen, die Sie darüber hinaus Ihrer Meinung nach zu dem gefragten Zusammenhang zusätzlich liefern könnten.

Entscheidungsorientierung meint ähnlich der Empfängerausrichtung, dass Sie die Informationen in Ihrem Bericht geben sollen, die dem mentalen Entscheidungsmodell des verantwortlichen Entscheidungsträgers entsprechen. Das können Sie natürlich erst nach längerem Umgang miteinander einigermaßen abschätzen. Sie sollten als Assistent der Geschäftsleitung oder Verantwortliche für Controllingservice auch Ihre Vorschläge einbringen. Was dann letztlich gewünscht wird, lässt sich nur durch ein Gespräch klären. Sollten Sie danach den Eindruck haben, dass wichtige Informationen unter den Tisch gefallen sind, können Sie diese ja für sich nachhalten, um sie gelegentlich doch einbringen zu können. Im Sinne eines Lernprozesses werden sich diese Nachfrage- und Lieferbeziehungen im Zeitverlauf einspielen. Gerade deshalb müssen auch sie immer wieder auf ihre Zweckmäßigkeit überprüft und hinterfragt werden.

Genauigkeit schließlich ist kein Wert an sich. Das Ungenaue ungenau zu zeigen, provoziert Bemühungen, wenn es genauer werden soll. Aber eben nicht nur genauer gezeigt! Controlling verursacht auch selbst Kosten. So kommt es nicht darauf an, der genaueste Controller zu sein, sondern darauf, derjenige zu sein, der kostengünstig zur richtigen Zeit die notwendigen Informationen in der benötigten Genauigkeit liefern kann. Das ist nun wirklich ein merkwürdiger Satz, der in etwa einem Trainer entspricht, der seinem Tennisschüler das Spiel mit den Worten beibringen will: „Tennis heißt, den geeigneten Schläger im richtigen Moment mit der richtigen Stärke und im richtigen Winkel an den Ball zu bringen." So wird das sicher nichts. Üben, üben, üben. In unserem Fall heißt das: Immer wieder das Gespräch mit den Berichtempfängern und das Feedback von ihnen suchen über Genauigkeit, Zweck, Zeitpunkt, Umfang usw. der zu liefernden Berichte.

Beliebt geworden sind bei Berichten außer der oben dargestellten Tabellenform, das Kreis- oder Balkendiagramm, die „Fieberkurve" der Entwicklung bei Zeitverläufen bzw. Zeitreihen, das sogenannte Ampelchart. Rot kennzeichnet bedrohliche Abweichungen, gelb bedenkenswerte und bei grün ist „alles im grünen Bereich". Unterschätzen Sie dabei nicht, dass, trotz scheinbar offensichtlicher Banalität, die Form der Darstellung große Wirkung haben kann. Beispielsweise bestimmen die Maßstäbe auf den Koordinatenachsen bei Zeitreihendarstellungen die (vermeintliche) Steigung der Kurve. Wenn Sie Berichte etwa mit einer Beamer-Präsentation oder Folien vortragen, haben Sie den Vorteil, dass Sie beim Zeigen auf die Projektionsfläche von sich weg weisen und auch die Zuhörer/Zuschauer nicht in Ihre Richtung sehen. Das ist besonders bei schlechten Nachrichten mitunter nicht unerheblich. Oft genug ist schon der Überbringer der schlechten Nachricht mit dem Verursacher verwechselt worden. Ich erinnere mich gut an den Anruf eines Kollegen, dem ich einige wenig schmeichelhafte Kommentare von Lesern seines Aufsatzes zusandte, den er in einer von mir betreuten Artikelserie in einer großen Wirtschaftszeitung veröffentlicht hatte: „Für Sie schreibe ich nie wieder."

In vielen Fällen bestehen Berichte in wesentlichem Umfang aus Kennzahlen. Deshalb auch hierzu einige kurze Worte.

Kennzahlen sind fragebezogene Zahlen mit besonderer Aussagekraft.

Aus der obigen Deklaration folgt, dass Kennzahlen eine Frage vorausgehen muss. Gerät diese in Vergessenheit, wird vermutlich auch die Kennzahl nicht mehr benötigt. Die besondere Aussagekraft ergibt sich, wenn eine Entwicklung (z.B. die Zahl der Inhouse-Seminare in einem Zeitraum zur Zahl der Inhouse-Seminare in einem anderen Zeitraum) in Beziehung gesetzt wird. Häufig ist auch der Fall, dass in einem Bruch Zahlen aus unterschiedlichen Entwicklungen zusammengefasst werden, die in einem (u.U. nur vermuteten) Zusammenhang stehen. Sind die in Zähler und Nenner des Bruches abgebildeten Entwicklungen gegenläufig und jede für sich nur schwach ausgeprägt, „spreizt" die Kennzahl die (vermutete) Gesamtentwicklungen wegen der Anordnung in Zähler und Nenner, so dass gegebenenfalls eher Auffälligkeiten (schwache Signale eines Frühwarnsystems) entstehen. Was für alle Informationen gilt, gilt natürlich auch für die des Controlling bzw. für die, die durch Kennzahlen gegeben werden.

Nachdenkpause mit kleiner Aufgabe:
- *Wie stellen Sie sicher, dass Ihre Berichte erstens gelesen und zweitens in Ihrem Sinne verstanden werden?*
- *Welche Fragen wollen Sie besonders mit Hilfe des Controlling unterstützt oder »beantwortet« haben?*

Wenn Sie das Verfahren und die Geschichte der Entstehung von Kennzahlen oder anderen Informationen nicht kennen, ist die Gefahr sehr groß, dass Fehlinterpretationen entstehen. Das gilt in noch verstärktem Maße bei Vergleichen mit sogenannten Best-Practice-Fällen bzw. beim Benchmarking. In der Regel kann der Gesamtzusammenhang kaum hinreichend dargestellt werden, was die zu vergleichenden Informationen stark relativiert. Will man solche Vergleiche wirklich einigermaßen seriös veranstalten, ist in jedem Fall eine ausführliche »Anamnese« der zu vergleichenden Organisationen und des Zustandekommens ihrer Berichte dringend zu empfehlen. Häufig wird der Aufwand dazu zu groß erscheinen. Ja dann ...

Beispielsweise ist es immer wieder grober Unfug, etwa deutsche Universitäten direkt mit der Harvard University, der ETU in Zürich oder dem MIT zu vergleichen. Freilich, nicht der Vergleich ist dabei sinnlos, aber erst die Klärung und Benennung der unterschiedlichen Bedingungen macht daraus eine informative Aussage. Die Bedingungen sind so unterschiedlich, wie sie unterschiedlicher nicht sein könnten. Ein Arbeiten an diesen Unterschieden kann nicht selten Verbesserungen in der eigenen Institution ermöglichen. Ein allgemeines Ranking schließt sich seriöserweise bei solchen Unterschieden allerdings aus. Bei interessenbestimmter »Argumentation« wird gerade der Kontext, in dem die vorgebrachten Informationen gelten, häufig unterschlagen.

Das folgende Beispiel zeigt einige wenige Zahlen der Fakultäten für Betriebswirtschaftslehre der Universitäten A und B aus dem Jahre 2003. Bereits aus diesen wenigen Zahlen geht hervor, dass beispielsweise ein Effizienzvergleich hieße, Äpfel mit Birnen zu vergleichen, hier zunächst ganz unabhängig davon, ob die Zahlen das überhaupt hergäben. In der konkreten Praxis liegt eher der Schluss nahe, dass die verantwortlichen Politiker im Fall B von Effizienz faseln, aber nichts dafür tun.

Grundsätzlich ist Bewertung bereits bei der Berichterstellung und der Wahrnehmung des Berichts immer schon mit im Spiel – und bleibt im Spiel. Die EU-Vereinheitlichung der Bilanz und der Gewinn- und Verlustrechnung ist ein schönes Beispiel dafür. Zwar sehen diese Abschlüsse nun in der ganzen EU einheitlich aus, aber ihre Inhalte sind nicht ohne weiteres vergleichbar. In England gibt es, innerhalb der neuen Richtlinien, beispielsweise ganz andere Abschreibungs- und Bewertungsvorstellungen und -traditionen als in Deutschland oder Italien oder Frankreich. Man kann leicht einsehen, dass die weniger regulierten Informationen aus der Kostenrechnung, der Cashflow-Rechnung oder von Investitionsrechnungen zweier Organisationen wohl noch viel unterschiedlicher und interpretationsbedürftiger sein werden – und zwar ganz unabhängig davon, dass mit diesen Zahlen in aller Regel ohnehin Bilanzpolitik, Investitionspolitik u.ä. gemacht wird.

	Universität A	Universität B
Forschungsindikatoren		
Promotion pro ProfessorIn	1,5	1,1
Drittmittel pro Wissen-schaftlerIn in tausend €	12,6	15,3
Wiss. Personal		
ProfessorInnen	16	10
Wiss. MitarbeiterInnen	104	50
Studierende		
Gesamtzahl	2.465	4.996
StudienanfängerInnen (Studienjahr 2002/2003)	512	ca. 1.140
AbsolventInnen (Studienjahr 2002/2003)	283	453
Betreuungsrelationen		
Studierende pro ProfessorIn	176	500
Studierende pro wiss. MitarbeiterIn	20	106
AbsolventInnen pro ProfessorIn	20	45
AbsolventInnen pro wiss. MitarbeiterIn	3,1	9,6

James G. March kommt der Interpretationsbedürftigkeit und Faszination von Controlling und Rechnungswesen vermutlich sehr nahe, wenn er schreibt: »It is, perhaps, a strange vision of information engineering to say that an accounting report should be a form of poetry, using the language of numbers, ledgers, and ratios to extend our horizons and expand our comprehensions, rather than simply fill in the unknowns on a decision tree ... And it may not be entirely ludicrous to imagine a day when professional students of accounting will discuss the aesthetics and evocative power of ambiguity in a proposed accounting procedure with as much fervour as they exhibit in debating its impact on tax liability.« (Accounting, Organizations and Society 1987, S. 165)

Diskussionsanregung zu „Reporting"

Knapper werdende Ressourcen in Organisationen führen nicht selten zu Einsparungen bei Weiterbildungseinrichtungen. Andererseits zeigt sich in großen Organisationen in Zeiten großer Erfolge mitunter auch eine Tendenz zur Überproportionierung von eigenen Weiterbildungsaktivitäten. Wenn Sie die Werbemaßnahmen externer Weiterbildungseinrichtungen mit den Argumenten für interne Weiterbildung vergleichend diskutieren, lassen sich, einige Gedanken zur Frage „make or buy" entwickeln. Versuchen Sie herauszufinden, welche Gedanken in so einer Diskussion aus der Sicht des Senders, welche aus der Sicht des gedachten Empfängers formuliert sein könnten. Inwiefern, unter welchen Bedingungen und/oder Voraussetzungen lassen sich die Argumente der einen Seite bzw. der anderen Seite verstehen oder nachvollziehen. Denken Sie daran, dass es im konkreten Fall wohl immer darum gehen wird, was ich diesem Abschnitt als Motto vorangestellt habe: Der Köder muss dem Fisch schmecken, nicht dem Angler!

3.5 Bewerten

> *Die Oberfläche des Berichts verbirgt nichts*
> *außer der Tatsache der eigenen Oberflächlichkeit.*
> [in leichter Abwandlung eines Satzes von Victor Burgin]

Gerade im Berichtswesen ist vieles denkbar und möglich und immer schon Selektion und Bewertung. Die rein optisch wahrgenommene starke Steigung einer Kurve kann aus der Wahl des Maßstabes der Ordinate und/oder der Abszisse resultieren. Eine Gerade entsteht, wenn man die Wertetabelle einer Hyperbel in ein Koordinatensystem überträgt, in dem man für die Abszisse einen logarithmischen Maßstab gewählt hat. Schließlich: Nicht alle Koordinatensysteme müssen für beide Achsen mit Null beginnen usw.

Damit sind wir, ob wir wollen oder nicht, bei jeder Darstellung auch schon immer mitten in der Bewertung. Mengen sind nicht immer so eindeutig bestimmt oder zurechenbar wie das aussieht. Ferner können sie geschätzt sein, und schließlich erfolgt nicht selten eine Bewertung mit Preisen oder mit Kosten. Die Multiplikation von Mengen und Preisen lässt die Ausgangsdaten und deren Informationsgehalt verschwinden. Bedeutsame Veränderungen von Mengen und/oder Preisen werden so der Aufmerksamkeit entzogen, mitunter mit fatalen Folgen. Gleiches gilt für Saldenbildungen oder ausschließlich prozentuale Angaben. Der Saldo vernichtet, oft genug beabsichtigt, die Informationen, die in den beiden Werten enthalten sind, aus denen er sich errechnet. Bei der Prozentangabe sind die absoluten Ausgangswerte unerlässlich.

Beispielsweise ist beim Vergleich der Preise und der Menge der Kursangebote zweier kommunaler Volkshochschulen genau zu überprüfen, welche Kosten die Einrichtung trägt. Der GmbH etwa bürdet die Kommune gern z.B. die Kosten für Hausmeister, Strom, Gas und Wasser auf. Im kommunalen Regiebetrieb werden diese Kosten möglicherweise im Budget der Kommune aufscheinen, aber nicht in einer Kostenkalkulation der Angebotspreise und -mengen. Dann ist der Vergleich nur möglich, wenn die entsprechenden Kostenarten vergleichbar zugerechnet werden.

Die ermittelten Ergebnisse erscheinen wichtig oder unwichtig, frag-würdig und bedenkenswert, wertvoll oder wertlos. Sie werden benutzt, vernachlässigt oder ignoriert. Sie werden auch be-deutet. Änderungen und Einflussnahme werden als notwendig oder nicht notwendig bezeichnet. Maßnahmen sind aufgrund von wertenden Einschätzungen vorzuziehen, zu unterlassen, zu verschieben. Annahmen werden behauptet, unterstellt oder nicht offen gelegt. Kontextbedingungen werden nicht gesehen, verschwiegen, falsch interpretiert. »Hier sollten Konsequenzen gezogen, vielleicht sogar einmal ein Exempel statuiert werden.« Die Beteiligten betrachten die Abweichungen, die in den Berichten aufgezeigt werden und überlegen, wie es weitergehen soll. Das alles ist Bewertung.

Allerdings: Bewertung ist manchmal ein bewusster und immer auch ein (zumindest zum Teil) nicht bewusster Akt. Manchmal erfolgt die Bewertung so tief aus der im Laufe des Lebens erlernten Haltung heraus, dass sie einem gar nicht mehr auffällt und insofern für einen selbst unsagbar (tacit) bleibt. Ich habe den englischen Ausdruck hinzugefügt, weil er in der Literatur gelegentlich vorkommt, aber auch ganz besonders auf das Unsagbare verweist, also das, was nicht gesagt werden kann, weil das unmöglich ist. Es unterscheidet sich von dem, was nicht gesagt, verschwiegen werden soll. Immer hängt Bewertung eng mit unserer Wahrnehmung bzw. Nicht-Wahrnehmung, auch der Wahr-Nehmung zusammen. Empirische Untersuchungen zeigen zum Beispiel, dass bei Schülerinnen oder Schülern, die als »sehr gut« eingeschätzt werden, sogar im gut überprüfbaren Diktat Fehler leichter übersehen werden als bei »schlecht« eingeschätzten Klassenmitgliedern. Wir können uns manchen unbewussten Wertungen also kaum entziehen. Daraus folgt, dass jede Abbildung, jede Kennzahl, jeder Bericht, jede Tabelle, jeder Satz immer schon selektiv ist und selektiv wahrgenommen wird.

Da diese Wahrnehmungs- und letztendlich auch Erkenntnisproblematik im Controlling durchgängig ist, auch für das Management, den Controllerservice und für seine Kunden, erscheint an dieser Stelle eine etwas ausführlichere Überlegung dazu angebracht. Zwar steht in den Lehrbüchern, dass Controlling zur Koordination der Teilbereiche einer Organisation beitragen soll und/oder zur Sicherstellung der Rationalität der Führung, doch damit kann man sich nicht zufrieden geben, will man Controlling wirklich praxisnah verstehen und gestalten. Denn: Was ist denn das Problem der Koordination und der Sicherstellung der Rationalität der Führung, das bewältigt werden muss, wenn nicht nur rein funktionalistisch und handwerklich gelten soll: Controlling ist, was Controller machen.

Versucht man diese rationalistischen und rationalisierenden Erklärungsabbrüche zu vermeiden, gilt es generell für Controlling (und nicht nur für das Controlling), zu beachten und zu thematisieren (und zwar um einer guten Controllingpraxis willen), was – wie schon weiter oben mehrfach für Controlling insgesamt angedeutet – beim Reporting ganz unmittelbar aufbricht: Das Verhältnis von Bild und Abgebildetem einigermaßen reflektiert, verständlich und akzeptabel hinzubekommen ist ein Problem vor aller Koordinationsaufgabe. Da es Reports immer geben wird und auch muss, ist es nicht sinnvoll zu fordern, dass sie wegen der in ihnen unvermeidbar enthaltenen Selektionen und Wertungen gar nicht erst erstellt werden sollen. Zu üben ist vielmehr der reflektierte Umgang mit der Tatsache unbeabsichtigter Wertungen im Berichtswesen. Dass das für den Umgang mit beabsichtigten Wertungen ebenfalls gilt, versteht sich von selbst.

Das Verhältnis von Bild und Wirklichkeit als grundlegendes Abbildungsproblem des Controlling.

Ästhetik meint nicht nur schöne Dinge, sondern ist unter anderem ein Ausdruck für das Verhältnis zwischen Bild und Abgebildetem, die Frage nach unserer Wahrnehmung. Aus der Sicht des Konstruktivismus nehmen wir wahr. Man könnte mit einiger Radikalität sagen: be-wahrheiten wir. So betrachtet, entsteht die Situation konkret erst durch unsere Interpretation der Situation und/oder durch den Bericht »darüber«.

Natürlich ist ein Tisch ein Tisch – oder wie GERTRUDE STEIN in ihrem berühmten Satz formulierte: »Eine Rose ist eine Rose ist eine Rose ...« Aber ganz so ist es eben doch nicht. Der Betrachter, derjenige, der informiert wird, ist immer auch dabei. Er entnimmt die Information nicht einem zugesandten Container (container view), sondern er »informiert« sich über die Information, d.h. Betrachter gestalten – je auf ihre Weise – die Information erst zur Information für sich. Informationen sind emergent (emergent view), situationsbedingt zu interpretieren, kontextabhängig, ohne dass diese Kontextabhängigkeit eindeutig oder gar eineindeutig wäre. Ohne den Hinweis auf den Blumenstrauß, der neben dem Pult steht, wäre dieser Blumenstrauß demjenigen, der darauf hingewiesen wird, gar nicht aufgefallen, und später hätte er sich nicht daran erinnert. Wer in stockdunkler Nacht durch einen Wald geht, von dem er nichts weiß, und vor keinen Baum läuft, wird danach eine Karte seines Weges zeichnen, auf der keine Bäume vorkommen. Die Rose, die jemand seiner verehrten Freundin schenkt, wird selten gelb sein. Die Rose mag die eine an verflossene Zeiten erinnern, den anderen an den Botanischen Garten in München, eine dritte Person an eine Infektion oder Allergie.

Dramatischer sind drei empirische Beispiele, die WATZLAWICK nennt, denn sie verweisen sehr deutlich auf prägende Auswirkungen unterschiedlicher Wirklichkeitswahrnehmung.

»1. Wer für seine Wirklichkeitswahrnehmung oder für die Art und Weise, wie er sich *selbst* sieht, von für ihn lebenswichtigen anderen Menschen getadelt wird (zum Beispiel ein Kind von seinen Eltern), wird schließlich dazu neigen, seinen Sinnen zu misstrauen.«

»2. Wer von anderen, die für ihn lebenswichtig sind, dafür verantwortlich gemacht wird, anders zu fühlen, als er fühlen *sollte*, wird sich schließlich dafür schuldig fühlen, nicht die ›richtigen‹ Gefühle in sich erwecken zu können.«

»3. Wer von Personen, die für ihn lebenswichtig sind, Verhaltensanweisungen erhält, die bestimmte Handlungen sowohl erfordern als auch verbieten, wird dadurch in eine paradoxe Situation versetzt, in der er nur noch durch Ungehorsam gehorchen kann.« Vielleicht auch durch Bewusstseinsspaltung. Prüfer beispielsweise, die sich nicht an verabredete Prüfungsstoffe halten, provozieren viele Arten von Prüfungsbetrug und Schlimmeres.

Möglicherweise ist unter ganz bestimmten genormten Beleuchtungsbedingungen auch Ihr Rot im Sinne einer DIN-Norm auf einem Pappkarton reproduzierbar. Dennoch ist es in seiner Anmutung – selbst bei gleicher Wellenlänge des Rots – eben nicht das Rot der Rose, die der Angebeteten überreicht wurde, sondern das Rot auf einem Pappkarton oder einer Ketchup-Dose. Die sanften Höhen und Täler, die jemand in einem Bild sieht, sind für einen anderen steile Felsen und finstere

Abgründe. Saftige gelbe Birnen als Gastgeschenk beim Besuch einer chinesischen Familie sind deplaziert und trüben die Stimmung, weil dort gelb keine »gute Farbe« ist. Das Argument oder der Report, die nur überschwänglich Positives verheißen, sind weniger glaubwürdig als die Darstellung, die auch mögliche Gegenargumente und Nachteile nennt. Pläne, die immer voll erfüllt werden, sind unglaubwürdig. Gleiches gilt für Analysen, die nie Abweichungen finden, und ein Berichtswesen, das den Anschein erweckt, als wäre die Organisation immer schon die beste aller möglichen oder zwingend, »aus den gegebenen Sachzwängen heraus«, so und nicht anders zu gestalten, zu führen, zu beurteilen, abzubilden.

Nachdenkpause mit kleinen Zwischenfragen und Aufgaben:
- *Erinnern Sie sich bitte an einige Auseinandersetzungen der letzten Zeit in Ihrer Organisation und versuchen Sie zu überprüfen, inwieweit unterschiedliche Sichtweisen und Bewertungen eines einzigen Vorgangs vorlagen und ob diese (nicht) wirklich thematisiert wurden.*
- *Was ist abgelaufen?*
- *Was hätte weiterhelfen können?*
- *Wie wäre das »einzufädeln« gewesen?*
- *Was hatte sich schon lange »festgefressen«?*

Aber es kommt noch »schlimmer«. »Accounting has no essence. Meaning is constituted in use« wird in einer Stockholmer Doktorarbeit empirisch belegt (PONTUS HEDLIN). An dieser Stelle lässt sich erneut an HEISENBERG und die von ihm benannte Unschärferelation erinnern. In keiner Versuchsanordnung kann von demjenigen abstrahiert werden, der den Versuch aufgebaut hat. Sie können sich aber auch ganz einfach vorstellen, dass die einsame Insel, die im Katalog des weltgrößten Reiseanbieters aufgeführt wird, die längste Zeit eine einsame Insel gewesen ist. Oder SPENCER-BROWN: Wer immer eine Benennung für etwas wählt, trifft damit eine Unterscheidung, für die er einen Grund, ein Motiv hat (gleichgültig, ob ihm dies bewusst ist oder nicht), weshalb er/sie also nicht objektiv sein kann. Oder GÖDEL: Jeder (mathematische) Beweis enthält mindestens einen Satz, der nicht bewiesen ist. Oder HEINZ VON FÖRSTER: Eine Entscheidung wird notwendig, wenn formal-mathematisch nichts mehr entschieden werden kann. Oder derselbe: Die Wahrheit ist die Erfindung eines Lügners.

Worauf will ich hinaus? Der im Fernsehen gezeigte Stamm von Ureinwohnern im fernen Brasilien, der noch nie mit unserer Zivilisation in Berührung gekommen ist, ist mindestens eine Illusion, wenn nicht eine Lüge. Schließlich ist er gefilmt worden. Die Bildungseinrichtung, die Sie beispielsweise aus einer Führungperspektive kennen, zeigt sich in den Augen ihrer Kunden möglicherweise ganz anders und ist nicht nur von Ihnen in der besichtigten Form aus der Bilanz nicht herauszulesen. Und sie zeigt sich wieder anders bei Jubiläen oder Reklamationen.

Eine Organisation, die über Pläne und Budgets verfügt, in Plänen und Budgets abgebildet wird und gezeigt werden kann, ist eine andere Organisation als diejenige, die sie vor Einführung dieser Instrumente war. Sie stellt sich anders dar und wird nun auch anders gesehen. Die Unternehmensbewertung, die aufgrund von

Bilanzen erfolgt, kommt zu einem anderen Bild, einer anderen »Wirklichkeit« als die Beschreibung eines Besuchers, der bemerkt, dass bei seinem Besuch, sechs Wochen nach dem ersten Besuch, nicht nur ein Neonbuchstabe über dem Eingang nicht mehr leuchtet, sondern nun zwei den Geist aufgegeben haben. Unterlassene Ersatzinvestition? Der Anfang vom Ende? Und selbst wer das nicht registriert, bewertet. Meaning is constituted in use. Die Bedeutung von Informationen erweist sich erst im Gebrauch. Unser Bild von der Organisation wird nicht unwesentlich von den Abbildungen der Organisation mitbestimmt, die uns präsentiert werden bzw. die wir sehen, also z.B. von Bilanzen, Budgets, Ergebnisberichten, Protokollen, Interviews, Gerüchen, Gerüchten, den Produkten, den Reports der Abweichungsanalyse, den Einflüsterungen anderer, den Bilanzanalysten, Nachbarn, die dort arbeiten und die wir (nicht) mögen, sowie von unseren momentanen Stimmungen.

Nirgendwo sonst als im Berichtswesen zeigt sich deutlicher die Tatsache, dass Controlling **nicht** objektiv, **nicht** neutral, **nicht** transparent, **nicht** wertfrei, **nicht** ahistorisch, **nicht** apolitisch, **nicht** amoralisch, **nicht** rational **sein kann**, sondern immer die Situation mitbestimmt, die nicht von ihrem Bild zu trennen ist. Wer anderes behauptet, hat vielleicht zu wenig nachgedacht. Vielleicht ist er ein Ideologe. Vielleicht mag er seine Gründe dafür haben, sie aber u. U. nicht nennen wollen, und hoffen, durch die Behauptung von Wertfreiheit, Neutralität, Rationalität usw. seine Argumente und sein verdecktes Interesse immunisieren zu können. Aber wir alle haben die Erfahrung gemacht, dass beispielsweise Protokolle für diejenigen, die dabei waren, nicht eindeutig sein müssen und von denjenigen, die nicht dabei waren, kaum entschlüsselt werden können.

Vielleicht kommt bei einigen Leserinnen und Lesern nun erneut der Gedanke auf, dass sich mit diesem Abschnitt dieses Buch erübrigt. Hätten Sie das am Anfang gewusst, wäre Ihnen die Ausgabe dafür erspart geblieben. Dieser Schluss wäre allerdings voreilig und gefährlich. Sie hätten am falschen Ende gespart. Ich wiederhole: Controlling ist hilfreich, wenn man es reflektiert benutzt und nicht in die Rationalität-, Objektivitäts- usw. -falle tappt. Wenn wir uns der immer vorhandenen Gefahr von Missweisungen und Fehlinterpretationen sowie unvermeidlich selektiver Darstellungen bewusst sind, können wir lernen, mit ihr umzugehen. Nicht zuletzt wären Informationspolitik, Public Relations, Bilanzpolitik, Bilanzanalyse, Werbung, Marketing und strategisches Management weder denkbar noch sinnvoll und machbar, wenn die gleiche Darstellung nicht Unterschiedliches für unterschiedliche Personen aussagen würde. Erinnern Sie sich: Bestimmt haben Sie schon mal gehört, dass ein und das selbe Glas Wein für den einen halb voll und für einen anderen halb leer sein kann. Für den Alkoholiker ist es vermutlich immer halb leer. Der Optimist sieht es als halb voll an. Der Controller fragt, ob nicht ein kleineres Glas genügt hätte.

Zum Beispiel sind Kurse für Controlling oder Rechnungswesen oder Kennzahlenbildung Veranstaltungen, die der Bildung gemeinsamer Konventionen dienen. Sie könnten »Kurse für die Controlling-, Rechnungswesen- oder Kennzahlensysteme aufgrund von Konventionen« heißen. Die Konventionen sind zustande gekommen, weil solche Kurs aufgrund ihrer formierenden, disziplinierenden Kraft einen einigermaßen einschätzbaren Umgang mit den Inhalten innerhalb zugelassener (von wem?) Bewegungsspielräume gewährleisten. Kommunikation setzt immer voraus, dass der Andere uns versteht. Das kann schief gehen, aber kann ich die Möglichkeit des Verstehens nicht voraussetzen, fange ich erst gar nicht zu sprechen an. Ähnlich formiert wird durch die Lehre und Ausbildung in einem Beruf, die Vorschriften der schulischen Ausbildung, die Schaffung von Pflicht- und Wahlmodulen in einem Kurs, das Studium, Aussagen der Wissenschaften usw. Die Einarbeitungszeit in einen neuen Arbeitsplatz ist notwendig, weil Stellenbeschreibungen nicht ausreichen. Erst die Praxis macht klarer, was gemeint ist. Und die Kollegen bringen einem ohnehin bei, »wie der Hase wirklich läuft«, »how the things are really done«. Ergänzende Versuche, um Risiko, Unsicherheit wie Unschärfe zu »reduzieren«, sind Lehrpläne, kanonisierte Inhalte, Drohung, Belohnung, Wiederholung (Redundanz), »es mit anderen Worten sagen«, Beharrlichkeit bis zur Sturheit, Traditionen, Unterdrückung, Reflexion, Internalisierung von Neuem (es wird einem, wie man sagt, »zur zweiten Natur«, so dass es einem irgendwann gar nicht mehr auffällt), Kritik- und Urteilsfähigkeit.

Weil das so ist, weil das immer so sein wird, weil das in jedem Fall so sein wird, und wenn wir nicht permanent über unsere eigenen Wahrnehmungsprobleme stolpern wollen, müssen wir lernen, Fragen zu stellen, hinzuhören, aufzumerken. Wer das nicht allein schafft, dem sei nochmals die Kindersendung »Das feuerrote Spielmobil« – oder war es „Sesamstraße"? – empfohlen: »Wieso? Weshalb? Warum? Wer nicht fragt bleibt dumm!« So heißt der Titelsong. Aktiv fragen und hinterfragen können (d.h. so fragen, dass die Befragten zur Antwort angeregt werden) und das passive Fragepotenzial (sich fragen lassen und antworten) vergrößern, ist wirkliches strategisches Controlling mit Aussicht auf Kreativität und Innovation. Dagegen ist das in der Literatur beschriebene strategische Controlling nur operatives Controlling im Bereich strategischer Planung. Wollen Sie Ihre Bildungseinrichtung strategisch weiterentwickeln, kommen Sie um Entgrenzung und Öffnung nicht herum. Das geht dann bei den impliziten Wertungen „ans Eingemachte".

Nahezu unabdingbar erscheint es daher, sowohl bei der Datenerfassung wie bei der Analyse, Beurteilung, bewussten Bewertung und der Kreierung von Steuerungsmaßnahmen, mit mehreren Augen, aus verschiedenen Blickwinkeln, vorzugsweise aus denen der Beteiligten, Kompetenten und Betroffenen hinzuschauen. Beurteilungen und Steuerungsvorschläge sind von diesen Personen darstellen und entwickeln zu lassen. Allerdings gilt auch hier: Keine Regel ohne Ausnahme. Gelegentlich kann es sehr anregend sein, völlig Unbeteiligte zu fragen bzw. zur Beratung hinzu zu ziehen. Diejenigen, die die Beschlüsse ausführen sollen, sollten auf jeden Fall dabei sein. Sie sind in aller Regel die Experten vor Ort, kennen die Tücken der Details und können Beschlüsse häufig besser verstehen und beurteilen, wenn sie wissen, wie sie zustande gekommen sind.

Das Risiko dabei ist, dass das bisher Bewährte und die Erfahrung aus der Vergangenheit überschätzt werden. Betriebsblindheit ist nicht fast nie ganz auszuschließen. Das kann von dem berüchtigten »Das kann gar nicht gehen; das haben wir noch nie so gemacht« über behauptete Sachzwänge und Invarianzen bis zum

»Terror durch Bewährtes« gehen. Aber ohne dieses Risiko ist dieses Miteinander gerade auch im Bildungsbereich nicht zu bekommen. Und es ist notwendig, weil viele Bildungseinrichtungen aufgrund der Aufspaltung in immer mehr Fächerspezialisierungen relativ lose gekoppelte Systeme sind. Die Praxis ist im Gegensatz dazu immer ein Ganzes. Sie verlangt mindestens Interdisziplinarität. Die gemeinsame Bewertung von Abweichungen sowie die gemeinsame Entwicklung von Konsequenzen fördert die Lösungsvielfalt, die Akzeptanz von Lösungen und ganz allgemein die Organisationskultur. Im übrigen können alle Beteiligten an diesem Prozess das Glück haben, auf diese Weise mit der Hilfe der anderen ihren eigenen blinden Fleck etwas aufgehellt zu bekommen.

Diskussionsanregung zu „Bewerten"

Der Begriff der Organisationskultur wurde geprägt, weil dass Diffuse in Organisationen, das nicht Quantifizierbare, all das, was unter anderem mit Stimmungen, Emotionen und Motivation benannt wird und diese auch ausmacht, anders nicht benannt werden konnte. Wenn Organisationskultur »der Kitt ist, der die Organisationen zusammenhält«, Differenzierung gegenüber anderen Organisationen und Identifizierung mit der eigenen Organisation schafft, also auch die Zahlen mit beeinflusst bzw. diese auf bestimmte Weise erst entstehen und wirksam werden lässt, dann müsste das Controlling, das ja überall seine Finger drin hat, auch dazu etwas sagen können. Kann es?

3.6 Evaluierung als spezielle Analyse und Bewertung in Bildungseinrichtungen

Ein wenig müssen wir die Bewertung noch weiter thematisieren. Ich setze dazu einige spärliche Andeutungen fort, die ich bereits bei der Bearbeitung der Abweichungsanalyse gemacht habe.

Von der Notengebung über die Evaluierung, die mehr oder weniger nur ein aus der Pädagogik kommender Ausdruck für Controlling ist, bis zur Wirtschaftsprüfung finden explizit und implizit Bewertungen statt. Die Bewertungen können routinemäßig erfolgen (im Zusammenhang mit regelmäßigen Abweichungsanalysen) oder anlassbezogen. Ein Beispiel für ein mögliches Vorgehen im letzteren Fall zeigt *Abbildung 7*. Da Soll-Ist-Vergleiche im Bildungswesen, aber auch in anderen nicht primär ökonomisch orientierten Organisationen oder Bereichen häufig mit Evaluierung bezeichnet werden, habe ich im Anhang (A1 – A3) drei Elemente eines Beispiels für die satzungsmäßige Regelung und die Vorgehensweise angefügt.

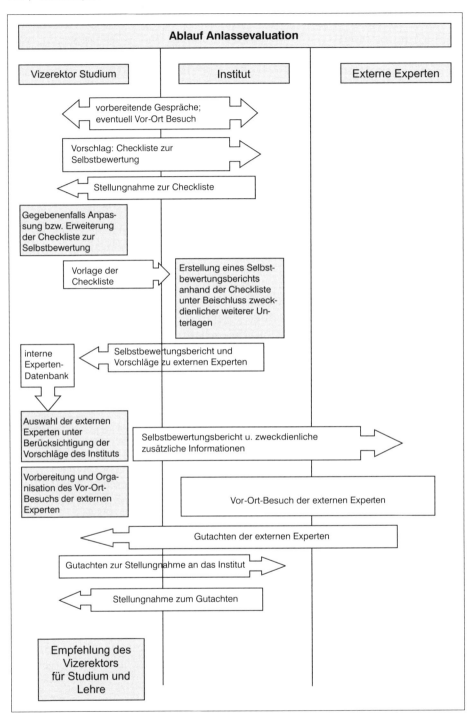

Abbildung 7:
Beispiel für ein Ablaufschema zur Anlassevaluierung

Die Literatur unterscheidet bei der Evaluierung vier Generationen, aus denen auch das Controlling etwas lernen kann. Controllingdarstellungen in betriebswirtschaftlichen Lehrbüchern schöpfen diese vier Entwicklungsstufen bisher nicht aus. Insbesondere in Bildungseinrichtungen, bei betrieblicher Aus- und Weiterbildung und bei diversen Förderungsmaßnahmen sowie im Betrieblichen Vorschlagswesen ist Evaluierung bzw. die mit diesem Stichwort verbundene Vorgehensweise angesagt.

Die erste Generation der Evaluierung und des Controlling „basieren" auf einer »Messtheorie«, hinter der die Grundvorstellung steht, dass in Bildungseinrichtungen als wahr geltendes Faktenwissen vermittelt wird. Die Wahrheit bestimmt sich hier aus dem, was wissenschaftlich (ursprünglich vielleicht von Schamanen, heute auch von Gurus) „erkannt" wurde. Das setzt natürlich schon eine bestimmte Vorstellung von Wissenschaft und Welt voraus, die keineswegs unbestritten ist. Auf dieser Basis lässt sich anhand von Lehrplänen und Prüfungen Stoff abfragen und mit Noten bewerten. Für die Vermittlung rein handwerklich-schematischen Könnens und Einübens kann das einigermaßen ausreichend sein, wenngleich schon da manche Abläufe nur konventionell sind und zum Beispiel unter dem Einfluss neuer Technologien, aber auch unter dem Einfluss interessenbezogener Veränderung, geändert werden könn(t)en.

Bei den komplexen Problemen und Situationen, die in Bildungseinrichtungen der Erwachsenenbildung und in der Praxis behandelt werden, ist die einfache Bewertung der Vermittlung von »Wissen« und »Können« schon nicht mehr sehr sinnvoll. »Lernen auf Vorrat«, weil man das Wissen irgendwann wird brauchen können, hat in der Schule schon schwer mit Motivationsproblemen zu kämpfen. In der Weiterbildung ist, wenn es nicht um reine Unterweisung geht (z.B. vielleicht bei manchen Einweisungen in die Bedienung einer Maschine), ein solcher »Bevorratungs- und Lagerhaltungsansatz« in der Regel völlig verfehlt. Das gilt erst recht, wenn – wie oben angedeutet – zirkuläre und wechselseitige Zusammenhänge und Abhängigkeiten bestehen bzw. produziert werden. Lehre ist meiner Meinung nach in der Universität und in der Erwachsenenbildung mit Inhalten zum Führungs- und Steuerungsverhalten ohnehin der falsche Ausdruck. Studium ist angesagt. Die Studierenden sind nicht Kunden eines Einzelhandels mit Wissen, sondern Mitglieder des Kurses. Werden sie von Kunden bzw. Konsumenten des Lehrstoffes nicht zu Beteiligten, wird wenig Nachhaltigkeit erzielt werden. So genannte Fakten müssen hinterfragbar werden, schillernd und mehrdeutig. In der Praxis sind Fakten eher wie Kühe: Wenn man ihnen lange genug ins Gesicht schaut, drehen sie sich um und laufen davon. Diese Bild habe ich aus dem Kriminalroman »Diskrete Zeugen« von Dorothy L. Sayers entliehen, die eigentlich Literaturwissenschaftlerin war.

Wie verhält sich diese Aussage zu Ihren bisherigen Denkgewohnheiten?

Die zweite Generation der Evaluierung und das Controlling gehen von disponiblen Zielformulierungen aus und versuchen auf diese Weise, die Effizienz der Einrichtungen zu verbessern. Nicht nur die Schüler wurden geprüft, sondern die Programme. Primär die technische Verbesserung der Tests steht im Vordergrund. Sie sollen ermitteln, ob »die Dinge richtig getan werden«, also das, was vermittelt werden soll, auch systematisch optimal vermittelt wird. Es bleibt aber die Vorstellung von einer einheitlichen Bestlösung. Auf diesem Niveau befinden sich manche Benchmarking- und Best-Practice-Empfehlungen. Aus Vergleichen lässt sich sehr oft lernen, aber nicht durch bloße Imitation, die den jeweiligen Kontext nicht sieht.

In der *dritten Generation der Evaluierungsentwicklung* wird die Fragestellung erneut erweitert. „Sind die mit standardisierbaren Tests erzielbaren Ergebnisse relevant und nützlich?" lautet die Ausgangsfrage nach dem Sputnik-Schock der Amerikaner. Grundsätzlicher heißt es nun: „Lehren wir die richtigen Inhalte?" Im operativen Controlling wird diese Frage nicht gestellt. Operatives Controlling ist in der literarischen Darstellung völlig funktionalistisch und entsprechend technokratisch. Operatives Controlling leistet danach streng genommen das, was ihm aufgetragen wird. In der Praxis wird das zum Glück nicht immer ganz so eng gesehen. Ob die Ausgangsfrage im strategischen Controlling wirklich gestellt wird (die Behauptung gibt es), ist fraglich, falls es wirkliches strategisches Controlling in der Praxis überhaupt systematisch gibt. Ich verweise dazu erneut auf meinen Aufsatz »Entgrenzung«.

Die *vierte Generation der Evaluierungsdiskussion* ist für Controlling in vielen Organisationen vermutlich Zukunftsmusik. Evaluierung orientiert sich hier an den Erwartungen der »stakeholder«. Das steht zwar in vielen Leitbildern, wird aber (noch?) selten wirklich gelebt. Die Evaluatoren sind aufgeklärte Organisationsentwickler und Moderatoren, die die Interaktivitäten zwischen den Fremdbeurteilern, den Organisationsmitgliedern und ihrer Selbstbeurteilung bei der Bewertung der Ergebnisse und der Entwicklung von Steuerungsmaßnahmen fördern. Beteiligt werden alle, Lehrende, Studierende, Lernende, die Evaluatorinnen und Evaluatoren, Fachjournalisten, Ehemalige, die Leitung, evtl. auch »Abnehmer« der Absolventinnen und Absolventen. Wahrheit ist nun prozessorientiert. Sie wird hervorgebracht von denjenigen, welche die konkreten Beträge in einer Situation (gemeinsam) für sich gelten lassen, und denjenigen, die sie im gemeinsamen Prozess voran bringen. Das soll und wird gelten bis andere Vorschläge zu prüfen sind. Die positivistische Orientierung (= es gibt eine zu erkennende Welt, an die wir uns aufgrund unserer Erkenntnis immer besser anpassen können) wird von der konstruktivistischen Sicht (= die Welt ist für uns so, wie wir sie selektiv wahrnehmen, bewerten sowie für uns gestalten und benutzen) abgelöst. Verständlich, dass bei solchem Vorgehen die aufkommenden Ideen mutiger und zahlreicher sind und die Akzeptanz der erarbeiteten Vorgehensweise zunimmt. Hypothesen können im Diskurs zum Teil vorurteilsfreier gemeinsam erarbeitet und ihre Realisierung auch gemeinsam verantwortet werden.

Kennzeichnend für die vierte Evaluierungsgeneration ist also die konkrete Handhabung der Situation. Das sollte freilich nicht dazu benutzt werden, aus allen erreichbaren Informationen Hypothesen für die Handhabung der Situation zu bilden. Entscheidend ist nur, dass diese Hypothesen gemeinsam weiter verfolgt werden. Das wird nicht nur im Konsens möglich sein, sondern auch Führung und Entscheidung verlangen. Der Konsens jedoch bleibt eine produktive Möglichkeit. Norm kann er aus logischen Gründen nicht sein.

Nachdenkpause mit kleinen Aufgaben

- *Haben Sie heute schon gelacht?*
- *Bitte prüfen Sie die nachfolgende Behauptung anhand Ihrer eigenen Erlebnisse. „Erfolgreiches Controlling ist offen und spielt nicht »Blinde Kuh«. Controlling, das aus der vierten Generation der Evaluationsdebatte gelernt hat, wird nicht mehr der »Spionage« und Denunziation verdächtigt, gewinnt Vertrauen und wird zum internen Berater."*
- *Bitte betrachten Sie Abbildung 7. Würden Sie so vorgehen? Welchen Generationsstufen der Evaluierungsdebatte wird mit diesem Ablauf gefolgt?*

Diskussionsanregung zu „Evaluierung"

Im letzten Satz dieses Abschnitts habe ich den Konsens als Möglichkeit, nicht als Normvorstellung bezeichnet. Stärker formuliert könnte das heißen: Konsens als Vorschrift ist Tyrannei! Ist die Mehrheitsentscheidung, z.B. von 50,1% gegenüber 49,9% dafür die Lösung? Diesseits dieser demokratietheoretischen Diskussionsfrage lässt sich fragen: Unternehmensinteressen und die Interessen der Mitarbeiterinnen und Mitarbeiter sind nicht immer konfliktfrei. Lässt sich vor diesem Hintergrund eine Organisation als Koalition vorstellen, und mit welchen Argumenten könnte man behaupten bzw. bestreiten, dass Controlling, auf jeden Fall strategisches Controlling, aus organisationsspezifischen Gründen diese Frage in einer konkreten Institution zu thematisieren hätte?

3.7   Steuerungsvorschläge entwickeln

Die Entwicklung von Steuerungsvorschlägen hängt vom *wahrgenommenen Stand der Dinge* ab, d.h. von der Erfahrung, der Flexibilität und Kreativität der Beteiligten, dem Engagement und der Motivation aber auch von den bestehenden Strukturen, Konventionen und Traditionen, von vorhandenen Ressourcen, den bekannten Instrumenten, Managementmethoden, vom empfundenen Zeitdruck, von Vorschriften und Normen, Einstellungen und Motiven, Widerständen und Erwartungen, Kooperation oder Konkurrenz, Koalitionen mit dem Machtpromoter und/oder dem Fachpromoter der Organisation und vielem mehr. Diese Gemengelage ist also äußerst komplex. Überlesen Sie nicht, dass »wahrgenommen« in diesem Fall der »Vorname« aller soeben genannten Substantiva ist. Speziellere Ausführungen sind in den Abschnitten 3.1 bis 3.6 bereits gemacht. Nachzutragen sind allgemeinere Hinweise, die auch für das Controlling gelten.

Komplexität verlangt Öffnung. Controlling, das aufgrund der erkannten Komplexität nicht besserwisserisch oder oberlehrerhaft oder präpotent auftreten oder nicht so wahrgenommen werden will, ist Kontextsteuerung, d.h. es macht Angebote, etabliert sich nicht als Supermanager, sondern als Unterstützer, Hebamme, Moderator und Berater dezentraler Einheiten. Es hat die Beweislast für seine Aussagen, drängt sich nicht auf, sondern strebt eine Vertrauensposition an, die diejenigen Personen, die Controllingservice wünschen, fragen lässt. Soweit in Organisationen dezentralisierte Bereiche mit einer gewissen Autonomie entstanden sind, ist das, von Machtkämpfen einmal abgesehen, aufgrund der Unübersichtlichkeit komplexer Strukturen und Abläufe so geregelt worden. Die so errungene Teilautonomie geben diese Bereiche freiwillig nicht wieder ab. Würde sich ein Controller oder der Controllingservice hier als Besserwisser aufspielen, wäre das aber geradezu paradox, denn wegen der nicht erreichbaren Steuerung »aus einer Hand« ist ja gerade die Dezentralisierung entstanden.

Da einzelne Steuerungsinstrumente im 4. Kapitel näher beschrieben werden sollen, sind hier nur einige etwas allgemeinere Grundsätze vorauszustellen.

Die Möglichkeit zu steuern hängt von den beeinflussbaren Variablen der Situation ab. Für die Entwicklung von Variablen, auf die jemand keinen Einfluss hat, kann dieser Mensch nicht verantwortlich gemacht werden. Er/ Sie hat keine Steuerungsmöglichkeiten.

Beispielsweise hat es keinen Sinn, die Kosten der allgemeinen Verwaltung einer Organisation nach irgend einem Schlüssel auf die Teileinheiten umzulegen und diese Teileinheiten dafür verantwortlich zu machen, dass die Verwaltungskosten sinken. Die Teileinheiten haben darauf keinen Einfluss. Denkbar wäre es natürlich, dass etwa bei der Kursentwicklung ein Budget für den Entwickler vorgesehen wird. Will der oder die Betreffende nun andere Mitglieder der Einrichtung zur Entwicklung heranziehen, um ein differenzierteres Konzept erstellen zu können, sind innerbetriebliche Verrechnungspreise zu bezahlen. Das heißt konkret, dass das Budget sich um die Beträge verringert, die für die herangezogenen Kolleginnen und Kollegen anzusetzen sind.

Teileinheiten lassen sich natürlich ebenfalls nicht danach beurteilen, wie sich die Summe aus den Kosten der Teileinheiten und den anteiligen Gemeinkosten entwickelt. Gibt es beispielsweise nur einen Kopierer, können Kopierkosten (z.B. Material-, Toner-, Wartungs- und Stromverbrauch) als unechte Gemeinkosten betrachtet und der Verwaltung zugeschlagen werden. Natürlich ließen sie sich auch den verursachenden Einheiten zurechnen, z.B. durch die Verwendung von Kopiererschlüsseln und entsprechenden innerbetrieblichen Verrechungspreisen pro Kopie. Ob sich das wirklich lohnt, ist eine Tatfrage. Am Kopierer könnten beiläufig außerdem viele wichtige Informationen ganz informell ausgetauscht werden. Wer rechnet die dafür verbrauchte Zeit wem verursachungsgerecht zu? Es wäre natürlich ein Unding, wollte man das überhaupt versuchen! Hier wäre definitiv zu prüfen, ob beispielsweise eine stufenweise Deckungsbeitragsrechnung oder eine Prozesskostenrechung angesagt sind.

Gibt es eine Direktion oder Geschäftsführung, eine Bibliothek, ein Rechenzentrum und ein Sekretariat für die ganze Einrichtung, können deren Kosten ebenfalls nicht sinnvoll (verursachungsgerecht) auf die Abteilungen umgelegt werden. Selbst wenn das möglich wäre, wird es häufig zu kostspielig sein. Werden die Abteilungen als relativ selbständige Profit- oder Kostencenter geführt, könnten die den entsprechenden Service nachfragenden Center durch Verrechnungspreise vor die Frage gestellt werden zu prüfen, was ihnen dieser Service wert ist. Anders wäre das vielleicht bei Strom und Heizung oder Reinigung für benutzte Räume. Hier ließe sich wieder verursachungsgerecht zurechen, wenn das wirtschaftlich vertretbar ist.

Nachdenkpause mit kleinen Zwischenfragen:
- *Kennen Sie die Kosten Ihrer Abteilung?*
- *In welche Situationen können Sie in Ihrer Institution steuernd eingreifen?*
- *Welche Variablen/Steuerungsmöglichkeiten stehen Ihnen zur Verfügung?*
- *Wer hat Ihnen diese Möglichkeiten eröffnet?*
- *Wer kann gegen Ihre Intervention Widerstand leisten?*

Es wird nicht immer so einfach sein festzustellen, welche Kosten direkt, also verursachungsgerecht zugerechnet werden können und welche nicht. Gleiches gilt für die erbrachten bzw. erzielten Leistungen. Dennoch gilt der Grundsatz der Verursachungsgerechtigkeit. Die Feststellung, ob etwas verursachungsgerecht gesehen und zugerechnet wird oder nicht, ist allerdings nur durch eine Negativprüfung möglich.

> Verursachungsgerecht werden eine Wirkung (Werbeerfolg) oder ein Ergebnis (Kosten, Leistungen) dann zurechenbar, wenn bei (gedachtem) Wegfall der Ursache auch die Folge wegfiele. Stellen Sie sich vor es ist Schule, und niemand geht hin. Ist dann Schule?
>
> Die Kosten, die dann noch anfallen, z.B. zur Aufrechterhaltung der Betriebsbereitschaft, können nicht mehr einzelnen Kursen verursachungsgerecht zugerechnet werden.

Wie nahe man an eine verursachungsgerechte Sichtweise herankommen kann, ist eine Tatfrage. Immer aber setzt die Überlegung zu Steuerungsmöglichkeiten voraus, dass wir über die gegenwärtige Lage uns so klar wie irgend möglich geworden sind. Wir müssen die Hebel, Variablen, Stellknöpfe, neuerdings: Kosten- und Erfolgstreiber, kennen, die mit Aussicht auf erfolgreiche Steuerung bedient werden können. Sich diese Einflussmöglichkeiten zu vergegenwärtigen bedarf intensiver Arbeit. Auch hier müssen wir nämlich durch den Filter – mitunter auch durch den Filz – der Organisationskultur, der mit ihr verbundenen sozialen Kontrolle, unseres Sozialisationsgepäcks, unserer mentalen Modelle, unserer u.U. nutzlosen Erfahrungen, Vorlieben und Vorurteile hindurch, wenn wir nicht Gefahr laufen wollen, die Situation nur so zu sehen, wie wir es wollen. Wahrnehmung schließt Reflexion nicht aus.

Und wenn wir die Stellknöpfe kennen, müssen wir noch die Freiheit haben, sie zu bedienen. Wer diese Freiheit nicht hat, kann – verursachungsgerecht – auch für die Bedienung keine Verantwortung übernehmen; gleichermaßen natürlich auch nicht für die Folgen der Bedienung oder der Unterlassung.

Wie schnell wir unseren vermeintlichen Erfahrungen aufsitzen können, ich habe das mehrfach angedeutet, zeigt ein einfaches Experiment:

Ein Bauer hat ein Feld, das er seinen vier Söhnen zu gleichen, identischen (= deckungsgleichen) Teilen vererben will. Das Feld zeigt die *Abbildung 8*. Versuchen Sie das Feld der *Abbildung 8* den Wünschen des Bauern entsprechend aufzuteilen. Es ist nicht ganz einfach.

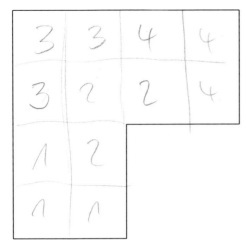

Abbildung 8: Das ursprüngliche Feld

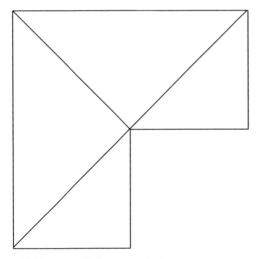

Abbildung 9: Die falsche Aufteilung

Einleuchtend ist, dass *Abbildung 9* nicht die richtige Lösung sein kann. Die Teile sind nicht gleich groß und natürlich auch nicht deckungsgleich.

Versuchen Sie es ruhig noch einige Zeit. Sie werden sicher die Lösung finden. Wieviel Zeit haben Sie ungefähr benötigt?

Wenn Sie aufgeben und es sich bequem machen wollen, blättern Sie jetzt – ohne die nächste Seite zu lesen (!) – auf die Seite 112. Aber vielleicht versuchen Sie es zuerst doch noch einmal selbst.

Auf Seite 112 finden Sie die *Abbildung 11* mit der Lösung. Sehen Sie sie kurz an. Lesen Sie nicht weiter, sondern kommen Sie zurück an diese Stelle.

[Von Seite 112 zurück an diese Stelle.]

Die Aufgabe war nicht ganz leicht, aber lösbar. Nun setzen wir das Experiment fort. Wieder sehen Sie ein Feld (*Abbildung 10*).

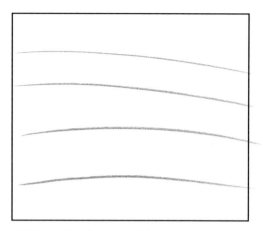

Abbildung 10: Ein neues Feld

Dieser Bauer hat fünf Kinder und will, dass das Feld in fünf gleich große und deckungsgleiche Felder geteilt wird. Sie haben 2 Sekunden Zeit: ... einundzwanzig, zweiundzwanzig ...

Sind Sie fertig? Noch nicht? Kommt es Ihnen schwer vor? Es ist doch ganz einfach. Sie brauchen nur in gleichmäßigen Abständen (einschl. Abstand vom Rand) vier waagrechte oder senkrechte Striche ziehen.

Ist es Ihnen wirklich so leicht gefallen? Oder hat der Hinweis auf die zwei Sekunden Zeit Sie erschreckt? Oder sind Sie nicht sofort auf die Lösung gekommen, weil Sie glaubten, es wäre irgend eine ähnliche Lösung wie im vorausgehenden Fall zu suchen? Vielleicht gibt es auch noch andere Gründe dafür, dass Sie die zweite Lösung nicht sofort gefunden haben. Was auch immer die »Gründe« sein mögen, sie geben Ihnen ein wenig Einblick in die Schwierigkeit, unvoreingenommen an etwas heran zu gehen, sein mentales Modell zu ändern oder zu übertölpeln. Veränderungen sind schwer, weil es uns meist nicht leicht fällt, unsere Denkgewohnheiten in eine andere Richtung zu lenken und aus der Ecke zu holen, in der sie stecken geblieben sind, obwohl der Kopf angeblich deshalb so rund ist, damit er keine Ecken enthält. Entgrenzung ist vermutlich gar nicht so leicht, wenn Begrenzung und Einschränkung so leicht gehen. Wie schrieb PIERRE BOURDIEU: »Tradition is silent« – still, unauffällig und zäh. Deshalb ist es auch häufig nicht leicht mit fantasievollen und wirkungsvollen Steuerungsvorschlägen anzukommen. Die Bedenkenträger sind weit verbreitet.

PETER SENGE, dem wir die umfassendste und informativste Darstellung organisationalen Lernens verdanken, zitiert das Credo der Hanover Insurance zu mentalen Modellen (SENGE, S. 232), das im folgenden Kasten für Controlling in Bildungseinrichtungen leicht abgewandelt wurde.

- Der Erfolg des Controlling hängt von einer kontinuierlichen Verbesserung der mentalen Modelle der Menschen in einer Organisation ab.

- Controlling zwingt niemandem ein favorisiertes mentales Modell auf. Die erfolgreiche Arbeit mit mentalen Modellen hängt davon ab, dass sie auf selbst getroffenen Entscheidungen beruhen.

- Selbständig getroffene Entscheidungen und gemeinsam erarbeitete Beurteilungen und Bewertungen führen zu tieferen Überzeugungen und effektiverer Umsetzung.

- Offenere mentale Modelle befähigen ihre »Besitzer«, Veränderungen in der Umwelt präziser wahrzunehmen und sich gegebenenfalls besser an veränderte Situationen anzupassen. Controlling muss nur im Bereich des Controllingservice und bei der eigenen Tätigkeit direkte Entscheidungen treffen. Die wesentlichere Rollenkomponente besteht darin, die Menschen in Organisationen zu unterstützen, indem Sie sie dazu bewegen, ihre mentalen Modelle für sich anschaubar und überprüfbar zu machen und mögliche Ergänzungen und Veränderunen zu denken.

- Vielfältige mentale Modelle eröffnen vielfältige Perspektiven.

- Gruppen können weitreichendere Kräfte und Kenntnisse entwickeln als Einzelpersonen, wenn sie Gedanken und Vorschläge drehen und wenden, um sie weiter zu entwickeln, auszuwickeln, zu entfalten. Controlling ist kein einsames Geschäft.

- Ziel ist nicht, dass sich die Gruppenmitglieder einig sind. Sie müssen sich nur akzeptieren und für nachhaltige Uneinigkeit eine Stop- oder Schlichtungsregel besitzen. Z.B.: Bei Ablauf der zur Verfügung stehenden Zeit entscheidet die einfache Mehrheit oder der Vorgesetzte oder der Fachmann usw.

- Wenn der Prozess erfolgreich verläuft, führt er zur Übereinstimmung, zumindest zu größerer Akzeptanz. Es ist sinnlos, Übereinstimmung erzwingen zu wollen. Das ist dann eben nicht Übereinstimmung, sondern Zwang bis hin zum Terror und zur Diktatur.

- Der Nutzen des Controlling wird danach beurteilt, wie erfolgreich es zu den mentalen Modellen anderer beiträgt, also beispielsweise wie viel fantasievoller und nachhaltiger sich neue Curricula und didaktische Umstellungen entwickeln und einführen lassen.

Nachdenkpause mit kleinen Zwischenfragen
[machen Sie sich vorher eine Tasse Kaffee oder gehen Sie zum Nachdenken über die folgenden Fragen ein wenig spazieren. Vielleicht in Begleitung? Ein berühmter Aufsatz von HEINRICH VON KLEIST lautet: „Über die Verfertigung der Gedanken beim Reden"]
- *Welche Traditionen gibt es in Ihrer Bildungseinrichtung?*
- *Welches sind Ihrer Meinung nach »alte Zöpfe«?*
- *Kennen Sie die Gründe, warum sie noch nicht abgeschnitten sind?*
- *Haben Sie mit Kolleginnen und Kollegen darüber gesprochen?*

Umgekehrt darf man nicht in den Fehler verfallen, alles, was seit einiger Zeit besteht oder auch mentale Modelle als schlecht anzusehen. Zunächst sind die Dinge und die mentalen Modelle einfach da – und sie könnten schließlich ja auch die Bereitschaft zum Umdenken enthalten, im Moment aber nicht benötigen. Mentale

Modelle sind unsere nicht explizit gemachten Seh-, Hör-, Riech- und Tast-gewohnheiten, unsere Vorlieben für Farben, unsere eingefahrenen Denkgewohn-heiten, unsere Rechtfertigungs- und Begründungsabbrüche, unsere Interpreta-tionsmuster und -inhalte, unsere »Schubladen«, unsere Vorstellungen von Logik, Rationalität und Messbarkeit, besonders unsere Gewohnheiten, die wir selbst gar nicht mehr wahrnehmen, und unsere lieb gewonnenen Vorurteile.

Wenn auf unserem Weg ins Büro an einer Kreuzung über Nacht die Vorfahrt geändert wurde, steht an dieser Kreuzung hoffentlich ein Styropor- oder Blech-Verkehrspolizist (wenn schon kein echter) und bringt unsere gewohnheitsmäßige Fahrt und unser mentales Modell des Weges in die Arbeit aus dem Gleichgewicht, aus seiner Routine. Bis die neue »Software«, das neue mentale Modell implemen-tiert ist: »Vorfahrt beachten!«

Wir sind voller mentaler Modelle und bilden ständig neue. Und so folgen wir nicht selten routinierten Reiz-Reaktions-Verbindungen – und hören z.B. nicht genau genug hin oder lesen nicht genau genug die Berichte, die Verbesserungs-vorschläge, die Schulungsunterlagen, die Bedienungsanleitung oder die Zusam-menbauanleitung von IKEA. Dann bauen wir dreimal wieder auseinander, ehe wir fertig sind, oder bilden uns ein, dass ein Teil fehlt. Nicht jede schlechte Ange-wohnheit sollte allerdings unter Berufung auf das mentale Modell entschuldigt oder gerechtfertigt werden. Wollen wir uns nicht von unseren mentalen Modellen unterbuttern lassen oder sie sogar nutzen, müssen wir versuchen, sie uns bewusster zu machen. Leicht ist das selten.

3.8 Die Organisation des Controlling

Controlling ist Managementaufgabe. Daran ändern keine Servicestelle für Controlling und keine Abteilung für Controllingservice etwas. Controlling ist auch Prozess, in dem und an dem viele Menschen beteiligt sind. Das haben besonders die Unterabschnitte dieses Kapitals zeigen sollen. Controlling spielt sich aber auch in einer Organisationsstruktur ab. Offen ist daher noch die Frage, wie und wo Controlling in Organisationen eingebaut wird, wenn es nicht nur als Management-aufgabe, sondern **auch** als Servicefunktion ausgeübt werden soll. In kleinen Orga-nisationen dürfte die Servicefunktion meist einer Assistentin oder einem Assisten-ten der Geschäftsleitung übertragen werden. Dann wird es ganz besonders wichtig, dass die Geschäftsleitung voll hinter den Controllingserviceaktivitäten dieses Menschen steht. Ob dann daraus eine selbstverständliche Einrichtung im Unter-nehmen wird, wird jedoch in erster Linie davon abhängen, ob und wie der betraute Mensch sich als Berater und ehrlicher Makler in Szene zu setzen weiß.

Mit der Größe der Organisation steigt auch die Zahl der Servicestellen. Die Stelle für Controllingservice ist dann eine Stabsstelle. Sie kann zugleich auch die Stelle des Fachvorgesetzten für die Finanzbuchhaltung, die Kostenrechnung und die Budgetierung sein. Gleiches gilt für eine Controllingabteilung, die zentral der Geschäftsleitung zugeordnet ist. Die Gefahr ist, dass im Falle der Zuordnung zur

Finanzbuchhaltung und zum Rechnungswesen die eigentliche Controllingaufgabe zu kurz kommt. Ferner birgt die Ansiedlung der Servicestelle oder -abteilung für Controlling die Gefahr, dass die Linienpositionen des Managements ihre nicht delegierbare Controllingaufgabe nicht hinreichend wahr- bzw. ernst nehmen.

In großen Organisationen durchziehen die Stellen für Controllingservice alle Bereiche. Das zentrale Controlling ist dann fachvorgesetzte Abteilung für die Controllerinnen und Controller in den einzelnen Funktionsbereichen und trifft bei untergeordneten Stellen im Controllingservice (gegebenenfalls mit der Personalabteilung und unter Heranziehung der entsprechenden Linienverantwortlichen) die Besetzungsentscheidung. Es unterstützt und koordiniert die einzelnen Controllingserviceaktivitäten in der gesamten Organisation. Insbesondere legt die zentrale Controllingservicestelle oder -serviceabteilung die für gegenseitiges Verständnis und Berichterstattung in der Organisation geltenden Definitionen fest. Die zentrale Stabsstelle für Controllingservice bestimmt ferner die Berichtsformen, die Berichtsinhalte, Berichtsfristen und Verfahrensweisen. Sie sorgt auch für die entsprechenden Schulungen. Zweckmäßigerweise geschehen diese Fixierungen nicht autoritär, sondern in Abstimmung mit den dezentralen Stellen des Controllingservice und den Benutzern des Controllingservice. Der Leiter des zentralen Controllingservice hat zugleich als Manager die Managementaufgabe Controlling für diesen Bereich.

Wichtig ist, dass die Serviceeinrichtungen für Controlling von anderen wirklich als Service wahrgenommen werden und dennoch möglichst unabhängig arbeiten können. Nur so sind sie in der Lage, ihre hinterfragende und analysierende Aufgabe als kritischer Partner und »Sparringsgegner« des Managements zu erfüllen.

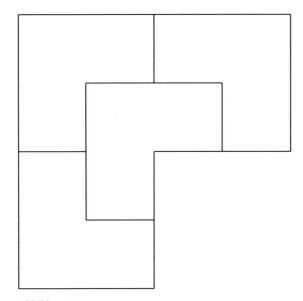

Abbildung 11:
Die Lösung zu Abbildung 8 [Sie können an der markierten Stelle auf Seite 108 weiter lesen, wenn Sie die Seiten neugierig übersprungen haben]

Die Praxis zeigt nicht selten, dass Controllingservice instrumentalisiert und zur Rechtfertigung statt zur Vorbereitung, Überprüfung und Analyse von Managemententscheidungen eingesetzt wird. Es versteht sich von selbst, dass ein solches Verständnis dieser Abteilung aus der Sicht des Managements, das diesen Unfug betreibt, nicht überflüssig ist. Es fragt sich allerdings, warum manche Managementmitglieder glauben, dies nötig zu haben!

Ein gelungenes Zusammenspiel zwischen Controllingservice und Management liegt dann vor, wenn beide Seiten im ständigen Dialog miteinander die zu ermittelnden Daten, ihre Erhebungs- und Darstellungsmethoden, ihre Bewertung und die daraus entwickelten Schlussfolgerungen im Auge behalten und gegebenenfalls Änderungsvorschläge einbringen. Der Chefcontroller eines Weltkonzerns sagte anlässlich eines Vortrages, dass es zwar so etwas wie einen Kernbestand an Informationsbearbeitungs- und -bereitstellungsvorstellungen gäbe, dass aber im Grunde bei genauer Betrachtung das Informationssystem sich jedes Jahr ändere. Auch überrasche es ihn nicht, wenn das Management zu anderen Bewertungen komme als er mit seiner Abteilung, denn es gäbe natürlich Einflussgrößen, welche die Serviceabteilung für Controlling nicht kennen oder nicht darstellen könne.

Nachdenkpause mit kleinen Zwischenfragen
- *Welche Gefahr bringt die Schaffung einer Servicestelle oder -abteilung für Controlling mit sich?*
- *Wie lässt sich ein gutes Zusammenspiel zwischen Management und Controllingservice für Ihre Bildungseinrichtung beschreiben und gegebenenfalls verbessern? Sofern es keine Stelle für Controllingservice gibt: Wie lassen sich regelmäßige Sitzungen arrangieren, auf denen über Ziele, Zielerreichung, Abweichungen und Steuerungsmaßnahmen gesprochen werden kann?*

Alles bisher in diesem Abschnitt Geschriebene betraf die Aufbauorganisation. Bleibt eine letzte Bemerkung zur Ablauforganisation. Der generelle Ablauf der Controllingaktivitäten ist oben insgesamt im Controllingprozess behandelt worden. Dabei ist immer wieder auf die notwendige Beteiligung derjenigen hingewiesen worden, welche die Ausgangsinformationen für alle weiteren Schritte liefern, letztendlich neue Vorschläge entwickeln und realisieren sollen. Sie und natürlich erst recht diejenigen, für die der Controllingservice Informationen zur Verfügung stellen soll oder auch aus eigenem Antrieb vorschlagen möchte, können etwa in *Qualitäts- bzw. Mitarbeiterzirkeln,* durch *Brainstorming* und andere *Kreativitätstechniken* wertvolle Hinweise für Datenerfassung, -bewertung und zielgerechte Datenauswertung entwickeln. Auch für den Controllingservice ist Kundenorientierung eine entscheidende Einstellung. Wie immer im Controlling geht es auch hierbei um Differenzenproduktion. So hat sich letztendlich auch die Organisation des Controlling bzw. des Controllingservice in der Organisation zwischen Vereinheitlichung und der Beibehaltung oder sogar der Förderung der Möglichkeit zu Differenzen zu bewegen. Nicht das Einschwören auf vermeintliche Sachzwänge, unumstößliche »Wahrheiten«, bedingungslose Einheitlichkeit, Traditionen oder Konventionen ist das Kerngebiet des Controlling, sondern die Organisation von Differenzenproduktion, Beobachtungsvarianzen und -varianten und das Suchen und Brechen hinderlicher Invarianzen, behaupteter Sachzwänge und zäh verteidigter Besitzstände, die nicht mehr zum Erfolg der Einrichtung beitragen.

Diskussionsanregung zu „Die Organisation des Controlling"

Wie könnte ein Design und eine Inszenierung für Ihre Einrichtung aussehen, mit dem das Bewusstsein für die Controllingverantwortung bei allen Mitgliedern des Managements gestärkt und nach und nach ein professioneller Controllingprozess implementiert werden könnte?

Literatur zur Vertiefung

(Die Angaben am Ende der Einträge ordnen die Vertiefungsliteratur den Unterkapiteln zu.)

Baecker, Dirk (1993): Postheroisches Management. Berlin: Merve
   Ein sehr amüsant zu lesendes, tiefgründiges Buch mit vielerlei Erwägungen zum Thema Führung und Partizipation (→3.3)
Brandt, Reinhard (1999): Die Wirklichkeit des Bildes. Sehen und Erkennen – Vom Spiegel zum Kunstbild. München: Hanser
   Diese Veröffentlichung hat nichts mit Controlling zu tun, es sei denn, man will die Bild–Wirklichkeit-Problematik aus kunstwissenschaftlicher Sicht grundlegend anschauen. (→3.5)
Brookson, Stephen (2000): Budgetplanung. London, deutsche Ausgabe: München 2001; Dorling Kindersley
   Sehr praxisnah und reflektiert; gute Checklisten und viele unmittelbar eingängige und anwendbare Tipps. Preiswert (→3.2)
Deyhle, Albrecht/Conrad, Günther/Radinger Gerhard: Controlling-Leitlinie. Jeweils die neueste Aufl. Gauting/München: Controller Akademie AG
   Diese Heft ist uneingeschränkt zu empfehlen; es enthält auch viele Anregungen zum Berichtswesen (3.4)
Ewert, Ralf/ Wagenhofer, Alfred (2003): Interne Unternehmensrechnung. 5. Aufl. Berlin Heidelberg New York: Springer, S. 452 ff.
   Mein Lieblingslehrbuch, da sehr ausgereift. Sehr schöne Auftaktfälle zu jedem Kapitel. Umfassend, aber für Menschen mit Berührungsängsten gegenüber formal-mathematischen Darstellungen nicht immer leicht zu lesen. Für Praktiker vermutlich mitunter zu wissenschaftlich. (→3.2)
Fiedler, Rolf (2005): Controlling von Projekten. 3. Aufl. Wiesbaden: Vieweg
   Das Buch enthält nicht nur Ausführungen zum Projektmanagement und fünf Beispiele dazu, sondern auch viele allgemeine Anregungen, die im Controlling von praktischem Wert sind (→3.4)
Habersam, Michael (1997): Controlling als Evaluation. Potenziale eines Perspektivenwechsels. München und Mering: Rainer Hampp
   In diesem Buch wird herausgearbeitet, was Controlling von der Evaluationsdebatte und der Evaluierungspraxis lernen kann. (→3.3; 3.6)

Hedlin, Pontus (1997): Accounting Investigations. Dissertation. Stockholm
Zeigt sehr eindrucksvoll anhand von Literaturanalysen und vier empirischen Studien die unterschiedlichsten Funktionen von Rechnungswesen. Die Aussagen sind auf Controlling übertragbar. (→3.5)

Hinterhuber, Hans H. (2000): Strategisches Controlling – Die richtigen Prioritäten setzen. In: Seicht, Gerhard (Hg.): Jahrbuch für Controlling und Rechnungswesen 2000, Wien: Orac, S. 277-298.
Die Grundhaltung dieses Aufsatzes ist die sogenannte Gestaltungsaufgabe der Betriebswirtschaftslehre, die, prinzipiell im Sinne einer konventionellen Beraterhaltung, bei der Bestimmung der richtigen Prioritäten durch Controlling im strategischen Bereich hilfreich sein will. (→3.5; 3.6)

Horváth, Péter (2006): Controlling. 10. Aufl. München: Vahlen
Standardlehrbuch; gutes Nachschlagewerk, besonders zum Überblick über jeweils neueste Werkzeuge; wenig zum Kommunikationszusammenhang (→Einl.Kap.3; 3.1)

Jacobs, Claus (2003): Managing Organizational Responsiveness. Toward a Theory of Responsive Practice. Frankfurt a. M.: Deutscher Universitäts-Verlag
In dieser Arbeit werden anhand von Betreuungseinrichtungen Möglichkeiten gezeigt, mit unterschiedlichen Interessen von Betreuten und Betreuern umzugehen. Letztlich zeigen sich situationsabhängig sehr abgestufte Formen der Beteiligung und der Kommunikation. (→3.5)

Jönsson, Sten (1996): Accounting for Improvement. Oxford: Pergamon
In diesem Buch sind viele ausführliche Fälle beschrieben, aus denen sich ersehen lässt, dass die besten Ergebnisse bei umfassender Kommunikation und offenem Austausch erzielt werden und nicht durch »Verstecken spielen«. (→Einl.Kap.3; 3.1; 3.5)

Kappler, Ekkehard (2000): Entgrenzung. Leitfragen als zentrales Element strategischen Controllings. In: Seicht, Gerhard (Hg.): Jahrbuch für Controlling und Rechnungswesen 2000, Wien: Orac, S. 299-338.
In dem Aufsatz wird Controlling im strategischen Bereich als operatives Controlling identifiziert. Ihm gegenübergestellt wird strategisches Controlling als ein Beitrag zur Verbesserung der Fragekultur im Unternehmen, um bestehende Grenzen wieder durchlässig zu machen und bessere Anpassungsmöglichkeiten zu erreichen. (→3.5; 3.6)

Ders. (2000): Die Produktion der regierbaren Person. In: Witt, Frank H. (Hg.): Unternehmung und Informationsgesellschaft. Management – Organisation – Trends. Wiesbaden: Gabler; S. 237-260
Controlling formiert stark. Das führt zur Einschätzbarkeit, aber auch zur Einengung. Beides ist nicht für alle Beteiligten in gleichem Maße wünschenswert. (→3.5)

Ders. (1999): Komplexität verlangt Öffnung – Strategische Personal- und Organisationsentwicklung als Weg und Ziel der Entfaltung betriebswirtschaftlicher Professionalität im Studium. In: Kirsch, Werner/Picot, Arnold (Hg.): Die Betriebswirtschaftslehre im Spannungsfeld zwischen Generalisierung und Spezialisierung. Wiesbaden: Gabler, S. 59-79
Der Aufsatz ist vor allem wegen der zugrundegelegten Vorstellung von Erwachsenenbildung interessant. (→3.5)

Ders. (1983): Planung ohne Prognose. In: Kappler, Ekkehard/ Seibel, Johannes J./Sterner, Siegried (Hg.): Entscheidungen für die Zukunft. Instrumente und Methoden der Unternehmensplanung. Frankfurt a. M: FAZ, S. 9-18
Wie im Textteil bereits deutlich gemacht, setzt Planung nicht Prognose voraus. So will dieser Aufsatz Mut zur Planung machen. Das Buch ist vergriffen, auf der Website des Masterstudiengangs Bildungsmanagement (www.mba.uni-oldenburg.de) kann der Aufsatz eingesehen werden. (→3.1; 3.3)

Kappler, Ekkehard/Knoblauch, Thomas (Hg.) (1996): Innovation – Wie kommt das Neue in die Unternehmung. Gütersloh: Verlag Bertelsmann Stiftung
Dieses Buch enthält zahlreiche Aufsätze von Wissenschaftlern und Praktikern zur Innovationsfrage (→3.7)

Power, Michael (1997): The Audit Society. Rituals of Verification. Oxford: Oxford University Press
Der Titel spricht für sich. In der geprüften Gesellschaft kommen mitunter Prüfung und Evaluierung über uns wie eine der biblischen Plagen. Es ist ein Verdienst von M. Power gezeigt zu haben, dass es dabei nicht um Wahrheit, sondern um Konventionen und Rituale geht, die unterschiedlichsten Interessen dienen, auf keinen Fall aber etwas Allgemeingültiges aussagen. (→3.5; 3.6)

Preißner, Andreas (2003): Budgetierung und Planung. München: Hanser
Ähnlich wie Brookson (→3.2)

Schulz von Thun, Friedemann (1989): Miteinander reden 1. Reinbek bei Hamburg: rororo
Schulz von Thun versteht es meisterhaft, Möglichkeiten und Schwierigkeiten zu erörtern, die einem in Gesprächen begegnen und passieren. Die Lektüre hilft, die Fallen und Fallstricke falscher Gesprächsführung zu vermeiden und zu verstehen, dass es häufig nicht böse Absicht ist, wenn wir aneinander vorbei reden. Nach der Lektüre dieses Buches wird das weniger vorkommen. (→3.4)

Senge, Peter (1996): Die fünfte Disziplin. Kunst und Praxis der lernenden Organisation. Stuttgart: Klett-Cotta
Ein Bestseller zum organisationalen Lernen, der nicht nur vielfältig ist, sondern immer wieder mit verblüffenden Beispielen und zahllosen Anregungen aufwartet. (→3.7; 3.8)

Watzlawick, Paul (1976): Wie wirklich ist die Wirklichkeit? Wahn, Täuschung, Verstehen. München: Piper
Das Buch ist dem Konstruktivismus zuzuordnen. Der Titel spricht für sich. Räumt mit vielen Mythen bezüglich der Erkenntnis- und Wahrnehmungsmöglichkeiten auf. (→3.3; 3.5)

Weber, Jürgen (2005): Einführung in das Controlling. 10. Aufl. Stuttgart: Schäffer-Poeschel.
Standardlehrbuch; preiswert; guter Überblick; wenig zum Kommunikationszusammenhang (→Einl.Kap.3; 3.1)

Willke, Helmut (1989): Controlling als Kontextsteuerung. Zum Problem dezentralen Entscheidens in vernetzten Organisationen. In: Eschenbach, Rolf (Hg.): Supercontrolling. Vernetzt denken, zielgerichtet entscheiden. Wien: S. 63-95
Ein für viele Controllingpraktiker schwer zu lesender, aus meiner Sicht aber unverzichtbarer Aufsatz; das Buch, in dem der Aufsatz erschienen ist, gibt es nicht mehr. Auf der Website des Masterstudiengangs Bildungsmanagement (www.mba.uni-oldenburg.de) kann der Aufsatz eingesehen werden. (→3.1; 3.7; 3.8)

4 Controllinginstrumente für eine gegenwartsfähige Bildungseinrichtung

wurzelfest gebrannt,
den schnabel steil,
krächzen
zahlen.
[ERNST JANDL]

Die Einführung in Controllinginstrumente beschränkt sich im Wesentlichen auf die »klassischen« Instrumente. Ihnen vorausgestellt ist eine Betrachtung über die menschlich-kommunikative und interaktive Voraussetzung jedes Instrumenteneinsatzes im Controlling. Darüber wurde auch in den vorausgehenden Kapiteln schon geschrieben. Dass an dieser Stelle nach der Darstellung der Grundsituation im Kapitel 2 und der Bearbeitung des Controllingprozesses im Kapitel 3 vor weiteren Instrumenten noch einmal eine Vertiefung erfolgt, soll Ihnen zeigen, dass für erfolgreiches Controlling vor allem die menschlich-kommunikativen Voraussetzungen entscheidend sind. Wer die persönlichen Voraussetzungen für eine verstehende Kommunikation, die sich dem anderen zuwendet, nicht mitbringt, kann dieses Steuerungsinstrument in den Köpfen der Kolleginnen und Kollegen rasch zugrunde richten. Natürlich gehört Vertrautheit mit den Instrumenten dazu. Aber Controllingservice ist mehr als ein Lese- und Schreibejob am Schreibtisch. Die Menschen, die Controllingservice machen, gehen in die Bereiche, denen sie hilfreich sein wollen, und tauschen sich mit den Menschen dort aus. Viele Informationen bekommen sie nur auf diese Weise, und nur auf diese Weise gewinnen Sie das Vertrauen, das ihre Informationen für die anderen lesens- und beachtenswert macht.

Natürlich geht es dann letztendlich auch darum, das Leistungscontrolling in Bildungseinrichtungen gestalten zu können. Deshalb müssen wir uns Möglichkeiten und Grenzen anschauen, um entsprechend urteilsfähig zu sein.

4.1 Die menschlich-kommunikative Voraussetzung des Instrumenteneinsatzes im Controlling

Möglicherweise warten Sie in diesem Text schon lange auf mehr Instrumente des Controlling. Das könnte ein verbreitetes Missverständnis sein. Auch der bisherige Text ist voller Instrumente, die den sinnvollen Umgang im und mit dem Controlling thematisieren. Leider werden in nahezu allen Einführungen ins Controlling fast ausschließlich die rein rechentechnischen Instrumente behandelt. Die psychosozialen Bedingungen und die Organisationskultur, die beide letztendlich ausschlaggebend für den erfolgreichen Einsatz von Controlling sind, werden allenfalls kurz gestreift, in keinem Fall hinreichend behandelt.

Da der Umgang mit Controlling und der Einsatz der Instrumente außerordentlich voraussetzungsvoll ist, müssen diese Voraussetzungen zunächst geklärt werden. Zugleich entsteht eine gewisse Spannung in Erwartung des vermeintlich »eigentlichen« Textes. Es gibt aber keinen eigentlichen Teil, sondern nur den Zusammenhang zwischen Form und Inhalt, Voraussetzungen und Instrumenten. Hilfreich (nahezu der Königsweg dieses Buches) wäre es in dieser Hinsicht, wenn Sie nach dem Durcharbeiten des gesamten Kapitels 4 die Kapitel 1 bis 3 nochmals lesen würden.

Natürlich wären wir alle froh, wenn wir für manche Entscheidungen oder Abwägungen über Modelle, Instrumente, Werkzeuge oder andere Hilfen Unterstützung bekämen, vielleicht sogar die eine oder andere immer wieder zu treffende Überlegung auf Rechner, »Automaten« abschieben könnten. Das ist nur zu gut zu verstehen. Konventionenbildung und Tradition sind nicht selten auch solche »Automaten«, zumindest für einige Zeit. Die Hoffnung auf kommunizierende »Automaten« wird auch von den meisten Lehrbüchern und den Prospekten von Softwareproduzenten genährt, nicht ganz zu Unrecht, aber in aller Regel übertrieben. Die im Controlling und seinen unvermeidbaren expliziten wie impliziten Wertungen unverzichtbaren Komponenten menschlicher und weitgehend persönlicher Interaktion und Kommunikation werden meist nur en passant angesprochen. So kann der Eindruck entstehen, sie wären nicht so wichtig oder würden ohnehin von allen beherrscht – oder wir bzw. die Instrumente könnten wenigstens »einigermaßen« objektiv und neutral sein. Auch mit der Bezeichnung »weiche Faktoren« erfolgt verbal eine Abwertung, die zu sehr falschen Schlüssen führen kann. Wenn die sogenannten »harten Faktoren« nämlich nicht mehr greifen, was allzu oft der Fall ist, kommt es entschieden auf die Härte der »weichen Faktoren« an!

Entschieden muss werden, wenn keiner und auch kein Rechenverfahren, Modell oder Instrument mehr sagen kann, wie es weitergehen soll, es aber weitergehen muss. An dieser Stelle sind die Menschen unverzichtbar – selbst wenn sie sich entscheiden sollten zu würfeln.

Wir sind es, die sprechen und aus dem unendlichen Angebot an Informationen auswählen. Immer und unabwendbar subjektiv. Immer schon sind wir es, die sprechen, aber wer nur eine Meinung hat, muss noch keine Ahnung haben. Bilden wir solche Ahnung reflektiert, bleibt es doch immer unsere Ahnung, vielleicht für einige Zeit mit anderen geteilt, aber immer auch nicht mehr als eine Hypothese. Der erfahrene Praktiker weiß, dass die Reflexion der mitschwingenden Voraussetzungen des Controlling das A und O von allem erfolgreichem Controlling sind, weshalb ich diese Aspekte auch ausführlich in den Vordergrund stelle.

Gerade die reflexionsarme Vermittlung von Instrumenten in vielen Lehrbüchern, Handbüchern, Praktikerbüchern und anderen Handreichungen ist ein Grund dafür, dass weder ein wirkliches Verständnis von Controlling entsteht, noch die praktischen Möglichkeiten der Instrumente voll ausgeschöpft und ihre Grenzen hinreichend präzise erkannt werden.

Das fehlende grundlegende Verständnis von Controlling oder zumindest die fehlende Vermittlung eines solchen Verständnisses sind nicht als pragmatisch zu entschuldigen. Dass Controlling als reflexiver Gesamtzusammenhang (Controlling bildet ab und wirkt auf das Abgebildete zurück), als Prozess der (Ab-)Bildung von Führung, Kontrolle, Analyse und Steuerung in sozialen Systemen (Unternehmen, Kirchen, Vereinen, Bildungseinrichtungen, Rundfunkanstalten, Museen, öffentlichen Verwaltungen) noch zu klären ist, zeigt sich in der Literatur vornehmlich, wenn auf die Frage »Was ist Controlling?« fast ausschließlich mit Metaphern oder einer beliebigen Aufzählung von Instrumenten geantwortet wird. Controlling kann gar nicht genug Instrumente haben, aber dadurch wird es nicht hinreichend beschreibbar und in seiner Bedeutung zu würdigen. Denn natürlich sind alle Instrumente der Unternehmensführung auch für das Controlling relevant. Andererseits sind spezielle Controllinginstrumente nicht zu erkennen. Die Steuerungsfunktion des Controlling bleibt trotz aller Instrumente beim Menschen.

Bilden Sie mal einen Satz mit ...

Metapher

Herr Kapitän, der Steuermann
hat grade lallend kundgetan,
er brächte jetzt das Schiff zum Sinken –
Me taph er wirklich nicht mehr trinken.

[ROBERT GERNHARDT: Wörtersee]

Navigator und Lotse werden Controller in einer bildhaften Sprache genannt. Steuermann, Wegweiser, Transparenzverantwortlicher, Bordcomputer, Co-Trainer, Rationalitätssicherer, Koordinator, Hubschrauberpilot, Sparringspartner, Kritiker vom Dienst, interner Berater, Spiegel, Kompass, Radarschirm, Monitor, Archäologe. Rechenknecht, Zahlenfuchser, Beinchenzähler usw. usw. sind weitere, weniger schmeichelhafte Illustrationsversuche für Controllerinnen und Controller. All diese Bezeichnungen wecken Bilder, die Oberflächenphänomene des Controlling widerzuspiegeln vermögen, aber eben nicht mehr. Die Metaphern deuten vielleicht ein wenig die Aufgabe des Controlling an. Sie sagen allerdings nicht nur nichts über die Art der Schwierigkeiten, die bei der Aufgabenerfüllung zu bewältigen sind, sondern sie vernachlässigen weitgehend die kommunikativen Voraussetzungen sowie die wertenden Aspekte und Aktivitäten des Controlling und deren Einfluss auf Wahrnehmung und Entscheidung. Vielmehr tun diese Metaphern häufig so, als müsste man nur das Handwerkszeug der Instrumente lernen; das wäre dann alles.

Das 2. und das 3. Kapitel sollte Ihnen vor aller Beschäftigung mit rechentechnischen Instrumenten des Controlling deutlich machen, dass das Verständnis, die Einführung und der Einsatz solcher Werkzeuge und Tools an Voraussetzungen geknüpft – und infolgedessen nicht »unschuldig«, neutral, objektiv etc. – ist. Vor aller Methodenkompetenz im rechentechnischen Sinne rangieren die soziale und die kommunikative Kompetenz.

- *Soziale Kompetenz* (u.a.: auf Menschen zugehen können, Unterstützung anbieten können, Unterstützung annehmen können, loben können, kritisieren können, Kritik und Lob selbst annehmen können, Schuldzuweisungen vermeiden können, lachen können – auch über sich selbst) ist erforderlich. Es sind offene Menschen, die diese Kompetenz besitzen.
- *Vielfältiges, fantasievolles und differenziertes Denken und Analysieren*, die dennoch Bodenhaftung haben – und die immer das Denken und Analysieren desjenigen sind, der dies tut (!)-, sind unverzichtbar, ebenso wie das Bewusstsein davon. Das schließt gegenwärtige Präsenz mit ein. Wir leben nicht in der Vergangenheit und werden dies auch nie in der Zukunft tun. Hier und heute ist zu denken und zu handeln. Was Vergangenheit und Zukunft bedeuten, wird immer hier und heute relevant.
- *Kommunikationsfähigkeit* (u.a. zuhören, hinhören, aufhorchen, fragen, genau antworten, bei der Sache bleiben, Empathie, Humor, mitunter freundliche Penetranz, moderieren können, Rechtfertigungen vermeiden, Gesprächsführung beherrschen, also ganz besonders auch: offene Fragen stellen können, die den Befragten eine Chance zur Antwort geben) ist für Controlling und Controllingservice unverzichtbar. Empathie, die Fähigkeit sich an eine Situation »anschmiegen« zu können, sind für den lebendigen »Kommunikator« charakteristisch und von keiner Maschine einholbar.

> Kein Cowboy wird sich einer durchgehenden Rinderherde erfolgreich in den Weg stellen (können). Beobachten Sie bei dem nächsten Western, den Sie sehen, genau, was in diesem Fall geschieht: Der Foreman reitet seitwärts an den Leitstier heran, um ihn langsam aus der Richtung zu drängen. Schließt er schließlich am Ende der Herde an, ist sie gerettet, denn nun rast sie nicht mehr auf den Abgrund zu, sondern erschöpft sich in dieser Raserei im Kreis herum. Der Foreman versteht etwas von Empathie – auf seine und nur seine Weise.

Erst die »Controllinginstrumente« und dann auch noch der »Sozialklimbim«! *Nein, nein, nein!* Natürlich wird auch umgekehrt kein Schuh daraus. Controlling gelingt nur im Gleichgewicht von sozialer Kompetenz, strukturierter Organisation und instrumentellem, d.h. nicht nur, aber auch rechentechnischem Können.

Wer nicht dialogfähig ist, ist als Controller oder Controllerin ungeeignet. Solche Personen brauchen sich in diesem Job erst gar nicht zu versuchen. Sie beschädigen nur das Image des Controlling und beeinträchtigen damit die Entfaltung seiner Möglichkeiten sowie die Entfaltung derjenigen Personen, die diesen Job kompetent und verantwortungsbewusst gestalten können. Der Einsatz von Controllinginstrumenten ist ohne hinreichende kommunikative, soziale und methodische Kompetenz sowie die Reflexion ihrer Personenbezogenheit im konkreten Fall entweder ein reines Machtspiel oder ein Glasperlenspiel ohne wirkliche Resonanz. Diejenigen, die vom Controllingservice etwas haben könnten, werden so bestenfalls nur verprellt, meist sogar in ihren Möglichkeiten geschädigt. Nicht zuletzt sind die genannten Fähigkeiten deshalb notwendig, weil Controlling helfen will, im Sinne der angestrebten Ziele zu steuern. Das gelingt um so besser, je mehr man in der Lage ist, die Anreiz- und die Nebenwirkungen von Steuerungsmaßnahmen zu antizipieren. Meist heißt das, mit den Betroffenen und Beteiligten ein persönliches Kommunikationssystem zu konstituieren und in ihm zu gemeinsamen Entschlüssen zu kommen. Zu Risiken und Nebenwirkungen fragen Sie sich selbst und Ihren Controllerservice.

4.2 Einige Instrumente

»Jede Rechnung ist irgendwie ungenau.«

[INGEBORG FREUDENTHALER, sehr erfolgreiche Unternehmerin]

Die unverzichtbare Grundlage aller Controlling-Bemühungen sind die Informationsquellen, die es bereits in der Organisation gibt. Das sind zunächst die Belege und Aufzeichnungen der Buchhaltung, der Personalverwaltung, der Studienabteilung, des Prüfungsamtes, der Quästur, die Forschungsberichte, Statistiken, *Finanzabteilung dt. Units* Benotungen, Evaluierungsberichte und vieles andere mehr. Sie müssen die Quellen nicht selbst erarbeiten, aber es ist unabdingbar, dass Sie über deren Entstehung, ihre Funktionsweise, ihre Auswahl und die mit ihnen verbundene Produktion von Informationen genauestens Bescheid wissen.

Es lohnt sich auch und ist im Controlling unerlässlich, gelegentlich die Quellen vor Ort aufzusuchen. Für das Controlling ist nicht nur das Ergebnis der Aufzeichnungen wichtig, sondern zuallererst auch ihr Zustandekommen. Wer diese Quellen, das Auswahlverfahren für die Quellen und die Verfahren der Zahlenproduktion nicht kennt, läuft von Anfang an Gefahr, »Schlendrian mit Schlendrian zu vergleichen« (EUGEN SCHMALENBACH). Nur wer wirklich borniert ist, wird sich *unter sonst gleichen Bedingungen* in diesem Fall mit der ceteris-paribus-Klausel zufrieden geben, also der Hoffnung, dass wenigstens der Schlendrian sich nicht ändert, so dass Vergleiche im Zeitablauf wenigstens relative Aussagekraft über Tendenzen haben. Wer verlässlich mit Informationen umgehen will, muss Quellen und Verarbeitungsverfahren nachvollziehen. So können im übrigen auch die Verfahren der Informationserfassung, -zuordnung und -verarbeitung selbst Gegenstand von Controllingmaßnahmen in der Ablauforganisation sein, wenn man fragt, ob sie das leisten, was man sich von ihnen versprochen hat.

Nachdenkpause mit kleiner Aufgabe:
- *Bitte versuchen Sie vor dem Weiterlesen, sich einen Überblick zu verschaffen, welche Informationsquellen es in Ihrer Institution gibt – formelle und informelle.*
- *Bitte nennen Sie vor dem Weiterlesen Beispiele für den Einsatz von Controllinginstrumenten in Ihrer Organisation, gleichgültig ob das so ist oder Ihren Vorstellungen und denkbaren Anregungen entstammt.*

Sie werden bei der Implementierung von Controlling und der Erfüllung seiner Aufgabe mit vielen Menschen reden müssen. Nutzen Sie diese Chance, sich als fairer Makler und Berater darzustellen. Sagen Sie von vornherein Ihren Gesprächspartnern, dass sie Ihnen das nicht sagen sollen, was sie auf keinen Fall weitererzählt haben wollen (Sie müssen nicht am Anfang gleich „alles" wissen; Sie bekommen das später ohnehin, wenn man Ihnen vertraut.). Klären Sie die Verfahren, mit denen Basisinformationen erfasst, zugeordnet, verarbeitet und dokumentiert werden, welche Instrumente in Ihrer Institution für Controllingzwecke eingesetzt werden, welche Ihrer Meinung nach eingesetzt werden könnten und wie sie eingesetzt werden (wann, von wem, mit welcher Absicht) – oder warum bisher nicht. Bedenken Sie dabei, dass solche Hilfsmittel und Werkzeuge nicht als Controllingwerkzeuge deklariert sein müssen, sie in vielen Fällen auch in keinem Lehrbuch zu finden sein werden. Diesmal ist also der Archäologe in Ihnen gefordert.

> In einer größeren Organisation sollte die Deckungsbeitragsrechnung eingeführt werden. Der damit beauftragte Mitarbeiter war kompetent und gab sich redliche Mühe, aber er wurde doch nicht wirklich von der Geschäftsführung unterstützt. So scheiterte er mit dieser Aufgabe. Da er gut und ehrgeizig war, machte er dennoch Karriere und wurde acht Jahre später Finanzchef dieser Organisation. Noch immer war die Deckungsbeitragsrechnung nicht eingeführt. Der Name war so »verbrannt«, dass er auch gar nicht mehr vorkam. Der Finanzchef hielt die Deckungsbeitragsrechnung nach wie vor für ein notwendiges Instrument. So stellte er einen sehr guten Betriebswirt ein und gab ihm folgenden Auftrag: „Sie werden die Deckungsbeitragsrechnung in unserer Organisation einführen. Dabei bekommen Sie von mir jegliche Unterstützung, materiell wie symbolisch. Es gibt nur eine einzige Nebenbedingung. Der Name Deckungsbeitragsrechnung darf nie genannt werden." Diesmal glückte die Implementierung und brachte für die Organisation die gewünschte Verbesserung der Steuerungsmöglichkeiten.

Bei Ihren Gesprächen werden Sie feststellen, dass es oft weniger um die Zahlen geht, die Sie vielleicht gern hätten, sondern dass die besonders informativen Gespräche »Gespräche *über* Zahlen, Verfahren und Vorgehensweisen« sein werden, und dass es gerade dieser Austausch ist, der Ihre Lernprozesse voran bringt. Meist kommt so ein Gespräch einfach zustande, wenn man sich von seinem Gegenüber etwas erklären lässt.

Für den Umgang mit dem nun folgenden Text über Instrumente gelten für Sie immer und immer wieder die gleichen **Fragen**:

- Welche Fragen haben wir in unserer Einrichtung? Wie wird darauf von wem und wann in welchem Zusammenhang (nicht) eingegangen?
- Welche »sozialtechnologischen« und »rechentechnischen« Instrumente benutzen wir in unserer Einrichtung?
- Welche dieser Instrumente könnten für uns bei der Beantwortung oder Präzisierung der Fragen hilfreich sein?
- Wer kann mir darüber Auskunft geben? Wer kann mir etwas dazu erklären?
- Wer könnte an weiteren Implementierungen interessiert sein und sie unterstützen?
- Welche Instrumente benutzen wir, die in diesem Text nicht ausdrücklich angesprochen wurden?

Controlling benutzt grundsätzlich alle Instrumente und Verfahren, die dem Management zur Verfügung stehen. Die im Weiteren kurz dargestellten Instrumente stellen daher nur eine Auswahl dar und könnten nahezu beliebig ergänzt werden.

Verschiedentlich ist versucht worden, die Controllinginstrumente zu systematisieren. Diese Versuche haben jedoch keine neuen Erkenntnisse gebracht. Eine Einteilung in Planungsinstrumente, Steuerungsinstrumente, Berichtsinstrumente beispielsweise ist wegen der Rückkopplungseffekte zwischen diesen Instrumenten und zum Controlling wie zur Organisation nicht durchhaltbar. Auch die Tatsache, dass etwa die Kostenrechnung oder die Finanzbuchhaltung Informationen zur Planung wie zur Steuerung zur Verfügung stellen und ebenso als Berichtsinstrumente dienen, zeigt die Nutzlosigkeit solcher Klassifizierungen, die nicht einmal mnemotechnischen Wert besitzen.

Grundsätzlich stehen in allen Organisationen, vor allem aber in kleinen und mittleren, die Instrumente der Finanzbuchhaltung und Finanzplanung im Zentrum. Das liegt nicht zuletzt an den begrenzten Kapitalbeschaffungsmöglichkeiten solcher Organisationen. Aus der Sicht des Controlling sollten wenigstens die Instrumente der Kosten- und Leistungsrechnung gleiches Gewicht haben. In der Praxis ist dies häufig leider nicht der Fall. Mehr und mehr wird auch ein Controlling des Einsatzes von Hardware, Software und Orgware sinnvoll sein.

Mit dem Aufkommen des New Public Managements wird in den letzten Jahrzehnten immer mehr behauptet, dass die Kameralistik durch die Doppik, also die kaufmännische Buchhaltung, abzulösen sei. Prinzipiell ist das kein schlechter Vorschlag. In der Praxis geht diese Forderung aber mitunter zu weit bzw. ist sie zu puristisch. Da viele Bildungseinrichtungen eher kameralistisch dokumentiert und verwaltet werden bzw. über einfache Einnahmen-Ausgaben-Rechnungen verfügen, sei an dieser Stelle ausdrücklich darauf hingewiesen, dass sich auch auf dieser Basis planen, budgetieren und steuern lässt, wenn auch eingeschränkt. Die Zahlen und Verfahren der doppelten Buchführung reichen für viele wünschenswerte Auswertungen natürlich nicht aus. Es gibt in allen Bereichen von Organisationen zahllose Aufzeichnungen, Statistiken, Faustregeln, „selbstgestrickte" Verfahren und spezifische Erfahrungen, die für Planungen und Beurteilungen „vor Ort" bedeutsam sind und deren Informationsgehalt durch die Buchhaltung nicht ausgeschöpft wird.

Zum New Public Management ist ferner anzumerken, dass es in vielen Fällen nur das Alibiwort für Kostenreduzierungen und Rationalisierungen war, die nicht selten betriebswirtschaftlichen Argumenten ein schädliches Übergewicht gegenüber einer seriösen Aufgabenerfüllung eingeräumt haben. Die Menschen sind dadurch vielfach in ihren Sorgen und Befürchtungen, aber auch in ihren Vorurteilen bestätigt worden. Die Folge sind gesteigertes Misstrauen gegen diese betriebswirtschaftlichen Instrumente und erhebliche Anpassungswiderstände.

Kameralistik: Buchführung der öffentlichen Verwaltung (einfache Buchführung) ⌐ Soll/Haben in einem Konto
Doppik: doppelte Buchführung in konten ⌐ Soll und Haben getrennt

4.2.1 Finanzcontrolling

> Liquidität:
>
> Grundlage des Lebens und Überlebens aller Organisationen ist die Aufrechterhaltung des finanziellen Gleichgewichts, d.h. dass zu jedem Zeitpunkt die Organisation in der Lage sein muss, ihren Zahlungsverpflichtungen nach Art, Höhe und Fristigkeit nachzukommen. Auch eine an sich gesunde Organisation kann zahlungsunfähig werden.

Faktum ist, dass Einnahmen und Ausgaben meist zu unterschiedlichen Zeiten und in unterschiedlicher Höhe anfallen. Deshalb ist im laufenden Betrieb eine *Liquiditätsplanung* unerlässlich. Aus ihr ist zu erfahren, welche Auszahlungen und Einzahlungen regelmäßig auftreten, welche sporadisch und unsicher sind und welche Liquiditätslücken (= mehr Ausgaben als Einnahmen bzw. als in einem bestimmten Zeitpunkt zur Verfügung stehende Mittel) entstehen können, z.B. im günstigsten und im ungünstigsten Fall. Ist dies ermittelt, kann nach Möglichkeiten zur Überbrückung dieser Lücke gesucht werden (z.B. Stundungen, Kredite oder Vorauszahlungen von Kunden).

> Ein Beispiel:
>
> Im Herbst 2003 haben Büroartikelgeschäfte eine Universität nicht mehr beliefert. Die Quästur hatte seit Juli keine Rechnungen mehr bezahlt. Im privatwirtschaftlichen Falle wäre, wenn die Lieferanten den Rechnungsbetrag nicht stunden, die Organisation pleite: Konkurs wegen Zahlungsunfähigkeit. Diese Zahlungsunfähigkeit resultierte in diesem Fall nicht aus Misswirtschaft der Universität, sondern aus verzögertem Eingang der zugesagten Mittel. Das Budget der Universität war nicht überschritten.

Da in aller Regel zuerst eine Organisation aufgebaut werden muss und Leistungen bereit gestellt bzw. erbracht werden müssen, ehe Kunden kommen und Zahlungen aus den getätigten Geschäften bzw. für die erbrachten Leistungen erfolgen, entsteht ein Finanzbedarf, der nach Möglichkeit über Eigenkapital, zum Teil über langfristiges Fremdkapital oder über bindende Finanzierungszusagen der öffentlichen Hand, von Sponsoren, Spendern usw. zu decken ist. Die Bereitschaft zur Finanzierung wird im Normalfall erhöht werden, wenn ein *Investitionsplan* (oder ein Businessplan) besteht und eine Investitionsrechnung vorgelegt werden kann, aus der hervorgeht, welche Aufwendungen notwendig sind und welche Erträge damit erzielt werden können. Es mag banal klingen, aber da ich immer wieder das Gegenteil erlebt habe, muss ich betonen, dass ein Ausgaben- oder Aufwandsplan noch keine Investitionsplanung ist. Die zurechenbare Ertrags- und Einnahmenseite gehören unbedingt dazu.

Selbstverständlich ist besonders für Wachstumsstrategien ein Finanzplan zu erstellen, weil Wachstum ebenfalls meist vorfinanziert werden muss. *Erst fallen in der Regel die Ausgaben für Dozentinnen und Dozenten, für Kursentwicklung, für Werbung und BewerberInnenauswahl an und erst danach erfolgen die Zahlungen der KursteilnehmerInnen.* In der Universität betrifft das beispielsweise den Aufbau neuer

Forschungsschwerpunkte oder den Ausbau alter, die Entwicklung neuer Curricula und Kursangebote usw. Dabei wird es nicht so sehr um die Vorfinanzierung gehen, sondern eher um die Sicherstellung der weiteren Finanzierung, wenn über Drittmittel eine Anschubfinanzierung erreicht werden kann. Bei zunehmender Autonomie der Universität oder anderer Bildungseinrichtungen und deren Beteiligung an anderen Organisationen (z.B. Gründungs- und Wissenstransferzentren) und Firmen stellt sich für das Controlling die Frage, inwiefern die peripheren Einrichtungen Geld bringen oder kosten. Insbesondere die Betriebsausgaben und -aufwendungen und entsprechende Bindungen, die in Zukunft anfallen, können in Zeiten der Mittelknappheit zur Bedrohung der Kernaufgaben (Forschung, Studium, Lehre) führen. Soll das vermieden werden, müssen Beteiligungen mindestens ihre Betriebsausgaben und -aufwendungen selbst erwirtschaften oder zumindest unabhängig von der Kernorganisation erzielen. Nicht zu unterschätzen ist dabei die Konkurrenz untereinander beim Anwerben von Aufträgen und/oder Sponsoren sowie anderen Förderern.

Da Bildungseinrichtungen erhebliche Personalaufwendungen haben, ist es für die Finanzplanung bedeutsam, welche Verträge mit den Dozentinnen und Dozenten und dem übrigen Personal bestehen. Die darin enthaltenen kürzeren oder längerfristigeren Bindungen führen zu entsprechenden Zahlungsverpflichtungen. Controlling kann hier auf Folgewirkungen aufmerksam machen.

In profitorientierten Organisationen sind die Rentabilität des eingesetzten Kapitals (**Return on Investment; ROI**), der Kapitalumschlag *(Umsatz: Kapital)* und die sogenannte **Pay-Back-Periode** hilfreiche Kennzahlen. Die Pay-Back-Periode gibt an, in welchem Zeitraum das investierte Kapital durch die erzielten Überschüsse wieder »in der Kasse« ist *(Kapital: Jahresgewinn)*. In eine ähnliche Richtung zielt der *Cashflow eines Jahres*.

1.	+/-	Jahresüberschuss/Jahresfehlbetrag
2.	+/-	Abschreibungen/Zuschreibungen auf Gegenstände des Anlagevermögens
3.	+/-	Zunahme/Abnahme der Rückstellungen
4.	+/-	sonstige zahlungsunwirksamen Aufwendungen/Erträge
5.	=	Cashflow I
6.	-	Ertragssteuern
7.	=	Cashflow II
8.	+/-	neutrale/außerordentliche Erträge und Aufwendungen
9.	=	Cashflow III

Der Cashflow ist ein brauchbarer Indikator für die Ertragskraft des Unternehmens und gibt Auskunft über die Möglichkeiten der Organisation, Investition selbst zu finanzieren, Schulden zu tilgen und/oder Gewinnausschüttungen vorzunehmen. Natürlich ist der Cashflow eines Jahres keine Garantie für die Ertragskraft in der Zukunft. So ist immer zu beachten, ob beispielsweise in einem Jahr nicht ein außergewöhnlicher Überschuss erzielt wurde, der höchstwahrscheinlich nicht

wiederholt werden kann. Besondere Bewertungen bei der Ermittlung der Überschüsse sind erforderlich, wenn bei Geldentwertung die Substanz der Organisation
erhalten bleiben soll und die Wiederbeschaffung von Anlagen zum Beispiel mehr
kostet als die Abschreibungen der alten Anlage ausmachen.

Die Finanzplanung beschäftigt sich ferner mit Fragen der Eigen- oder Fremd-
finanzierung, der Verteilung von Mitteln für Investitionen auf die einzelnen Teilbereiche, Rückzahlung von Fremdmitteln, der bestmöglichen Anlage von zwischen-
zeitlichen Überschüssen, den Risiken der geplanten Einnahmen, Ausschüttungen,
Rückvergütungen. Ein Schema der finanzwirtschaftlichen Wirkungszusammenhänge und seine Erläuterung findet sich z.B. in dem bereits genannten Buch des
BDU. Es bezieht sich auf profitorientierte Unternehmen. Alle in dem folgenden
Schema enthaltenen Kennzahlen und Beziehungen sind als Schema für die Ist-Auf-
nahme wie als Planungs-, Analyse und Berichtsgrundlage verwendbar (Abbildung
12).

*»Wird das Unternehmen als eine Gesamtinvestition des eingesetzten Kapitals betrachtet, so ist es
das Ziel des Unternehmens, nachhaltig eine möglichst hohe Rendite des eingesetzten Kapitals zu
erwirtschaften (Return on Invest). Je höher die Ertragskraft ist, um so höher ist der Marktwert
bzw. der Börsenwert des Unternehmens am Kapitalmarkt (1) und wirkt sich bei Kreditverhandlungen mit Banken und bei fremden Geldgebern aus.«*

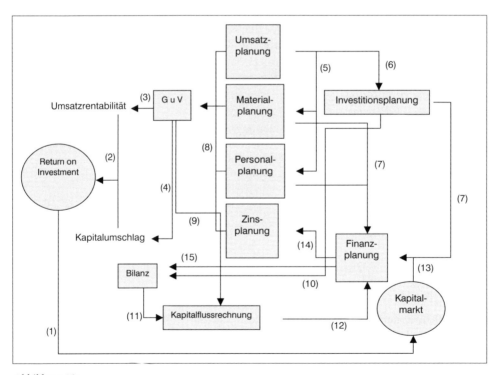

Abbildung 12:
Finanzwirtschaftliche Wirkungszusammenhänge (Quelle: BDU 2000, S. 94)

Die Unternehmensrendite ergibt sich aus der Umsatzrentabilität x Kapitalumschlag (2). Die Umsatzrentabilität wird aus der Gewinn- und Verlustrechnung/-planung (GuV) (3) abgeleitet. Der Kapitalumschlag bzw. die Umschlaghäufigkeit wird aus der Bilanz und der GuV ermittelt (4).

Die Umsatzplanung hat Auswirkungen auf die Material- und Personalplanung (5), aber auch auf die Investitionsplanung (6), in der die notwendigen Anpassungen (Erweiterung/Verkleinerung) des Unternehmens und der entsprechende Material- und Personalbedarf einfließen, um den Umsatzplan zu realisieren.

Aus der Material-, Personal- und Investitionsplanung ergibt sich ein Brutto-Kapitalbedarf, der in die Finanzplanung einfließt (7). Gleichzeitig wirken sich diese Planungen einschließlich der Umsatzplanung auf die GuV aus (8).

Das Ergebnis der GuV, nämlich Gewinn und nicht ausgabewirksame Aufwendungen wie z.B. Abschreibungen, fließt in die Kapitalflussrechnung ein (9). Die notwendigen Investitionen schlagen sich in der Bilanz nieder (10). Die Veränderungen der verschiedenen Vermögens- und Verbindlichkeitspositionen, wie z.B. Debitoren oder Kreditoren, wirken sich auf die Kapitalflussrechnung ebenfalls aus (11).

Das Ergebnis der Kapitalflussrechnung (12) mündet in die Finanzplanung, in der nunmehr der Nettokapitalbedarf ermittelt und auf dem Kapitalmarkt beschafft werden kann (13). Die Zinskosten für den Nettokapitalbedarf wirkt sich auf die GuV (14) aus, und der Nettokapitalbedarf beeinflusst die Bilanz (15).

Es wird deutlich, wie die verschiedenen Teilpläne sich gegenseitig beeinflussen. Für den externen Kapitalmarkt stehen aus dem Unternehmen im Wesentlichen nur die Rechenwerke wie GuV, Bilanz mit Anhang und Lagebericht sowie die Kapitalflussrechnung als drittes Rechenwerk zur Beurteilung der Bonität des Unternehmens zur Verfügung, die wiederum die Zinskosten des Nettokapitalbedarfs beeinflusst.

»Der Kern finanzieller und unternehmerischer Tätigkeit liegt im Wesentlichen in der vorteilhaften Nutzung von Zinsspannen und Risikoprämien: Wenn der Unternehmensertrag als Sachkapitalrendite über dem Sollzins für Fremdkapital liegt, besteht die vorteilhafte, aber auch risikosteigernde Möglichkeit, durch Aufnahme von Fremdkapital die Rendite des Eigenkapitals (positiver Leverage-Effekt) zu steigern. Sinkt die Sachkapitalrendite unter den Sollzins, entsteht die umgekehrte Wirkung (negativer Leverage-Effekt). Das bedeutet eine laufende Kontrolle der Planungen und der zukünftigen Entwicklung aller zentraler Finanzkennziffern.«

[Die Abbildung 12 und das Zitat sind dem BDU-Band entnommen, S. 94 f.]

Diskussionsanregung zu „Finanzcontrolling"

Sponsoring ist eine gute Möglichkeit, um zusätzliche Mittel einzuwerben. Leider wird es häufig mit Betteln verwechselt. Es ist schon eine ausführliche Überlegung wert, welche Gegenleistungen die Organisation, die Sponsoren sucht, diesen bieten kann. Versuchen Sie diese Diskussion doch mal in Gang zu bringen.

4.2.2 Kostencontrolling

Kosten sind bewerteter Güter- (Büro-, Forschungs- und Lehr- bzw. Lernmaterialien, die von der Bildungseinrichtung bezahlt werden) und Diensteverzehr bei der Leistungserstellung, z.B. mit Stundensätzen bewertete Kursstunden, und Leistungsverwertung. Sie setzen sich aus Menge (etwa Stundenzahl) und Wert (z.B. Einkaufspreis pro Stück, Stundensatz für einen Berater, Gehaltsanteile eines fest angestellten Dozenten) zusammen. Manche Kosten sind abhängig von der Menge der erstellten Leistungen (z.B. Studienmaterialien für jeden einzelnen Kursteilnehmer; Kosten der eingekauften Stunden). Man nennt sie variable Kosten. Andere Kosten fallen als Kosten der Betriebsbereitschaft an (z.B. Gehalt des Hausmeisters). Sie heißen Strukturkosten (vielfach auch Fixkosten). Einzelkosten lassen sich direkt bei der Erstellung der Einzelleistung erfassen und fallen entsprechend weg, wenn eine Leistungseinheit nicht erbracht wird. Daran sieht man, wo sie verursachungsgerecht zugerechnet werden können. Besteht keine unmittelbare Zuordnungsmöglichkeit zwischen einem Auftrag, einem Produkt oder einer Dienstleistung (einem Kurs) und den anfallenden Kosten (z.B. Imagewerbung für die Bildungseinrichtung), wird von Gemeinkosten gesprochen. Wartungs- und Instandhaltungskosten, die Kosten für die Entwicklung eines neuen Kursangebots sind entsprechende Beispiele. Da diese Kosten nicht von der Menge der erbrachten Leistungen proportional abhängig sind, also nicht outputabhängig sind, ist die Gefahr unwirtschaftlicher Entwicklungen in diesem Bereich besonders groß. Manchmal ist es auch unwirtschaftlich, Einzelkosten wirklich einzeln zu erfassen (z.B. die Stromkosten für Kopierer und PC). In diesem Fall werden sie pauschal erfasst und als unechte Gemeinkosten bezeichnet.

Kostencontrolling betrifft in erster Linie die Planung der Kosten, die Planung der Steuerung der Gemeinkosten und der Strukturkosten (Kosten der Betriebsbereitschaft) und deren Kontrolle.

Eine der wesentlichsten Grundlagen des Controlling ist die Kostenrechnung. Sie ist hier nur kurz zu rekapitulieren, um auf einige wesentliche Punkte des Kostencontrolling hinweisen zu können. Ohne Kostenrechnung ist wirtschaftliche Mittelverwendung nicht zu steuern. Kostenrechnung soll Verschwendung oder Nachlässigkeiten aufdecken und korrigieren helfen.

Ausgangspunkt der Kostenrechnung sind die Kostenstellen. Sie umfassen, je nach Größe der Einrichtung, z.B. die Kostenstellen für die Leitung, die Personalverwaltung, die Mittelbewirtschaftung (Quästur), die Mensa, die Rechtsabteilung, die Institute, das Studierendenzentrum, die Labors, den Fuhrpark, die Gebäudeverwaltung, die Werkstatt, das Rechenzentrum, die Bibliothek, für einzelne Projekte (z.B. Drittmittelprojekte), die Entwicklungsabteilung (z.B. für neue Kursangebote), das Medienstudio, die Werbung und die Pressearbeit, die Ehemaligenbetreuung, die Auswahlseminare und Aufnahmeprüfungen usw. Es können auch Bereiche zusammengefasst werden. Kostenstellen werden zweckmäßigerweise so gebildet, dass ihre Steuerung den für jede Kostenstelle verantwortlichen Personen klar zurechenbare Handlungsspielräume lässt. Die Folgen der Steuerung müssen der Kostenstelle eindeutig zugerechnet werden können. Jede Kostenstelle muss überschneidungsfrei gegenüber anderen Kostenstellen abgegrenzt sein. Zu ihr können mehrere Personalstellen gehören.

Die anfallenden Kosten werden nach Kostenarten gegliedert und an den Kostenstellen erfasst.

Beispiele für **Kostenarten** sind Personalkosten, Materialkosten, Kosten freier Mitarbeiterinnen und Mitarbeiter, Kosten für Unterrichtsmaterialien, Strom, Gas, Wasser, Heizung, Reinigung, Instandhaltung, Hilfsstoffe, Post, Beratung, Zinskosten, Abschreibungen, Werbung, Bewirtung, Reisekosten, Lizenzen. Sie sind nach Möglichkeit an der Kostenstelle zu erfassen, an der sie beobachtbar sind. Leistungen anderer Kostenstellen werden bei der empfangenden Kostenstelle über Verrechnungspreise als Kosten berücksichtigt. Mitunter ist das schwierig oder nicht wirtschaftlich. Zum Beispiel werden vielleicht Gebäudereparatur- und Instandhaltungskosten eines Gebäudes mehrere Institute betreffen. Lassen sie sich nicht individuell den Instituten zurechnen oder ist das zu kostspielig, gelten sie als Gemeinkosten (z.B. wäre die Erfassung des Stroms an allen Stromabnahmestellen vermutlich unwirtschaftlich). Anders als die direkt erfassbaren Kosten, die z.B. in der zeitlichen Entwicklung betrachtet und direkt gesteuert werden können, sind die Gemeinkosten schwer zu steuern, weil sie von vielen Komponenten und Einflussgrößen bestimmt werden. Meist gibt es auch ein Interesse vieler Kostenstellenverantwortlichen, Kosten in den Gemeinkostenblock abzuschieben. Das schafft unter Umständen Handlungsspielraum, weil man für die Gemeinkosten nicht ursächlich verantwortlich gemacht werden kann. Hier sind erhöhte Achtsamkeit und erhöhter Analysebedarf angesagt.

Bei der von Zeit zu Zeit notwendigen Gemeinkosten-Wertanalyse wird überprüft, welche Leistungen nach Menge und Wert von den Kostenstellen (nicht) erbracht werden (müssen/sollen/können). Daran knüpft die Frage an, ob die aktuellen Leistungen so oder überhaupt erbracht werden müssen und welche Alternativen sichtbar sind. Erweisen sich Alternativen als sinnvoller, werden sie eingeführt. Controlling prüft, inwieweit die mit der Neuregelung verbundenen Erwartungen erfüllt werden. *Kostenträger sind Kostenverursacher!*

Kostenträger sind im allgemeinen die erstellten Leistungen, also etwa ein Produkt, ein Kurs, vielleicht auch ein Absolvent. Nicht ganz einfach ist in Bildungseinrichtungen die Frage des Kostenträgers zu klären. Sollen die Absolventen als Kostenträger angesehen werden oder die einzelnen Lehrgänge, Seminare und Workshops? [Ein kleiner Hinweis, der Verwechslungen vermeiden soll: Im öffentlichen Bereich werden als Kostenträger häufig die Institutionen benannt, die die Kosten decken, also etwa eine Gemeinde, eine Versicherung, die Krankenkasse. Anders als die Kostenträger der Kostenrechnung sind diese keine Kostenverursacher in dem hier gemeinten Sinn, sondern »Kostendecker«].

In letzter Zeit wird immer wieder darauf hingewiesen, dass die **Prozesskostenrechnung** in Bildungseinrichtungen hilfreich sein könnte. In ihr werden die Kosten erneut analysiert und insbesondere die Gemeinkostenblöcke neu festgelegt. Vor allem sollen Gemeinkostenblöcke abgebaut werden. Es werden die Haupt- und Nebenaktivitäten in einem Produktionsprozess und die mit ihnen verbundenen Leistungsmengen als unmittelbar zurechenbare kostenverursachende Faktoren (leistungsmengeinduzierte Kostentreiber) ermittelt. Den Leistungen können so Kosten präziser zugerechnet (z.B. die Verwaltungskosten der Einschreibung pro Kursbesucher) werden. Für die leistungsmengenneutralen Kosten bildet man Zuschlagsätze für den Gesamtprozess (z.B. die Kosten für Schnupperkurse), den eine bestimmte Leistungskategorie erfordert, also beispielsweise Zuschläge für allgemeine Verwaltung zu den Kosten eines Kurses. Die Prozesskostenrechnung soll Kostendegressionseffekte bei Vergrößerung der Prozessmenge nutzbar zu machen gestatten, zu verursachungsgerechterer Verrechnung zwischen den Abteilungen führen sowie wesentlich präzisere Wirtschaftlichkeitsrechnungen ermöglichen.

Auf dieser Basis kann auch eine Preiskalkulation z.B. für die Kursteilnahme erfolgen. Grundsätzlich wird man sich bei der Preisgestaltung aber wohl am Markt und den Wettbewerbern orientieren. Was verlangt die Konkurrenz? Was bietet die Konkurrenz? Wie können wir uns davon abheben? Welcher Preis ist dafür erzielbar? Zu welchen Kosten (Target Costs) müssen wir also produzieren?

Strukturkosten oder auch so genannte Fixkosten fallen für die Bereitstellung von Grundstücken, Gebäuden, Anlagen aller Art, allgemeine Verwaltung, Sicherheitsdienste, Angebotseinholungen u.ä. an. In der Regel fallen variable Kosten, also Kosten, die einem Kostenträger konkret zugerechnet werden können, und Strukturkosten, bei denen das nicht der Fall ist, vermischt an. Die Auflösung dieser Vermischung ermöglicht klarere Verantwortungen. Vor allem aber wird erkennbar, bei welcher Leistungsmenge für die Organisation die Gewinnschwelle (**Break Even Point**) liegt: Ab dem Punkt, an dem sich die Kurven der kumulierten (aufaddierten) Kosten und des kumulierten Umsatzes schneiden, macht die Organisation Gewinn. Ist Kostendeckung das Prinzip, muss zumindest dieser Punkt erreicht werden. Strukturkostencontrolling ist notwendig, da es auch hier eine Tendenz gibt, Anschaffungen und Bereitstellungsdienste, aber auch anderes »in die Fixkosten zu drücken« (und damit die eigene Verantwortung und die entsprechende Zurechenbarkeit unsichtbar zu machen), obwohl es beispielsweise nur eine bestimmte Kostenstelle oder nur einen ganz bestimmten Kostenträger betrifft. Schließlich sollte z.B. bei Investitionen darauf geachtet werden, dass die Investition möglichst flexibel auf- und abbaubar ist, so dass der Block der fixen Strukturkosten klein gehalten wird. Das kann beispielsweise dazu führen, dass bei einer Ausschreibung nicht das Angebot mit dem geringsten Preis zum Zuge kommt. Viele Arbeitnehmerschutzgesetze wirken sich so aus, dass sich die Kündigungsfristen verlängern. Damit nimmt die Flexibilität der Personalkosten ebenfalls ab, was Organisationen zögerlich bei Neueinstellungen sein lässt und dazu führt, dass gerade im Bildungsbereich sehr häufig mit einer großen Zahl nicht fest angestellter Lehrkräfte gearbeitet wird. Auch das ist plan- und gestaltbar.

Für die gesamte Kostenrechnung gilt: Alle Elemente der Kostenrechnung bedürfen von Zeit zu Zeit der Überprüfung und Reorganisation. Nicht nur die geplanten, ausgewiesenen bzw. ermittelten Kosten sind daher Objekte der Begierde von Controllerinnen und Controllern, sondern auch die Kostenarten selbst, die Kostenstellen, die Kostenträger, die Methoden der Kostenplanung, Kostenerfassung, der Kostenzurechnung, der Vor- und Nachkalkulation, die Argumentation mit Kosten.

Nochmals zu betonen ist, dass das Controlling die zu erwartenden bzw. aus der Sicht der Organisation einzuhaltenden Kosten plant, um entsprechende Anhaltspunkte für Abweichungsanalysen und Steuerungsvorschläge zu bekommen. In größeren Organisationen wird es daher sehr angebracht sein, wenn Controllingservice und Kostenrechnung (generell gilt das für das ganze Rechnungswesen) nicht in einer Hand liegen, da Interessenkonflikte auftreten können.

Diskussionsanregung zu „Kostencontrolling"

Was sind sinnvolle Kostenträger in Bildungseinrichtungen? (Teilnehmerinnen und Teilnehmer, Kurse, ...)

4.2.3 Leistungscontrolling in Bildungseinrichtungen

Das Leistungscontrolling ist eines der unterbelichtetsten Kapitel der Steuerung von Bildungseinrichtungen. Zwar wird von Management by Objectives (MbO) inzwischen auch im Bildungsbereich gesprochen, aber die Bestimmung der Einheiten zur Leistungsmessung ist kaum geleistet. Und MbO allein macht auch noch keine besondere Leistung im Bildungsbereich. Der Staat, aber auch Spender, Sponsoren und vor allem Kursteilnehmer, die Kursgebühren bezahlen, haben ein Interesse daran, für Ihre Zahlungen angemessene Leistungen zu bekommen. Da man vielfach der Meinung war, dass beispielsweise Universitäten zwar die zugewiesenen Budgets aufbrauchen, aber dafür zu wenig unmittelbar verwertbare Gegenleistung bieten, kam die Rede von der *Outputorientierung* auf. Konkret heißt das, dass nach schärferen Begründungen für Budgetanträge zu suchen ist. Im Detail sollten neue Verfahren der Evaluierung für mehr Qualitätstransparenz und für Qualitätssicherung sorgen, eingebaute Anreizsysteme die Realisierung dieser Absicht auf Dauer sichern und über die Vereinbarung von Zielen (Kontraktmanagement oder MbO) die Bemessung öffentlicher Mittel outputorientiert gestaltet werden.

All das ist verständlich und wünschenswert. Wünschenswert und wegen der längerfristigen Nachhaltigkeit, sprich: wegen der nationalen Lebensqualität und internationalen Wettbewerbsfähigkeit, allerdings auch notwendig ist, dass die Grenzen der bisherigen Möglichkeiten hinausgeschoben werden. Das wäre das strategische Ziel einer nachhaltigen Bildungsarbeit, die vor allem an den Universitäten zu leisten wäre. Die operative Bildungsarbeit, also die »für das täglich Brot«, sollte in allen anderen Bildungseinrichtungen des tertiären Bereichs geleistet werden, der dazu über eine große Vielfalt verfügt. Dies aber ist nicht erreichbar. Ich habe bereits angedeutet, dass es nahezu unmöglich ist, den Gesamtnutzen einer Ausbildung oder eines Studiums zu quantifizieren. Absolventen, Dauer des Studiums, Noten, erste Anstellungsverhältnisse nach der Ausbildung usw. sind sehr vage Ersatzgrößen »gequälter« Messung. Dennoch werden Sie mitunter als »Meilensteine« einer gewünschten Entwicklung oder – im negativen Fall – als Abbruchkriterien herangezogen. Seitenzahlen, Veröffentlichungen (gewichtet nach der Bedeutung der Zeitschriften, in denen sie erschienen sind), Patente usw. können ebenfalls einen Eindruck vermitteln, aber eben nur einen begrenzten, denn die differenzierte Aufklärung, Denkschulung, Horizonterweiterung oder auch -einengung und die implizite und/oder explizite Vermittlung von Werten sind solchen Messungen nicht wirklich zugänglich. Die positiven wie negativen Folgen eines Studiums oder einer Ausbildung mögen schließlich so weit von der Ausbildungszeit entfernt sein, dass ein kausaler Bezug zumindest explizit nicht hergestellt werden kann.

Aber auch der eher unmittelbare ökonomische Nutzen einer Bildungseinrichtung für eine Region ist nur schwer zu erfassen, wenngleich der in der Region verbleibende Teil der Ausgaben der Studierenden und der Einkommen der Beschäftigten der Bildungseinrichtung sowie die in der Region verbleibenden Absolventen noch am ehesten zu ermitteln sind. In der operativen Weiterbildung muss daher der Grundsatz gelten, dass zumindest berufsbegleitend mit zunehmendem Alter nicht mehr motiviert »auf Vorrat« gelernt wird. Die unmittelbare Anwendung wird auch nur selten zu erreichen sein, aber anhand von »lebenden Fällen« und ausschlachtbaren Geschichten und anderen Formen interaktiver Veranstaltungen lässt sich hier noch viel erreichen. Auch das ist zu planen.

Natürlich ist verständlich, dass die Leitung von Bildungseinrichtungen gern ein Verfahren hätte, mit dessen Hilfe Mittelzuweisungen berechnet werden können. Die formelgestützte Zuweisung, so die Hoffnung, schränkt bei jährlichen Neubestimmungen der Teilbudgets die damit verbundenen Diskussionen und Streitereien möglicherweise erheblich ein. Diese Hoffnung muss nicht trügen, wenn es gelingt, ein solches Verfahren konsensual zu entwickeln oder durchzusetzen. Im Anhang (A3) habe ich ein Beispiel für ein solches Evaluierungsmodell angefügt, das die Schwierigkeiten der Evaluierung einigermaßen verhandlungsfähig machen soll. Lösen im Sinne von allgemeingültiger Wahrheit lässt sich das Problem nicht. Michael Power spricht deshalb von »Ritualen der Verifizierung«. Vielleicht klingt das zu abwertend. Gültig ist aber die alte Weisheit des Meister Eckehart, dass wir die Wahrheit nur in uns selbst finden, wenn wir uns innerlich frei machen. Ohne diese Freiheit ist Evaluierung selten mehr als eine Trickkiste. Das gilt auch bei Berücksichtigung der weiteren Überlegungen zur Inputorientierung.

Inputorientierung wird häufig mit dem bisherigen Verfahren der Mittelbereitstellung assoziiert. Erfolgt bei solcher Bereitstellung keine Kontrolle, wird es vermutlich im Laufe der Zeit zu Gewohnheiten und Fehlentwicklungen kommen. Kontrolle und Innenrevision können konsistentere und präzisere Bereitstellungsbegründungen ermöglichen, dürfen aber nicht zur Beseitigung notwendiger Spielräume führen. Auch hier gibt es eine »Angebotsinduzierung«, d.h. wenn die Bewilligungskriterien klar sind, werden diese von den Antragstellern antizipiert werden. Das kann auch Fehlentwicklungen auslösen. Werden wichtige Einflussgrößen bzw. nicht eindeutig messbare Leistungen/Ergebnisse, etwa aus dem Studium und der Lehre, nicht beachtet, kann die in Bezug auf die genannten Indikatoren zwar verbesserte Leistung doch zu einer Minderung der Gesamtleistung führen. Wird beispielsweise die Zahl der Studiengänge in einem Fachbereich zu einem Zuteilungsparameter, werden unweigerlich die Studiengänge vermehrt werden. Als die Hörergelder für Lehrende in den sechziger Jahren des 20. Jahrhunderts in Deutschland gestrichen wurden, kam auch von den Lehrenden die Forderung nach effizientem Kleingruppenunterricht, an dem vorher nur pädagogische Idealisten Gefallen gefunden haben, oder diejenigen, zu denen ohnehin nur wenig Hörer kamen.

Inputorientierte Steuerung allein (durch Überprüfung der ordnungsgemäßen Verausgabung veranschlagter Sach-, Investitions- und Personalmittel) provoziert auf Dauer unwirtschaftliches Verhalten.

»Traditionell werden Hochschulen vom Staat über die Instrumente der Kameralistik und des Inkrementalismus (d.h. der Fortschreibung von Haushalten mit prozentualen Zu- oder Abschlägen je nach Tarifentwicklung bzw. Haushaltslage) gesteuert. Anhand von vier Aspekten lässt sich deutlich machen, warum diese Instrumente die genannten Anforderungen an Mittelvergabemodelle nicht erfüllen und in welche Richtung eine Veränderung des Steuerungsmodells gehen sollte (siehe Abb. 13).«

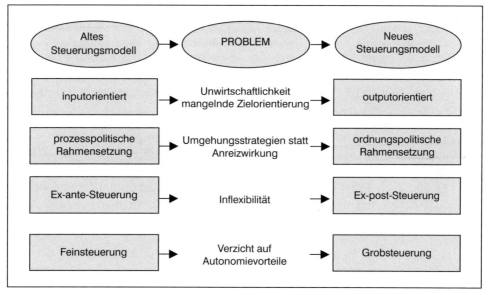

Abbildung 13:
Veränderte Steuerungsvorstellungen (nicht nur) bei Bildungseinrichtungen
(ZIEGELE, a.a.O., S. 333-334)

- *»Handeln führt zu mangelnder Orientierung an staatlichen Zielsetzungen. Stattdessen sollte outputorientiert gesteuert werden, indem die Ergebnisse des Handelns an Hochschulen betrachtet und (im Hinblick auf staatliche Ziele) bewertet werden. Sind Zuweisungen unmittelbar mit dem Ergebnis des Handelns verknüpft, lassen sie sich auch plausibel legitimieren.*

- *Prozesspolitische, regulierende staatliche Eingriffe lenken die Anstrengungen der Hochschulen auf Umgehungsaktivitäten. Wird z.B. Hochschulen von staatlicher Seite im Sinne der Studienzeitverkürzung vorgeschrieben, dass Scheine im Hauptstudium nicht aus mehreren Teilleistungen bestehen dürfen, so kann dies ggf. unterlaufen werden, indem man eine bisherige Teilleistung als Zulassungskriterium deklariert. Staatliche Regulierung zieht somit immer neue und feinere Regu-*

lierung nach sich, ohne jemals tatsächlich das Steuerungsziel zu erreichen. Stattdessen sollte ein ordnungspolitischer Ansatz verfolgt werden, bei dem nicht Ergebnisse vorgeschrieben werden, sondern finanzielle Rahmenbedingungen und damit Anreize und Sanktionen für autonome Entscheidungen geschaffen werden. Die Hochschulen können Entscheidungen ohne staatliche Einmischung treffen; der Staat definiert aber finanzielle Rahmenbedingungen und legt damit die Konsequenzen autonomer Entscheidungen fest. Um beim Beispiel der Studienzeitverkürzung zu bleiben: Wenn Hochschulen nach der Zahl ihrer Absolventen bezahlt werden, haben sie den finanziellen Anreiz, Studiengänge zu reorganisieren (denn längere Verweildauer der Studierenden erbringt keine höheren Einnahmen). Wie Studienzeitverkürzung herbeigeführt wird, ist Sache der Hochschulen. Sie haben auch die Wahl, auf entsprechende Anstrengungen zu verzichten, wissen aber in diesem Fall, dass sie finanzielle Nachteile bei der staatlichen Mittelzuweisung zu tragen haben.

- *Eine Ex-ante-Steuerung, bei der die Ergebnisse vorab festgelegt werden, erzeugt Inflexibilität. Stattdessen sollte der Ansatz der Ex-Post-Steuerung verwendet werden: Dezentrale Entscheidungsträger berücksichtigen deshalb staatliche Ziele, weil sie wissen, dass die Ergebnisse ihres Handelns hinterher am Zielbeitrag gemessen werden.*

- *Eine staatliche Feinsteuerung beseitigt die Vorteile dezentraler Autonomie. Stattdessen sollte das Verfahren der Mittelvergabe ein Instrument der staatlichen Grobsteuerung sein, das nicht alle Feinheiten und Besonderheiten berücksichtigen kann und sich auf wenige Lenkungsziele von hoher Priorität beschränkt. Ein »grobes« Modell erzeugt auch Transparenz und Nachvollziehbarkeit – entscheidende Eigenschaften im Hinblick auf die Anreizwirkung (denn die finanziellen Konsequenzen des eigenen Verhaltens werden für die Hochschulen klar und man kann sich danach ausrichten) und Akzeptanz der Finanzierungsreformen.« (ebenda)*

[Das lange Zitat und die Abb. 13 sind entnommen aus: ZIEGELE, a.a.O., S. 333-334]

Die normative Grundlogik dieser Ausführungen sollte man bei allen konkreten Gestaltungsfragen als Hintergrund kritisch mit berücksichtigen.

Werden für gute Abschlüsse Prämien an die Lehrenden gezahlt, werden die guten Noten zunehmen, die erworbenen Kenntnisse dagegen tendenziell abnehmen. Es gibt auch Fälle, in denen Prüfer über Prüfungsgebühren ihr Einkommen maximiert haben, indem sie die Prüfungen besonders leicht machten und damit Studierende anzogen. Werden die erbrachten Prüfungsleistungen der Prüfer nur geschätzt, kommen leicht Aufrundungen vor, wenn Prüfungsgebühren bezahlt werden. In einer großen Fakultät wurde nach der automatischen Erfassung der Prüfungsleistungen der Prüfer (Zahl der Prüfungen) gegenüber den Schätzungen davor € 500.000,– eingespart. Generell sind Prämienzahlungen ein zweischneidiges Instrument. Nicht selten wird (erstens) die Zahlungserwartung zur Gewohnheit und zum Anspruch, dessen Erfüllung nicht motiviert, dessen Nichterfüllung aber erheblich demotiviert. Zweitens werden Lernprozesse induziert, die dazu führen, dass ohne Gegenleistung überhaupt nichts mehr passiert, so dass die im Ablauf von Prozessen in Organisationen notwendigen selbständigen Aktivitäten unterbleiben, weil kein Planungszusammenhang genau genug sein kann.

Außer der Tatsache, dass auch Dozentinnen und Dozenten keine besonderen Menschen sind, lässt sich aus solchen Beispielen lernen, dass die zu rasche Kopplung von Messgrößen für die angestrebte Leistung mit Anreizen denkbare inhaltliche Lernprozesse verhindert. Anreizgesteuert (re-)agieren anreizbewusste Menschen mitunter »grenzenlos konform« und beuten das System entsprechend aus, ohne dass die vom System beabsichtigte Wirkung wirklich erzielt werden muss. Beispielsweise geht es um die Verbesserung der Leistungen der Studierenden *und* kürzere Studienzeiten und nicht um kürzere Studienzeiten bei gleichzeitiger Verschlechterung des Kenntnisstandes der Absolventen und Erhöhung des Einkommens der Dozenten. Zielkomplementarität, Zielindifferenz und Zielkonkurrenz sind also genau zu prüfen.

ZIEGELE benennt drei Modi staatlicher Mittelzuweisung:
- Pauschale Vorabzuweisung,
- Indikatorsteuerung bzw. formelgebundene Finanzierung,
- Finanzierung nach Leistungsvereinbarungen bzw. Zielvereinbarungen.

Alle drei Modelle sind auf staatliche Mittelzuweisung ausgerichtet. Die Praxis kennt verschiedenste Mischformen. Es ist aber auch denkbar, dass entsprechende Modelle für die Verteilung innerhalb einer Bildungseinrichtung eingeführt werden. Der Extremfall der *pauschalen Vorabzuweisung* ist die Fortschreibung des Haushalts des letzten Jahres, mit Zu- oder Abschlägen (z.B. zum Ausgleich der Inflationsrate und der Lohn- und Gehaltssteigerungen gegenüber dem Vorjahr). Generell können Pauschalzuweisungen als Globalhaushalt mit oder ohne zweckgebundene Anteile erfolgen. Globalzuweisungen über ein oder mehrere Jahre sind in der politischen Rhetorik häufig mit der Behauptung verbunden, die Bildungseinrichtungen bekämen auf diese Weise mehr Autonomie. Dementsprechend würden sie nun auch in der Lage sein zu beweisen, dass sie die Verantwortung für effektiven und effizienten Mitteleinsatz selbst übernehmen können. Wenn das so ist, ist es gut.

In der Praxis sehen die Deregulierungsfolgen häufig etwas anders aus. Grundsätzlich zeigen sich im Bildungsbereich die gleichen Tendenzen wie bei anderen staatlichen Deregulierungsmaßnahmen: Gewissermaßen hinterrücks werden die Regulierungen wieder eingeführt, durch Indikatorsteuerung und Evaluierung, deren Haupteinfluss- bzw. Erhebungs- und Bewertungsvariablen der Staat bestimmt, oder rigide Geschäftsführer der neuen Autonomie.

Bei der *Indikatorsteuerung* wird versucht, die Mittelzuweisung von Leistungsvariablen abhängig zu machen. Da die Mittelvergabe den in einer Formel verknüpften Indikatoren automatisch folgt, besteht der Gestaltungsspielraum in der Möglichkeit, das Formeldesign zu beeinflussen.

Völlige Indikatorsteuerung ist eine sehr starke Intervention in die jeweilige Bildungseinrichtung. Sind die Variablen an vergangenen Ist-Werten ausgerichtet, wäre es wünschenswert, auch Variablen für zukünftige Entwicklungen einzuführen. Im Sinne eines organisationalen Lernprozesses ist ferner anzuregen, dass für alle Variablen Sollwerte gebildet werden und das Modell mit ihnen durchgespielt wird. Mit Hilfe solcher Sensitivitätsanalysen können in der Regel wenigstens einige gravierende Fehlsteuerungen vermieden werden. Das Verfahren bedarf grundsätzlich langer Einführungs- und Erprobungszeiten ehe mit den ausgewählten Variablen wirklich gesteuert, d.h. entsprechende Anreize für ihre Einhaltung oder Vermeidung sinnvoll gesetzt werden können.

Ein umgeschriebenes aber nicht unrealistisches Beispiel für staatliche Indikatorvorschläge:

»Die Universitäten müssen mit Abschlägen von zwei Prozent pro Jahr in den Folgejahren rechnen, wenn sie bis zum Jahre X nicht wenigstens fünfzig Prozent ihrer Studiengänge auf Baccalaureats- und Masterabschlüsse umgestellt haben. Des weiteren erhalten die Universitäten in drei Jahren pro immatrikuliertem Erstsemesterstudenten einen Betrag von E €, pro Baccalaureatsabschluss B €, pro Magisterabschluss M €, pro Promotion P €, pro Habilitation H € … Bei einem durchschnittlichen Studienabschluss in einem Studiengang im Rahmen der Regelstudienzeit erhöht sich für alle Abschlüsse der €-Betrag pro Absolvent um Z Prozent. Die eingeworbenen Drittmittel werden mit D Prozent bezuschusst. Patente erhalten ebenfalls einen Zuschuss: Nachgewiesene Entwicklungskosten können bis zu fünfzig Prozent erstattet werden. (Eine Höchstgrenze, die für die einzelnen Disziplinen differenziert sein muss, regelt eine noch zu erstellende Verordnung.) …«

Noch ein Beispiel:

Wie hilflos derzeitig mancher Leiter einer Bildungseinrichtung Entwicklungen gegenüber steht, die Flexibilität und Leistungsorientierung erfordern würden, zeigt der folgende Fall. In einer staatlichen Bildungseinrichtung sind die Budgetmittel nicht mehr ausreichend für den bisherigen Betrieb. Daraufhin erlässt der Leiter einen Einstellungsstopp. Als dies nicht ausreicht, werden sämtliche freiwerdenden Stellen eingezogen. Diese Maßnahme ist einfach, führt jedoch wegen des Rasenmäherprinzips und wegen ihrer mangelnden Leistungsorientierung zum Beispiel an Instituten, an denen erfolgreich Nachwuchsförderung betrieben wird und denen die qualifizierten Nachwuchsleute wegberufen werden, was ja eigentlich erwünscht wäre, zur Bestrafung und zum Austrocknen des Instituts. Gleichzeitig verweigert der Leiter hinreichende Informationen über externe Beteiligungen und entsprechende Folgekosten für die Bildungseinrichtung, d.h. er subventioniert möglicherweise mit Geldern, die für das Kerngeschäft bestimmt sind, andere Aktivitäten, die zwar wünschenswert sein können, aber nicht erste Priorität verdienen.

Die immunisierende Ausrede: »Das ist strategisch zu sehen und deshalb anders zu werten.« Jenseits dieser Wertungen liegen Verknüpfungen, die sich etwa aus Zahlungen der externen »Satelliten« an Mitglieder der Bildungseinrichtung (z.B. für Beiratsmitgliedschaften) oder aus »Gegengeschäften« ergeben, deren Hauptnutznießer nicht die Bildungseinrichtung selbst ist (z.B. Rechnungsvorauszahlungen an Reinigungsfirmen für die nächsten drei Jahre; undurchschaubare Geschäfte bei der Aufstellung von Kaffeeautomaten).

Glauben Sie dass bei richtig positioniertem Controllingservice dies auf Dauer durchgehen würde? Ich glaube es nicht.

Unmittelbar deutlich wird die beabsichtige Anreizwirkung in beiden Beispielen, wenngleich das nicht gleichermaßen erwünscht sein muss. Zugleich wird deutlich, dass nahezu alle Anreizsysteme nicht vor Fehlanreizen sicher sind. Die Setzung von Standards weckt auch Begehrlichkeiten, die ohne diese Setzung nicht virulent geworden wären. Auch dazu noch ein Beispiel im nächsten Kasten.

In einer Fakultät wurden Reisekosten im Rahmen des Budgets auf Antrag vergeben. In den letzten Jahren waren dazu hinreichende Mittel vorhanden. Irgendwie kam der Wunsch auf, weniger anlassbezogen und planungssicher vorzugehen. Aufgrund der Erfahrungen der letzten Jahre wurde bestimmt, dass – unter der Annahme, es würden maximal 50% der Mitglieder Reisekosten zu Tagungen, Vorträgen, Weiterbildung etc. beantragen – pro Person und Jahr € 1.100,– zu Verfügung stehen sollten. Das Ergebnis war, dass die Reisetätigkeit der Fakultätsmitglieder zunahm, weil viele »ihr« Budget ausschöpfen wollten. Außerdem kam es zu Versuchen, nicht persönlich ausgeschöpfte Mittel an andere zu verkaufen. Dass damit eine Spirale der persönlich zugemessenen Summe für Dienstreisen nach unten in Gang gesetzt wurde, ist nur zu verständlich. Nach zwei Jahren stand des Reisekostenbudget pro Person und Jahr bei € 650,–.

Kleine Nachdenkpause und eine etwas größere Aufgabe

- *Versuchen Sie – möglichst mit anderen Interessierten zusammen – eine Formel zu entwickeln, welche die Verteilung des Gesamtbudgets eines Jahres auf die Teileinheiten Ihrer Einrichtung gewährleisten soll. [Lesen Sie erst weiter, wenn Sie diese Aufgabe bearbeitet haben!]*

»Was lässt sich überhaupt verteilen, und was ist zumindest in Jahresfrist nicht disponibel?« sind Fragen, die man bei der Kreierung solcher Formeln stellen kann. Weitere Fragen wären zum Beispiel: Ist der Anteil der zur verteilenden Mittel, der auf die einzelnen Variablen der Formel entfällt, überhaupt relevant? Welche Variablen/ Indikatoren werden für längere Zeit unverändert bleiben können? Welche Differenzierungen kommen in der Formel nicht vor? Führt etwa die Formel zu einer neuen Gieskanne, so dass die Entwicklung innovativer Lehrangebote unterbleibt?

Über *Zielvereinbarungen/Leistungsvereinbarungen* kann und soll gesteuert werden. Staat, Stiftungen oder andere Eigentümer und Bildungseinrichtungen handeln als prinzipiell gleichberechtigte Partner (soweit Gleichberechtigung möglich ist, wenn einer das Geld hat und der andere es braucht) einen Kontrakt über die gedachte Entwicklung und die zu erreichenden Ziele aus. Bei den Verhandlungen spielen Soll-Werte für Indikatoren und/oder andere Zielvorstellungen eine entscheidende Rolle. Die Mittelvergabe erfolgt jeweils für den Einzelfall, also für jede Bildungseinrichtung getrennt und nicht automatisch, wie bei der Indikatorsteuerung.

Die Leistungsverträge, die grundsätzlich Sollvorstellungen formulieren, sind vom Controlling planend vorzubereiten und nach Abschluss entsprechend zu begleiten. Die TU München legt in Leistungsverträgen beispielsweise die folgenden Punkte fest und begleitet sie durch Controlling:

- Der Zweck des Leistungsvertrages,
- der Gegenstand der Vereinbarung,
- die Pflichten der Partner,
- die Verfahren der Evaluierung (einschließlich der qualitativen und quantitativen Messkriterien),
- die Vorgehensweise bei Leistungsstörungen,
- die Vertragsdauer.

Offen bleibt, inwieweit formelmäßig Unterstützung gesucht und entwickelt wird und inwieweit ein »reiner« Verhandlungsprozess angestrebt wird. In der Praxis wird sich das einspielen.

Controlling kommt bei allen genannten Verfahren eine bedeutsame Rolle zu. In jedem Fall können die Verfahren des Controlling zur Überprüfung bzw. Analyse der ermittelten Werte eingesetzt werden. Darüber hinaus wäre es Aufgabe des Controlling, die Grundvoraussetzungen des Einsatzes der Verfahren zu klären und gegebenenfalls ihre Sinnhaftigkeit zu thematisieren.

Bei der Globalzuweisung (Kontextsteuerung) an die Institution wird zumindest intern eine Budgetierung zu erfolgen haben, aus der sich bei entsprechender Abweichungsanalyse im Laufe der festzulegenden Zeit erkennen lässt, welche Engpässe entstanden sind, welche internen Zielsetzungen wie erreicht wurden, was für das Globalbudget bzw. seine Beantragung daraus für Schlüsse gezogen und Argumente entwickelt werden können. Die starre Indikatorsteuerung vernachlässigt oder übersieht unter Umständen Entwicklungen, die in den Indikatoren nicht enthalten sind. Auch werden sich die Gewichtungen der Indikatoren/Variablen im Zeitablauf immer wieder ändern müssen. Große Widerstände sind zu erwarten, weil bestehende Teileinrichtungen sich selbst grundsätzlich als auf Dauer eingerichtet sehen. Solche Widerstände vermindern sich, wenn mit Budgetveränderungen auch inhaltliche und organisatorische Alternativen aufgezeigt werden können. Starres Festhalten an Zielvereinbarungen und/oder Plänen kann zur Inflexibilität führen. Gern werden bei Widerständen gegen Veränderungen Pläne als Waffe eingesetzt: »Wieso haben wir denn einen Plan, wenn schon wieder alles anders werden soll?!« Eine Gefahr ist auch, dass gerade Fächer oder Angebote unter den Tisch fallen, die nicht unmittelbar mit verwertbarer Leistung und entsprechenden Indikatoren zu verbinden sind. In einigen Einrichtungen zeigt sich beispielsweise fatal eine starke Tendenz zur Reduzierung des geisteswissenschaftlichen Diskurses, etwa zugunsten von Informatik oder von Naturwissenschaften. Methödchen werden die Absolventen schon noch lernen, aber nicht mehr die HUGO GAUDIGSCHE Methode. Die Reflexion des eigenen Tuns wird so vielfach relativ kurzfristiger, aber mitunter auch gefährlich kurzsichtiger technokratischer Nutzung geopfert.

Für alle Formen der Steuerung gilt, dass sie nicht abschließend »designed« werden können. Entsprechend der Empfehlung »Beginne hemdsärmelig, aber beginne!« werden einige Runden der Entwicklung und Erfahrungssammlung notwendig sein. In der Industrie gilt ein Zeitraum von vier bis fünf Jahren für eine nachhaltige Einführung von »Management by Objectives« als eine gute Zeitspanne.

Für das Steuerungsmodell »Zielvereinbarung mit Ergänzung durch Indikator-Anreizmodell« hat FRANK ZIEGELE (Literaturangabe s. oben) ein lesenswertes Modelldesign vorgeschlagen, das er in Form von sechs Gestaltungsaufgaben entwickelt:

1. Raster/Formular für Zielvereinbarungen gestalten.
2. Einzubeziehende Zielebenen (Organisationsebenen) bestimmen.
3. Grad der Quantifizierung festlegen und Messansätze finden.
4. Prozessablauf und Phasen festlegen.

5. Initiativrechte zwischen den Kontraktparteien festlegen.
6. Formelmodell konzipieren, das zum Vereinbarungsmodell passt.

Diskussionsanregungen zu Leistungscontrolling

Wie könnte bei den zu erbringenden Leistungen in einer Bildungseinrichtung Qualität gesichert werden, wenn die Leistung nicht streng zu quantifizieren ist? Oder ist es eine Paradoxie, Qualität zu quantifizieren?

Pirsig erzählt in seinem wunderbaren Buch über Qualität mit dem Titel „Zen oder die Kunst ein Motorrad zu warten" von einem Lehrer, der über Qualität nachdenkt. Als seine Schülerinnen und Schüler meinen, man könne Qualität nicht definieren, lässt er sie einen Aufsatz schreiben. Von diesen Aufsätzen liest er einen sehr guten und einen schlechten vor. Danach fragt er die Klassenmitglieder, welcher der bessere Aufsatz sei. Nur zwei zeigen bei dem schlechteren auf. „Seht ihr," sagt der Lehrer, „nun habt ihr doch Qualität erkannt." Ist das wirklich so einfach?

4.2.4 Kennzahlen im Controlling

Wie wir wissen, geht es beim Controlling immer um Vergleiche, z.B. zwischen einem Ziel und dem jeweils aktuellen Stand der Dinge. Die Ziele sollen möglichst präzise beschrieben sein. Das führt wegen der allgemeinen Überschätzung der Zahl in unserer Gesellschaft (Roland Barthes nennt das an einer Stelle »Kleinbürgerliche Mythologie«) dazu, dass vor allem quantitative Zielgrößen gesucht werden. Als besonders informativ werden Zielgrößen oder Indikatoren angesehen, die auf kleine Änderungen mit großem »Zeigerausschlag« reagieren. Das führt zur Bildung von Kennzahlen.

Eine Kennzahl ist eine fragebezogene Zahl mit besonderem Informationsgehalt. Sie wird häufig als Relativzahl gebildet, für deren Zähler und Nenner die Zahlen zweier unterschiedlicher Entwicklungen gewählt werden, die aber in einem gemeinsamen Kontext relevant sind. Beispielsweise werden das Eigenkapital und das Fremdkapital in vielen Institutionen gegenläufige Entwicklungen durchmachen. Mit der Zunahme des Eigenkapitals nimmt das Fremdkapital ab – oder umgekehrt. Setzt man beide Entwicklungen in eine Relation, so »reagiert« aufgrund der beiden Entwicklungen die Kennzahl *Eigenkapital : Fremdkapital* stärker als jede einzelne Entwicklung für sich.

Seit alters her prüfen beispielsweise Banken die Relation zwischen Eigenkapital und Fremdkapital, die sich aus der Bilanz ergibt. Die Hoffnung ist, dass etwa ein hoher Eigenkapitalanteil das Illiquiditätsrisiko mindert und/oder eine größere Sicherheit für die Rückzahlung der überlassenen Kredite bildet. Analytisch lässt sich das nicht begründen. Wenn aber eine Bank ein bestimmtes Verhältnis von Eigenkapital und Fremdkapital als Voraussetzung für eine Kreditvergabe fordert, wird die kreditnachsuchende Organisation diese Forderung erfüllen müssen, da die Bank vermutlich die mächtigere Position inne hat. Die Bank gibt mit der Kennzahl eine Spielregel vor. Wird die Spielregel des Mächtigeren nicht eingehalten, gibt es keinen Kredit, die Organisation kann den denkbaren Erfolg nicht vorfinanzieren und bricht zusammen. Selffulfilling Prophecy. Nicht die Organisation hat den Crash verursacht, sondern das starre Festhalten an einer bestimmten Ausprägung einer Kennzahl.

Die Aussagefähigkeit von Kennzahlen steigt, wenn nicht nur die Zahl gebildet wird, sondern wenn man Zeitreihen dieser Kennzahl und ihrer Ursprungszahlen bildet, im obigen Beispiel also über mehrere Jahre das besagte Verhältnis aufzeichnet. Für solche Reihen gilt, dass sie Trends, also in etwa gleichförmige Entwicklungen im Zeitablauf erkennen und gedanklich fortsetzen lassen, was für Prognosen benutzt wird. Nicht im Voraus erkennen lassen sich freilich »Brüche« in der Entwicklung, was Trendprognosen problematisch macht. Aber auch das nachträgliche Erkennen von Brüchen regt zur Analyse an. Nicht nur Geologen wissen: Bruchstellen sind Fundstellen!

Andererseits muss einem klar sein, dass Kennzahlen über so abstrakte Größen wie Zahlungsströme, Kosten, Umsätze usw., die ja inhaltlich zunächst nichts sagen, da sie beispielsweise Mengen- und (Geld-)Wert-Größen enthalten, gerade wegen dieser Abstraktheit beliebt sind. Wert haben sie in der Regel wegen bestehender Konventionen und als Heuristik. Bei Kennzahlen über Qualität und Leistung ist das noch radikaler zu sehen. Zahlen sagen da wenig bis nichts, wenn nicht ausführlich über die konkreten Inhalte gesprochen wird. So wird es beispielsweise wenig sinnvoll sein, die Qualität von Bewerbern für eine Dozentenstelle dadurch zu ermitteln, dass man (das wurde in einer Berufungskommission wirklich vorgeschlagen!) – ohne sie zu lesen! – die Seiten zählt, die sie in irgendwelchen, durchaus auch hoch bewerteten Journals veröffentlicht haben. Ohne die inhaltliche Bewertung der Veröffentlichungen, die ohne Lektüre nun einmal nicht möglich ist, ohne die Betrachtung der möglichen Verbindung mit einem Forschungsschwerpunkt, die soziale Kompetenz usw. ist ein Qualitätsurteil sinnvoll nicht möglich. Der Ausdruck der Qualität ist bei solchen vieldimensionalen und zum Teil interdependenten Kriterien kaum durch eine Kennzahl zu leisten. Aber Controlling muss schließlich auch nicht immer nur Zahlen vergleichen. Vergleichbar sind auch verbal vorgebrachte, nicht quantifizierbare Argumente, wenngleich diese Vergleiche nicht die Scheingenauigkeit von Zahlen haben.

Durch zwei weitere Beispiele beliebter Kennzahlen, die in der Öffentlichkeit bzw. der Hochschulöffentlichkeit gern benutzt werden, möchte ich wenigstens andeuten, welche Fehlurteile durch scheinbar eindeutige quantitative (aber natürlich auch verbale) Informationen möglich sind.

Immer wieder einmal kann man in der Presse Statistiken über die durchschnittliche Studiendauer in einzelnen Fächern lesen. In der Regel ist diese Dauer nach Ansicht der Zitierenden zu hoch, und so knausern sie dann auch nicht mit ganz einfachen Verbesserungsvorschlägen. Nun ist die Durchschnittsbildung leider eine sehr abstrakte Angelegenheit und eine grandiose Informationsvernichtungsmaschine. Der Durchschnitt sagt nämlich nichts über die Ursachen aus und auch nichts über die konkrete Verteilung der Grundgesamtheit. Bei kleinen Grundgesamtheiten etwa beeinflusst bereits ein starker »Ausreißer« den Durchschnitt erheblich und verzerrt damit das Bild und die Sicht.

Wird durch Bildungswerbung der Anteil derjenigen in Weiterbildungs-einrichtungen gefördert, die aus einkommensschwachen Familien kommen, so dass die Studierenden Teilzeitjobs annehmen müssen und nur Teilzeitstudenten sind, verlängert das die Studiendauer und erhöht den entsprechenden Durch-schnitt. Sind Auslandsaufenthalte erwünscht und werden sie angeregt, kann auch das die Studiendauer erhöhen. Ebenfalls erhöht wird die Studiendauer, wenn die Bildungseinrichtung nicht in der Lage ist, eine geeignete Koordination der Lehrver-anstaltungen und Prüfungstermine vorzunehmen. Empirische Untersuchungen haben gezeigt, dass allein diese und ähnliche Koordinationsmängel der Fakultäten, die nichts mit dem Fleiß und der Energie zu tun haben, die Studierende in ihr Studium stecken, bis zu siebzig Prozent der studienverlängernden Faktoren aus-machen. Gerade dieser Befund stimmt in Zeiten gewaltigster Sparmaßnahmen im Bildungsbereich besonders bedenklich.

Wollen Sie im Controlling etwas über Studienkarrieren erfahren, ist es sicher-lich zweckmäßiger und zielführender – wenngleich leider mühsamer –, Längs-schnittanalysen durchzuführen, d.h. einen Studierendenjahrgang (also alle einzel-nen Studierenden oder eine Stichprobe) während des gesamten Studiums zu begleiten, um dessen Studienkarrieren herauszufinden zu versuchen.

Das zweite Beispiel ist die Kennzahlenbildung über Veröffentlichungen. Wer einmal gründlich in Veröffentlichungsindices hineingeschaut hat, wird ihren Wert nicht mehr überschätzen. Zu deutlich zeichnen sich Lob-, Preis- und Zitierkartelle ab, die die entsprechenden formalen Bewertungen nach oben treiben. Unbestritten spricht es für einen Forscher oder ein Forschungskollektiv, wenn ihre Veröffent-lichungen in den renommiertesten internationalen wissenschaftlichen Journalen erscheinen, zitiert und gewürdigt werden. Aber wie soll ein sinnvoller Vergleich gezogen werden, wenn eine Forschungsgruppe beispielsweise auf besonders inten-sive Weise dem Auftrag des Gesetzes nachkommt, der die Verbindung mit und die wissenschaftliche Förderung und Unterstützung der Region verlangt, in dem die Einrichtung angesiedelt ist? Diese Forscherinnen und Forscher werden vielleicht in vielen regionalen Publikationen zu finden sein, mit ihren Gedanken und An-regungen in Vorlagen der politischen Parteien aufscheinen, auf Hearings auftreten und eine rege Gutachtertätigkeit aufweisen, alles Aktivitäten, die in keiner inter-nationalen Indexbildung eine Rolle spielen. Juristen behaupten ebenfalls gern, dass ihre Studiengänge und Forschungen international nicht vergleichbar wären, weil sie sich jeweils auf Landesrecht bezögen. Ein etwas zu durchsichtiges Schein-argument?

Sie sehen, es ist relativ einfach, die Zweischneidigkeit vereinfachender Kenn-zahlen zu illustrieren. Besteht eine derartige Gefahr der Missweisung, gilt, was ich schon mehrfach betont habe: Nicht das Abschaffen, Unterlassen oder Ignorieren entsprechender Vergleiche ist die Lösung, sondern nur das akribische Vergleichen. Unterschiede und Differenzen, manchmal auch Übereinstimmungen, sind die Quelle von Erkenntnissen! Sie dürfen nur nicht mit der aus ihnen zu gewinnenden Erkenntnis verwechselt werden.

BINDER und ENGL [a.a.O., S. 389-391] nennen zahlreiche Beispiele von Kennzahlen, die für Bildungseinrichtungen relevant sein können:

- Zahl der Studierenden: Studierende verursachen Aufwand in der Form von Personalaufwand, Aufwand für Räume, Lehrmittel, ggf. experimentelle Ausstattung. Dieser Aufwand hängt wesentlich von der betrachteten Studienrichtung ab. Karteileichen werden bei diesem Indikator mitgezählt.
- Zahl der Studierenden in der Regelstudienzeit: Inskribierte (immatrikulierte), die langsamer oder überhaupt nicht studieren, verursachen pro Jahr niedrigere Kosten als aktive Studierende. Die Zählung von Studierenden nur in der Regelstudienzeit berücksichtigt dies. Nichtsdestoweniger werden inaktive Studierende für die Dauer der Regelstudienzeit mitgezählt.
- Zahl der Absolventen: Dieser Indikator zählt nur den Output im Bereich Lehre. Die Daten sind nicht manipulierbar.
- Zahl der Absolventen plus Zahl der Studienabbrecher mal einem Faktor < 1: Auch Studienabbrecher verursachen Aufwände. Delikat: Ab wann gilt ein Student als Studienabbrecher? [Inzwischen ist freilich bekannt, dass es auch sehr erfolgreiche Abbrecher gibt.]
- Zahl der Studienanfänger oder der Studierenden in den ersten zwei (oder vier) Semestern: Ein solcher Indikator reagiert schneller auf Änderungen in der Studienlandschaft als die Absolventenzahl.
- Zahl der angebotenen Veranstaltungen (mit Gewichtungen je nach der Veranstaltungsgröße): Indikator für Lehrbelastung.
- Zahl der abgelegten Prüfungen (mit Gewichten je nach Umfang der Prüfung): Indikator für Prüfungs- und Lehrbelastung.
- Zahl der (besetzten) Studienplätze: nur in Ländern anwendbar, in denen es einen Konsens bzw. ein Gesetz zur Ermittlung der Studienplätze gibt.
- Zahl der Wissenschaftlerstellen (Professoren und Mitarbeiter evt. mit unterschiedlichen Gewichten): Da die Personalkosten einen hohen Anteil am Gesamtbudget einer Universität ausmachen, stellt dieser Indikator einen ganz wesentlichen Bedarfsindikator dar.
- Zahl der Forschungseinheiten (z.B. Professuren, Graduiertenkollegs, Sonderforschungsbereiche): teilweise durch Zahl der Wissenschaftlerstellen abgedeckt. Zahl der Institute hat nach unserer Ansicht wenig Aussagekraft.
- Zahl der Promotionsstudierenden.
- Zahl der Promotionen plus Zahl der Abbrecher während des Doktoratsstudiums mal einem Faktor < 1.
- Zahl der Habilitationen.
- Zahl der Absolventen pro Lehrkraft: unklar, ob ein hoher Wert günstig (Indiz für Effizienz) oder ungünstig (schlechtes Betreuungsverhältnis; »billige« Noten) ist.
- Abschluss-/Prüfungsnoten, Ergebnisse von Tests bei Studierenden: soll Qualität der Lehre messen. Hohe Manipulierbarkeit.
- Zahl der Bewerber pro Studienplatz: in Österreich nicht anwendbar.
- Beschäftigungschancen der Absolventen (gemessen in Beschäftigungsquoten im bestimmten zeitlichen Abstand nach dem Examen, durchschnittliche Wartezeit

nach Studienabschluss bis zur ersten Beschäftigung): Daten wahrscheinlich schwierig zu ermitteln.

- Durchschnittseinkommen der Absolventen nach x Jahren: Datenerhebung sehr aufwändig. Misst den Wert eines Studiums rein kommerziell. Berücksichtigt nicht unterschiedliche Lebensverdienstkurven in verschiedenen Fachrichtungen.
- Zahl der Dropouts in Relation zu allen Studierenden: Soll Studienabbruch reduzieren. Zählen auch diejenigen Studierenden als Abbrecher, die zwei oder mehr Studien inskribieren, aber nur eines abschließen (etwa: BWL – Handelswissenschaften).
- Betreuungsrelationen (Zahl der Studierenden pro Lehrkraft): Soll ein hoher Wert belohnt oder bestraft werden?
- Kosten pro Studierenden: Als Mittel zur Kostensenkung ist nur ein Vergleich verwandter Studienrichtungen zulässig. Aber wer errechnet beispielsweise die Zuschlagsätze für die Ministerialbürokratie?!
- Studierendenfragebögen zur Beurteilung von Lehrveranstaltungen: Daten sind nicht durch objektive, messbare Zahlen zu erheben und unterliegen während der Erhebung der Möglichkeit der Manipulation.
- Zahl der Studierenden in der Regelstudienzeit in Relation zu allen Studierenden.
- Zahl der Absolventen mit Gewichtung gemäß der Studiendauer.
- Höhe der eingeworbenen Drittmittel pro Forscher.
- Zahl der Promotionen pro Professor.
- Zahl spezieller Arten von Forschungsoutputs pro Forscher (vor allem Patente, Veröffentlichungen, Herausgeberschaften, Vorträge).
- Zahl der Honorierungen für Forschungsleistungen (vor allem Preise, Stipendien, Rufe, Mitgliedschaft in Beratergremien).
- Zahl der Veröffentlichungen und Zitationen (mit bibliometrischen Verfahren zur Qualitätsmessung aufbereitet, z.B. Gewichte für bestimmte Publikationsquellen) pro Wissenschaftler: in dieser differenzierten Betrachtungsweise schwierig zu erheben; bevorzugt Mainstream-Forschungseinrichtungen.
- Zahl der internationalen Forschungskooperationen (kommen an beliebten Standorten leichter zustande als an weniger »schönen«. »Warum sollte ich nach Witten kommen, wenn ich im Sommer in Kanada und im Winter in Paris sein kann? Kommen Sie lieber zu mir«, sagte mir einst ein berühmter Kollege für Strategisches Management).
- Einrichtung international begutachteter, hochkarätiger Einrichtungen wie Spezialforschungsbereiche, Forschungsschwerpunkte, Spezial-Laboratorien, Kompetenzzentren.
- Internationale Evaluierung von Fachbereichen.
- Länger dauernde Forschungsaufenthalte von Wissenschaftlern im Ausland, gemessen in Personenmonaten.
- Auslandsaufenthalte von Studierenden im Rahmen von Austauschprogrammen wie ERASMUS, SOCRATES u. dgl. (Personenmonate).

- Aufenthalte von ausländischen Studierenden an der betrachteten Universität im Rahmen von Austauschprogrammen wie ERASMUS, SOCRATES u. dgl. (Personenmonate).
- Inventarisiertes Anlagevermögen: Aufgrund der Folgekosten (Wartung, Ersatzbedarf) stellen die inventarisierten Anlagen (Geräte, aber auch Lizenzen) einen wesentlichen Bedarfsindikator dar.
- Frauenanteile an den Studienanfängern, Absolventen, wissenschaftlichem Personal und Professoren.

Diese Beispiele lassen sich nahezu beliebig vermehren, wenn Informationen zu bestimmten Fragestellungen gesucht werden:

- Zahl der prüfungsaktiven Studierenden (= Studierende, die eine, zwei oder mehr Prüfungen pro Semester ablegen).
- Zahl der Einsprüche gegen Verwaltungsentscheidungen.
- Zahl der (erfolgreichen) Einsprüche gegen Prüfungsergebnisse oder -verfahren
- Beschwerden von Studierenden und Dozenten.
- Inskribierte/immatrikulierte Studierende einer Fakultät: durchschnittliche Absolventenzahl pro Jahr.

Fragen zum Nachdenken

Prüfen Sie selbst, welche Kennzahlen in Ihrer Einrichtung verwendet werden. Woran könnte man sinnvoll Ihre Leistung messen oder wonach und wie bewerten? Wie wird bei Ihrer Einrichtung Qualität angesteuert und gesichert?

Wer will bei den oben zitierten oder bei den von Ihnen genannten Kennzahlen das relative Gewicht untereinander bestimmen? Es leuchtet unmittelbar ein, dass sich Verfahren vereinfachen lassen, wenn man nicht eine Vielzahl dieser Kennzahlen benutzt. Die Gefahren der Missweisung freilich bleiben. Es sind die Gefahren, die jede Landkarte in sich birgt. Sie zeigt eine Vereinfachung, z.B. nicht dennoch wichtige oder interessante Details, die Schleichwege der Einheimischen, und – mit zunehmendem Alter der Karte – entsteht immer mehr das, was Verfahren häufig auszeichnet: Man kann sich mit Verfahren verfahren, wenn das Verfahren (die Karte) nicht mehr aktuell ist. Aber deswegen wollten wir alle nicht unbedingt ohne Landkarte in unbekannte Gegenden fahren oder wegen gelegentlich bösartig verdrehter Wegweise auf diese ganz verzichten.

Diskussionsanregung zu „Kennzahlen"

Sehen Sie sich mit anderen bitte nochmals die Statistik der beiden Universitäten in Kapitel 3.4 an.

Was lässt sich grob, was detailliert daraus schließen? Welche Informationslücken haben Sie wie geschlossen, welche Annahmen haben Sie und Ihre Mitdiskutanten warum getroffen als Sie Ihre Beurteilung bildeten ?

4.2.5 Die Portfolioanalyse

Eines der ältesten Instrumente strategischer Unternehmensplanung und dementsprechend auch des Controlling ist die Portfolioanalyse. In ihr werden zwei Dimensionen einer Matrix kombiniert und betrachtet: das Marktwachstum und der relative Marktanteil. Die Betrachtung ist relativ allgemein, unterscheidet man in dem ursprünglichen Entwurf doch nur zwischen »hoch« und »niedrig« beim Wachstum und einem niedrigen relativen Marktanteil (0,1-1) sowie einem hohen relativen Marktanteil zwischen 1 – 10 (oder mehr). Mit dem relativen Marktanteil ist eine Relation gemeint, die sich ergibt, wenn man den eigenen Marktanteil durch den Marktanteil des schärfsten Konkurrenten dividiert. Beispiel: eigener Marktanteil 20 %, Marktanteil des stärksten Wettbewerbers 30 %, relativer eigner Marktanteil 20:30=0,66 (also niedrig). Ein relativer eigener Marktanteil von 4 bedeutet, dass ich viermal so viel Marktanteil habe wie der stärkste Konkurrent. Ohne es beweisen zu können, gilt ein relativer Marktanteil von 4 als eine ziemliche Hochburg, wobei natürlich zu beachten ist, ob er an einem relativ fragmentierten Markt zustande kommt (2:0,5) oder an einem eher oligopolistischen Markt mit vier oder fünf Anbietern (z.B. 50:12,5). Es gibt die Behauptung, dass sich viele oligopolistische Märkte unter einem Marktführer (50 % Marktanteil) mit einem noch relativ starken Wettbewerber (25 %) und zwei Randanbietern (je 12,5 %) arrangieren.

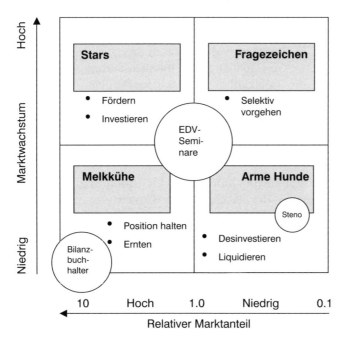

Abbildung 14:
Portfoliomatrix [in Anlehnung an HORVÁTH, 1994, S. 393]

- Entscheidend ist bei der Betrachtung des relativen Marktanteils, wie der Markt definiert wird und ob diese Definition wirklich eine klare Abgrenzung zu anderen Märkten bietet. Ein relativ sicher geglaubter regionaler Markt kann unter Umständen rasch von einem viel größeren Anbieter auf einem bisher vom eigenen Angebot nicht berührten Markt aufgerollt werden. Im Bereich der Bildungsinstitutionen liegt ein ziemlich unübersichtlicher Markt vor, nicht zuletzt auch deshalb, weil die Angebote rasch wechseln können und häufig nicht vergleichbar sind.

Beispielsweise zeigt sich in vielen osteuropäischen Ländern der Europäischen Union oder entsprechenden Beitrittskandidaten, dass der erwartete boomende Weiterbildungsmarkt sich sehr spezifisch entwickelt. Zum einen sind die großen, nicht zuletzt die großen amerikanischen Bildungseinrichtungen mit ihrem kapitalkräftigen Hintergrund und dem Image, dass sie wüssten wie es geht, schon da und bilden für kleinere Anbieter, die vielleicht sogar näheren Landesbezug hätten, aber nicht die Kapitalkraft, eine gegenwärtig kaum zu überwindende Hürde. Zum anderen wollen sich diese Länder (noch?) gar nicht ausländischem Denken aussetzen, weil viele meinen, dass sie die Umstellung selbst schaffen.

Abbildung 14 zeigt ein einfaches Beispiel eines Vier-Felder-Portfolios. Das kann für verschiedene Produkte in unterschiedlichen Ländern zu unterschiedlichen Zeiten usw. aufgestellt werden. Differenziertere Portfolios, mitunter auch nur marketingbedingte Erweiterungen der Felder, haben auch 3x3 (9) oder 4x4 (16) oder 5x5 (25) Felder und andere Dimensionen. In die Abbildung eingetragen sind auch so genannte Normstrategien (z.B. fördern, Position halten, liquidieren). Sie geben eine ungefähre Vorstellung für erste Überlegungen, wenn man mit einem Produkt in dem entsprechenden Bereich liegt (z.B. investieren bei den Starprodukten und desinvestieren bei Produkten, die in ihrem Produktlebenszyklus am Ende sind). Die »Stars« (z.B. Kurs für Digitale Bildbearbeitung oder Wahrnehmungsmanagement) und die »Melkkühe« (Maschinenschreiben oder Bilanzbuchhaltung und Einführungen in Software-Büroprogramme) sind auch unter Finanzgesichtspunkten interessant: Sie sind die Cash-Flow-Bringer, während die »Fragezeichen« (Excel für die Haushaltsplanung oder Fremdsprachen der EU) und die »Armen Hunde« (Stenographie) eher Cashflow fressen, wenn sie nicht abgesagt werden können.

Betrachten Sie einzelne Produkte im Rahmen der Portfoliomatrix, so lassen sich beispielsweise Umsatzanteile der Produkte am Gesamtumsatz durch die Größe der Kreise ausdrücken, mit der sie zur Markierung der Produkte in der Matrix verwendet werden.

Diskussionsanregung zu „Portfolioanalyse"

Entwickeln Sie mit Kolleginnen und Kollegen eine Portfoliomatrix, ordnen Sie die Kurse Ihrer Einrichtung gemeinsam zu und reflektieren Sie gemeinsam den Prozess, der dabei stattgefunden hat (möglichst mit externer Begleitung als Beobachter oder Beobachterin des Prozesses und als Moderatorin oder Moderater bei der Reflexion).

4.2.6 Die Stärken/Schwächen-Chancen/Risiko-Analyse

Die SWOT-Analyse ist einer der vielen Anglizismen in dieser »Branche«. Die einzelnen Buchstaben stehen für Strengths (z.B. einziger Anbieter eines MBA-Kurses für Educational Management), Weaknesses (z.B. verkehrstechnisch nicht günstig), Opportunities (z.B. Kooperationsmöglichkeiten mit ausländischen Dozentinnen und Dozenten), Threats (z.B. Wegfall öffentlicher Förderung und billige Nachahmer).

Strengths	Weaknesses
Wo liegen die eigenen Stärken?	Wo liegen die eigenen Schwächen?
Opportunities	**Threats**
Wo entstehen künftige Chancen?	Wo entstehen künftige Risiken?

Abbildung 15:
Die SWOT-Analyse

Dieses Instrument (vgl. Abbildung 15) dient in erster Linie zur Situationsanalyse sowie als Unterstützung für die Entwicklung kreativer strategischer Maßnahmen. Ist eine Bildungseinrichtung beispielsweise mit einem Angebot nicht mehr erfolgreich, stellt sich die Frage einer Neubewertung von Markt, Umsatzentwicklung, Wettbewerbern, potenziellen Kunden, sinnvollen neuen Produkten, der Qualität der Mitarbeiterinnen und Mitarbeiter unter neuen Bedingungen des Marktes usw. Verschiedene Autoren rechnen die SWOT-Analyse zu den Instrumenten des strategischen Controlling, in Abgrenzung zum operativen Controlling, bei dem Aufwand und Ertrag bzw. Kosten und Leistung im Vordergrund der Betrachtung stehen.
    Grundsatz strategischer Überlegungen kann beispielsweise sein:

Merksatz:
Die Stärken stärken und die Schwächen schwächen, Chancen prüfen, Risiken abschätzen.

Die Abschätzung der Risiken kann in mehreren *Szenarien* (alternativen Situations- und Handlungsentwürfen) versucht werden, die denkbare Entwicklungen aufzeigen und dazu führen, dass entsprechende Verstärkungs- oder Ausstiegsmarksteine gesetzt werden können.

Diskussionsanregung zu „SWOT-Analyse"

In manchen Organisationen wird nicht über Schwächen geredet. Das ist eine Schwäche und ein fatales Verhalten, da sich dies zu einer sich selbst verstärkenden Spirale nach unten entwickeln wird. Es scheint mir wichtig, darüber nachzudenken – allein oder mit anderen –, wie eine Organisation diesem Mangel an notwendiger Interaktion begegnen kann.

4.2.7 Die Potenzialanalyse und Benchmarking

Sehr ähnlich der SWOT-Analyse sind die Potenzialanalyse und das Benchmarking. Sie werden benutzt, um anhand wichtiger Wettbewerbskriterien Vergleiche mit Konkurrenten anzustellen und die für den Wettbewerbserfolg maßgeblichen Faktoren zu identifizieren sowie zu entwickeln. Dabei kann das gesamte Unternehmen gemeint sein, eine Abteilung oder ein Produkt, einzelne Komponenten eines Produkts oder eine Produktgruppe. Controlling hat im strategischen Sinne für solche Analysen und innovative Betrachtungsweisen zu öffnen und zu kontrollieren, inwieweit das geschieht.

Abbildung 16 zeigt ein Beispiel. Die gewählten Vergleichsdimensionen werden für das eigene Unternehmen und für den Wettbewerber mit Gewichten versehen (1 = »sehr gut«; 5 = »sehr schlecht«). Ziel kann sein, bei den Kriterien, bei denen man schlechter liegt, beispielsweise im nächsten Jahr aufzuholen und die Differenz zum Verschwinden zu bringen. Denkbar ist auch, dass eine Soll-Linie vorgegeben wird, an der nach Ablauf einer vereinbarten Zeitspanne der Erfolg von Reorganisationsmaßnahmen oder anderen Aktivitäten gemessen werden soll. Sind die eigenen Vorteile erkannt, wird man natürlich auch hier aktiv werden und sie auszubauen oder zumindest zu halten versuchen.

Kriterien ▼ ►Bewertung	1	2	3	4	5
Marktstellung	o			o	
Learning Facilities		o		o	
Abhängigkeit von öffentlichen Haushalten	o		o		
Kursinnovationen	o		o		
Qualität		o	o		
Personalkompetenz		o	o		
Ehemalige			o		o
Angebotsvielfalt		o		o	
Kursgebühren		o	o		
Managementpotenzial		o	o		
Finanzkraft		o	o		
Wachstumsfähigkeit		o	o		

Abbildung 16:
Beispiel eines Stärken-Schwächen-Profils zweier Wettbewerber
[in Anlehnung an HORVÁTH, 1994., S. 385]

Als heranzuziehende Kriterien eigenen sich vor allem die Erfolgsfaktoren, bei denen kleine Änderungen zu großen positiven oder negativen Ausschlägen bezüglich des Gesamtergebnisses der Organisation führen (herausragende Werttreiber). Diese kritischen Erfolgsfaktoren sind natürlich von Organisation zu Organisation sehr verschieden und sind im konkreten Fall zu erkunden. Man kann sich dabei u.a. von der Wertschöpfungskette und ihren einzelnen Gliedern leiten lassen.

Werden entsprechende Kriterien systematischer erarbeitet und beobachtet, ist das schon ein *Frühwarnsystem*, das sich auch für das *Risikomanagement* eignet. Werden die öffentlichen Haushalte gekürzt und geht die Konjunktur zurück, bangen beispielsweise viele Weiterbildungsanbieter um Subventionen und von Firmen oder anderen Organisationen geförderte Kursteilnehmer.

Ein Beispiel für eine *Wertschöpfungskette* wäre etwa: Konzepterstellung für eine Unterrichtseinheit, Erarbeitung der Unterrichtsunterlagen, Erstellung und Layout der Begleitmaterialen, Druck, Auswahl Dozentinnen und Dozenten, Bewerbung des Kurses, Teilnehmerauswahl, Eröffnung, Veranstaltung, Lernunterstützung, Prüfungen, Abschlussfeier, Pressemitteilungen. Die Wertschöpfung in den einzelnen Schritten ergibt sich aus der Differenz zwischen Rohertrag der entsprechenden Stufenaktivität (abgegebene Güter- und Leistungswerte) abzüglich der von außen hereingekommenen Güter- und Leistungswerte (Vorleistungskosten).

Entscheidend ist, dass man selbst den Kontakt zum Kunden bzw. Klienten in der Hand behält, hier also die Veranstaltung selbst und die Prüfungen. Andere Teilbereiche der Wertschöpfung können ausgelagert bzw. an andere Personen oder Institutionen vergeben werden, wenn sie dort preiswerter zu bekommen sind, weil dann z.B. die eigenen Entwicklungskosten wegfallen. Typisch für Bildungseinrichtungen ist, dass sie selbst zum Beispiel nicht sehr viele fest angestellte Dozentinnen und Dozenten haben, sondern sie sich über gelegentliche Lehraufträge je nach Bedarf temporär hereinholen. Das kann aber auch mit der Buchhaltung (Übergabe an einen Steuerberater), der Öffentlichkeitsarbeit und/oder der Marktforschung so sein.

Diskussionsanregung zu „Potenzialanalyse und Benchmarking"

Benchmarking ist in den letzten Jahren als eines dieser neuen » Zauberwörter « der derzeitigen Managementsprache aufgekommen. In der Praxis ist es freilich nicht selten schwierig, gute Vergleichsmöglichkeiten zu finden. Darüber hinaus sind sie oft sehr aufwändig. Daher schlage ich eine andere Vorgehensweise vor. Benennen Sie eine Organisation, mit der Sie Ihre Einheit vergleichen wollen. Bitten Sie danach, ohne weitere Klärungen der Perspektiven oder Bestimmung der Vergleichskriterien, einige Kolleginnen und Kollegen um einen Vergleich. Jede/r nach ihrem/seinem Geschmack und Gefühl. Über die „Ergebnisse" lässt sich dann gemeinsam sprechen. Sie werden sich wundern wie viele Anregungen auf diese Weise gewonnen werden können.

4.2.8 Die Balanced Scorecard im Bildungsbereich

Unter den Instrumenten, die in den letzten Jahren von Beratern besonders empfohlen worden sind, befindet sich die Balanced Scorecard (BSC) an erster Stelle. Der Name leitet sich von der Scorecard ab, auf der beim Golfspielen die Leistungen verzeichnet werden. Entsprechend der achtzehn Löcher des Golfplatzes sollte auch die Balanced Scorecard bei Unternehmen und anderen Organisationen nicht wesentlich mehr als achtzehn Kennzahlen enthalten.

Die Balanced Scorecard ist ein Kennzahlensystem. Ihre Hauptmerkmale gegenüber anderen Kennzahlensystemen sind

- die »eingebauten« Entwicklungsgedanken (Jede Organisation entwickelt/entfaltet ihre eigene BSC, vielleicht auch einmal Hertha BSC Berlin),
- die Vorstellung, dass die BSC eine Art Vehikel darstellt, das einen Kreislauf in Gang setzt und in Gang hält, der in etwa die folgenden strategischen Schritte aufweist (die dem hier skizzierten Controllingprozess sehr ähnlich sind):
  - Klärung und Herunterbrechen von Vision und Strategie,
  - Kommunikation und Verknüpfung von strategischen Zielen und Maßnahmen,
  - Planung, Festlegung von Zielen und Abstimmung strategischer Initiativen,
  - Verbesserung von strategischem Feedback und organisationalem Lernen,
- die Berücksichtigung nicht quantifizierbarer Zielvorstellungen,
- die Ergänzung der finanziellen Kennzahlen vergangener Leistungen durch die treibenden Faktoren zukünftiger Leistungen,
- der Versuch, aus der Vision und der Strategie einer Institution informative Kennzahlen abzuleiten bzw. Kennzahlen abzuleiten und Beziehungen zu konstituieren, die eine das Gesamtziel fördernde Verknüpfung von Vision und Strategie mit vier entscheidenden Perspektiven der Institution sowie entsprechende Wirkung aufzeigen und zu steuern gestatten. Die vier Perspektiven (die im konkreten Fall angepasst und eventuell auf bis zu sechs erweitert werden können):
  - die finanzielle Perspektive,
  - die Kundenperspektive,
  - die Geschäftsprozessperspektive,
  - die Innovationsperspektive.

Auch die Balanced Scorecard ist kein Wunderwerk. Sie ist der gegenüber anderen Kennzahlensystemen etwas strukturiertere Versuch, Indikatoren nicht nur definitionslogisch, sondern inhaltlich zu verknüpfen. Rein definitionslogisch wäre die folgende Kennzahlenkaskade:

ROI = Kapitalumschlag x Umsatzrentabilität;
Kapitalumschlag = Umsatz : Gesamtkapital;
Umsatz = Menge x Preis;
Gesamtkapital = Eigenkapital + Fremdkapital;
Umsatzrentabilität = Gewinn : Umsatz;
Gewinn = Erträge ./. Aufwendungen; usw.

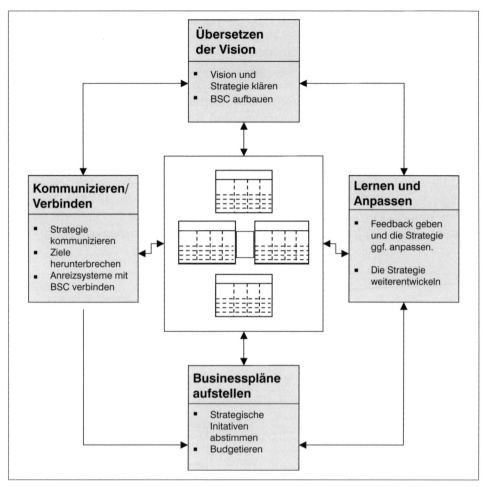

Abbildung 17:
Die Balanced Scorecard als strategischer Rahmenplan
[Quelle: Vgl. KAPLAN, ROBERT S./ NORTON, DAVID P., 1997, S. 9]

Diese Kaskade lässt sich nahezu beliebig fortsetzen. Ich habe bewusst nicht die übliche Pyramidendarstellung gewählt (meist Du-Pont-Kennzahlensystem genannt), weil sie zu sehr die Assoziation zu organisatorischen Hierarchien fördert, die mit dieser Definitionslogik nichts zu tun haben.

Als strategischen Handlungsrahmen (Abbildung 17) sehen Kaplan/Norton die Balanced Scorecard. Aber auch als Rahmen zur Umsetzung einer Strategie in operative Größen ist sie vorstellbar. Dabei geht es um Zusammenhangsvermutungen und/oder Zusammenhangsbestimmungen, die aus der Vielzahl denkbarer Zusammenhänge herausgegriffen und verwirklicht werden sollen.

Abbildung 17 deutet an, wie sich die Autoren die Verwendung der BSC als strategisches Managementsystem vorstellen. Gern wird an den Anfang strategischer Überlegungen ein Leitbild gestellt. Auch dieses gehört im Grunde parallel zu den strategischen und operativen Prozessen geführt und beachtet. Damit das geschieht, ist jedes Leitbild zweispaltig zu verfassen: Ein Spalte »Leitsätze«, eine Spalte »Leitfragen«. Die Leitfragen stellen gewissermaßen die Dynamisierung des Leitbildes sicher. Sie sind jederzeit von jedermann und -frau zu stellen, so dass immer konkret geprüft werden kann, ob aktuelle Entscheidungen dem Leitbild entsprechen. Ohne Leitfragen verschwinden Leitbilder in der Regel in den unteren Fächer der Schreibtische oder – gerahmt und hinter Glas (»nur nicht aus dem Rahmen fallen!«) – an den Wänden der Gänge in den Verwaltungsetagen. Im übrigen meine ich, dass Leitbilder auch wirklich Bilder sein sollten, vielleicht sogar solche, die man gemeinsam gemalt hat.

Abbildung 18 vermittelt einen sehr ungefähren Eindruck davon, wie Vision und Strategie in handhabbare, also verantwortbare und messbare Größen übersetzt werden können. Der »sehr ungefähre Eindruck« ist kein Zufall. Die nicht triviale Maschine »Organisation« und die nicht nur linearen Beziehungen in ihr sind geradezu der Ausgangspunkt der BSC.

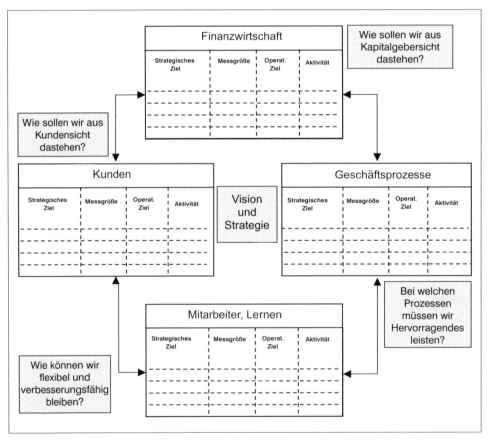

Abbildung 18:
Die Vermittlung von Vision, Strategie und operativen Prozessen
[Quelle: vgl. KAPLAN, ROBERT S./ NORTON, DAVID P., 1997, S. 8]

Anders als bei definitionslogischen Systemen ist im Fall der BSC bzw. im Fall strategischen Managements und im Fall von strategischem Controlling nicht so sehr ein kausalanalytischer *Zusammenhang zwischen Strategie und Operation* zu sehen, sondern eher ein begleitender Parallelprozess. Vision und Strategie »im Hinterkopf« begleiten den Prozess, in dem auf der Grundlage von Ziel-Mittel- bzw. Ursache-Wirkungsvermutungen ein Set von Maßnahmen konzipiert und verabschiedet wird. Nahezu ausschließlich Plausibilitäten und Heuristiken, mitunter auch nur schwache Signale über die Verbindung von Strategie und operativer Aktion stützen die Vermutungen (aber wirklich nicht mit mehr), dass die entwickelten Maßnahmen zielführend sind. Dabei kann versucht werden, die Plausibilität durch das Durchspielen verschiedener Situationen (z.B. mit der Szenariotechnik) zu erhöhen. Der Rest ist Trial & Error, hoffen und lernen, umdenken incl. verlernen, wobei letzteres besonders schwer ist.

Der Gedanke an Visionen, Mission und Strategien wäre nicht aufgekommen, hätten die kausalanalytischen Annahmen und die weit verbreitete Vorstellung vom Maschinenmodell der Organisation wirklich gegriffen. Aber schon bei Erich Gutenberg bleibt bei dem analytischen Erklärungsversuch für dispositives Handeln, Führungshandeln, ein ungeklärter und nicht zu klärender Rest. Dies ist nicht weiter verwunderlich, ist es doch nur ein kleiner Ausschnitt aus einem komplexen und sehr vernetzten Gesamtzusammenhang, den wir kaum annähernd überblicken können und über den wir dennoch – häufig genug erbärmliche – »Erklärungen« abgeben. Wer die Entscheidungslogik und das Messen überbewertet, braucht den Zufall und den nicht zu klärenden Rest, um diese konstruierten Ordnungsmythen gegenüber erlebbaren Organisationsordnungen zu retten:

> »...und die findigen Tiere merken es schon, dass wir nicht sehr
> verlässlich zu Hause sind in der gedeuteten Welt.«
> [RAINER MARIA RILKE, Die erste Duineser Elegie]

Sogenannte Zufälle sind die unbestechlichsten Indikatoren für ein noch nicht gelungenes Verständnis der gesamten Situation, geradezu ein Frühwarnsystem für zu erwartende weitere Schwierigkeiten, wenn man bisherigen Mustern folgt. Sie deuten auf Fehler oder gravierende Lücken in der praktischen, aber vor allem der analytischen, entscheidungslogischen und messtheoretischen Erfassung des Zusammenhangs hin. Sofern diese Lücken nicht geschlossen werden können, ist daher in komplexen Situationen das Interaktionssystem, also das gegenseitige Austauschen, zu empfehlen. Über die Dinge, Ereignisse und Prozesse und vieles, was ansonsten im Unternehmen passiert, zu reden, ist ein sehr effizientes Wissensmanagementsystem. Es gibt bereits viele Beispiele von Managern, die ihre Mitarbeiterinnen und Mitarbeiter am Freitagnachmittag zum Kaffee oder auch auf ein Bier oder ein Glas Wein einladen. Die Einladungen werden in der Regel gern angenommen, weil jeder unmittelbar den gelungenen beiläufigen Wissenstransfer in der zwanglosen Form erleben kann. „Miteinander Reden, bringt die Menschen zusammen."

Das erst ergibt in Praxis wie in Theorie die eigentliche Grundbestimmung eines strategischen Controlling und einer zukunftsfähigen Organisation: die *Bedingungen für die Möglichkeit* zu schaffen, den Blick doch ein wenig zu erweitern zu versuchen, den Blick über die eingefahrenen Wege hinaus zu öffnen, ein wenig mehr von der Kausalität und dem Chaos einer komplexen Welt einzufangen. Nur staunend werden wir mitunter erfahren können, dass es sich nicht lohnt, sich dem Terror des scheinbar Bewährten bedingungs- und widerstandslos auszuliefern. Auf diese Weise denkbaren Einflussgrößen und Möglichkeiten ein wenig nachzuspüren und durch bewussteres Hinsehen und Hinhören vielleicht doch gelegentlich überraschende Kreativität und Innovationskraft zu entdecken, ist den Versuch wert. Den Verlockungen und Risiken des Vorscheins der anderen Seite nachzuspüren und sich nicht ausschließlich von der Grenze her zu definieren, ist in höchstem Maße strategisch.

> *„Die fast unlösbare Aufgabe besteht darin, weder von der Macht der anderen,*
> *noch von der eigenen Ohnmacht sich dumm machen zu lassen."*
> [THEODOR W. ADORNO]

Besonders eindrucksvoll zeigt PETER SENGE Möglichkeiten und Schwierigkeiten des Umdenkens. Wir sprechen manchmal davon, dass Lernen schwer fällt, wenn Ursache und Wirkung zeitlich und/oder räumlich weit auseinander liegen. Denkbar ist allerdings auch, dass sie nur mental weit auseinander liegen. Wir erkennen den Zusammenhang nicht, weil wir ihn anders denken. Letztendlich mag es so sein, dass viele – wenn auch komplexe – Zusammenhänge und Ursache-Wirkungsbeziehungen bestehen und zusammenspielen, wir aber in unserem Anthropozentrismus und unserer Ichbezogenheit nur die Zusammenhänge sehen, die uns – als abstrakte Theorie oder behauptete Praxis – vermittelt worden sind und die wir weiter vermitteln. Verantwortung wird hier unmittelbar greifbar. Unbescheidenheit führt rasch in die Irre. Ein Zitat aus der BHAGAVAD GITA, das sich bei PETER SENGE findet, trifft diese Gedanken im Kern, der uns freilich letztendlich verschlossen bleibt.

> *»Alle Handlungen werden von den Eigenschaften der Natur hervorgebracht.*
> *Das vom Egoismus irregeführte Selbst denkt stattdessen:*
> *›Ich bin der Handelnde‹.«*
> [BHAGAVAD GITA]

Diskussionsanregung zur „Balanced Scorecard"

„Sie schreiben oder reden fortwährend davon, dass alle miteinander reden müssten, und auch bei diesen ‚Diskussionsanregungen' läuft es immer wieder auf Diskussion, Interaktion, Kommunikation hinaus. Das ist doch ganz unrealistisch. Man kann doch nicht ewig diskutieren. Irgendwann müssen die Dinge doch auch getan werden!"

Habe ich geschrieben, dass ewig diskutiert werden soll? Habe ich geschrieben, dass man sich für die Diskussion, besser den Dialog keinen Zeitrahmen setzen soll? Habe ich geschrieben, dass immer alle überzeugt werden müssen? Möglicherweise gibt es in der oben zitierten Aussage noch einige weitere Missverständnisse. Lassen Sie die zitierte Aussage diskutieren und versuchen Sie den Missverständnissen auf den Grund zu gehen?

Literatur zur Vertiefung
(Die Angaben am Ende der Einträge ordnen die Vertiefungsliteratur den Unterkapiteln zu.)

Andreas, Dieter (2002): Kosten-Controlling & Arbeitsvereinfachung. 8. Aufl. Offenburg: Verlag für Controllingwissen (→4.2.1)

BDU (Hg.) (2000): Controlling. 4. Aufl. , Berlin, S. 53 ff. (→4.2.2); S. 92 ff. (→4.2.1)

Binder, Andreas/Engl, Heinz (2000): Studie »Modellrechnung«. In: Titscher, Stefan et al. (Hg.): Universitäten im Wettbewerb. München und Mering: Rainer Hampp, S. 387-435
Die zitierte Studie versucht modellartig Steuerungs- bzw. Verteilungsüberlegungen zu simulieren. (→4.2.3)

Blazek, Alfred/Deyhle, Albrecht/Eiselmayer, Klaus (2002): Finanz-Controlling. 7. Aufl. Offenburg: Verlag für Controllingwissen (→4.2.1)

Habersam, Michael (1997): Controlling als Evaluation. Potenziale eines Perspektivenwechsels. München und Mering: Rainer Hampp, bes. S. 136-219. (→4.2.3)

Horváth, Péter (2006): Controlling. 10. Aufl. München: Vahlen (5. Aufl. 1994) (→4.2.5)

Jäger, Urs (2003): Wertbewusstes Controlling. Wiesbaden. Weiche und harte Faktoren integrieren. Wiesbaden: Gabler
Dieses Buch ist auffällig, weil es nicht »neue Werte« verkauft, wie das unter dem Stichwort »Wertorientierung« häufig versucht wird. Jäger kommt es, ganz im Sinne dessen, was Sie über mentale Modelle gelesen haben, darauf an, dass wir uns unserer Werte und Wertungen bewusst werden. Dabei bleibt er nicht abstrakt, sondern führt seine Gedanken anhand eines Falles aus der Praxis vor. (→4.1; 4.2.4)

Kaplan, Robert S./ Norton, David P. (1997): Balanced Scorecard: Strategien erfolgreich umsetzen. Stuttgart: Schäffer-Poeschel (→4.2.8)

Kralicek, Peter (1995): Kennzahlen für Geschäftsführer. 3. Aufl. Wien: Ueberreuther
Als Beispiel für viele ähnliche Bücher; primär unternehmensbezogen (→4.2.4)

Power, Michael (1997): The Audit Society. Rituals of Verification. Oxford: Oxford University Press (→4.2.3)

Senge, Peter (1996): Die fünfte Disziplin. Kunst und Praxis der lernenden Organisation. Stuttgart: Klett-Cotta (→4.2.8)

Titscher, Stefan u.a. (Hg.) (2000): Universitäten im Wettbewerb. Zur Neustrukturierung österreichischer Universitäten. München und Mering: Hampp
»Kompendium« des Diskurses um mehr Hochschulautonomie in Österreich, u.a. mit Aufsätzen zu Rechtsform- und Organisationsalternativen, Steuerungsmodellen und Finanzfolgenabschätzungen (→4.2.4)

Tropp, Gerhard (2002): Kennzahlensysteme des Hochschul-Controlling – Fundierung, Systematisierung, Anwendung. München: Bayrisches Staatsinstitut für Hochschulplanung
Grundsätzliche Erwägungen und eine Auswertung einer empirischen Studie. Viele Kennzahlenbeispiele (→4.2.4)

Weber, Jürgen (2005): Controlling. 10. Aufl., Stuttgart: Schäffer-Poeschel. S. 186 ff. (→4.2.4); S. 267 ff. (→4.2.6); S. 276 ff. (→4.2.5); S. 284 ff. (→4.2.7)

Ziegele, Frank (2000): Mehrjährige Ziel- und Leistungsvereinbarung sowie Indikator-gesteuerte Budgetierung – Mittelvergabe und Zielvereinbarung. In: Titscher, Stephan et al. (Hg.): Universitäten im Wettbewerb. München und Mering: Rainer Hampp, S. 331-386

Dieses Buch behandelt unterschiedlichste Vorstellungen von einer autonomen Universität. Die Untersuchung von Ziegele behandelt Kontaktmanagement und MbO aus dieser Sicht. (→4.2.3)

5 Eine gegenwartsfähige Bildungseinrichtung
– Der Fall, der der Fall ist –

Es gibt keinen Weg vor uns.
Auch ist der Weg nicht das Ziel.
Der Weg entsteht beim Gehen.
[VON WEM AUCH IMMER]

Lesen Sie jetzt nicht sofort weiter, wenn Sie gerade das Kapitel 4 beendet haben. Lassen Sie zu, dass sich das alles ein wenig setzt, denn jetzt werden Sie noch einmal in einen anderen Lernmodus einsteigen.

Drei Tage Pause!
Gehen Sie dann möglichst mit jemandem spazieren, der wie Sie bis hierher gelangt ist, und versuchen Sie sich an das Erarbeitete zu erinnern.

5.1 Vorbemerkung

»Drehen und Wenden«
[Name einer Beratungsfirma]

Dieses sehr kurze Kapitel wird Sie vermutlich mehr beschäftigen als alle anderen. Das liegt daran, weil Sie hier am unmittelbarsten mit sich und Ihrer Bildungseinrichtung konfrontiert werden, bzw. diese Konfrontation selbst herstellen müssen, denn ich kenne Ihre konkrete Bildungseinrichtung natürlich allenfalls zufällig.

Der Normalfall für Sie wird nun zum Ernstfall.

Der letzte Satz ist eigentlich nicht ganz richtig. Richtig ist: Der Normalfall ist immer schon der Ernstfall. Der spektakuläre Fall ist nicht das wirkliche Problem. Er mag nicht zu lösen sein, aber er fällt auch dem Dümmsten auf. Der Normalfall dagegen ist so normal, dass er niemandem mehr auffällt – und damit potenzielle Verbesserungen und Steuerungsmöglichkeiten nicht mehr oder nur sehr schwer ins Blickfeld geraten. Der nicht mehr auffällige Normalfall sind die alltäglichen Routinen, die uns »zur zweiten Natur« geworden sind, die wir tief verinnerlicht haben. In diesem Sinne werden Sie in diesem Kapital an Ihrem Fall in doppelter Weise arbeiten: (1) Was fällt nicht mehr auf und sollte in Bezug auf eventuell notwendige und mögliche Veränderungen ins Auge gefasst werden? (2) Wie kann erreicht werden, dass mehr auffällt?

Beides ist nicht abstrakt, sondern sehr konkret zu üben. Diese Fallstudie ist daher Ihr Fall, d.h. zunächst Ihr Normalfall. Der Fall, der der Fall sein könnte, ist der Fall, der der Fall ist. Dennoch wird er nur entstehen, wenn Sie die im folgenden knapp vermittelten Inhalte auf sich und Ihre Organisation anzuwenden versuchen. Die schulmeisterliche Vermittlung bleibt hier weitestgehend aus.

> »Wirf Deine Krücken weg!« sagte der Arzt zu mir, nachdem ich drei Monate mit eingegipstem Bein gelegen hatte und mich nun nicht traute, richtig fest aufzutreten. »Du kannst auf die Schnauze fallen, aber anders wirst Du nie erfahren, ob Du wieder richtig gehen kannst.«

Die Zukunft ist nicht vorhersehbar. Und doch geht es im Weiteren gerade um die Zukunft Ihrer Bildungseinrichtung. Die folgende Fallstudie soll als Anregung für Überlegungen und gegebenenfalls auch Maßnahmen dienen, die für Ihre Einrichtung im Sinne von strategischem Controlling hilfreich sein können. Ihre Aufgabe wird es im Verlauf dieses Kapitels sein, die für Ihre Organisation relevanten Aspekte herauszuarbeiten und sich Gedanken darüber zu machen, was Controlling als strategisches Controlling dazu beizutragen vermag, dass die von Ihnen identifizierten Aspekte in Zukunft bessere Beachtung finden können. Ich verweise dazu auch noch einmal ausdrücklich auf die Stichworte »Mentale Modelle« und »Entgrenzung«.

Wenn es um die Zukunft geht, warum steht dann darüber »die gegenwartsfähige Bildungseinrichtung«? Ja, ich gebe es zu. Selbst habe ich manchmal zwischen »gegenwartsfähig« und »zukunftsfähig« geschwankt. Letztendlich habe ich mich für »gegenwartsfähig« entschieden, obwohl oder gerade wenn es um die Zukunft geht. Das ist noch ein wenig erklärungsbedürftig.

Wir leben immer in der Gegenwart. Nur sehr theoretisch und abstrakt ist sie nicht mehr als eine hauchdünne Membran zwischen Vergangenheit und Zukunft. Aber das ist keine lebenspraktische Zeitvorstellung. Lebenspraktisch geht es darum, die Gegenwart prallvoll zu erleben und zu leben. Zwar sind wir nicht unbeleckt von unserer Vergangenheit, aber sie ist nicht von einer Festplatte abrufbar, sondern auch immer schon durch die jeweilige Gegenwart gefiltert. Die Wertigkeiten ändern sich in unserem Leben wie der Geschmack von Bier, Süßigkeiten oder einem Glas Rotwein. Die Bedeutung, die wir der Vergangenheit in unserer jeweiligen Gegenwart zumessen, ist jeweils anders, wieder einmal kontextabhängig. So ähnlich ist es auch mit der Zukunft. Wir werden nie in ihr leben, sondern immer nur in einer anderen Gegenwart. Gleichwohl wird diese andere Gegenwart auch von unserer heutigen Gegenwart mitbestimmt sein, durch unsere heutigen Wünsche, Hoffnungen, Ängste, Anstrengungen, Krankheiten, Freuden und Leiden. Zugleich werden alle diese Wünsche, Ziele usw. auch davon bestimmt, was heute, in der heutigen Gegenwart sich schon als Zukunft andeutet oder anzudeuten scheint und von uns mehr oder weniger aufmerksam beobachtet und beachtet wird, als schwache Signale, frühe Warnung oder hoffnungsfrohe Ermunterung. Deshalb besteht die beste Vorbereitung auf die Zukunft darin, die Gegenwart sensibel wahrzunehmen und zu analysieren, d.h. die Wahrnehmungen zu drehen und zu wenden.

Auf diesen Prozess und seine Realisierung haben Organisationen und Organisationsvorstellungen nicht unerheblichen Einfluss. Diesen Einfluss werden Sie ebenfalls zu beachten haben. Sie werden die verschiedensten Komponenten von Sinnmodellen der Organisation ausprobieren können. Nochmals wird es dabei auch darum gehen, eingefahrene Routinen in Ihrer Bildungseinrichtung, die jede/r praktiziert, aber niemand mehr beachtet, wieder zu entdecken und ihre Sinnhaftigkeit zu hinterfragen.

Das ist ein dickes Programm.

Manches von dem bisher vermittelten »Stoff« wird passen, manches nicht, aber was passt und was nicht, werden Sie nie erfahren, wenn Sie es nicht selbst versuchen. Sie können den Fall auch zunächst als Ist-Analyse (Mediziner würden in einem sehr treffend erweiterten Sinne »Anamnese« sagen) Ihrer Bildungseinrichtung oder als Evaluierung anhand der in diesem Kapitel und den vorausgehenden Kapiteln vermittelten Kriterien anlegen. Entscheidend wird sein, dass Sie nicht sofort ein großes Projekt verkünden, ehe Sie nicht selbst ein wenig Sicherheit gewonnen haben, nachdem Sie in archäologischer Kleinarbeit ein paar Schichten abgetragen und Verschüttetes freilegen konnten. Ansonsten kann es los gehen. Denken Sie daran, wenn es ganz wichtig wird, arbeiten Archäologen nicht mit der Schaufel, sondern mit dem Pinsel.

Noch ein letzter Hinweis vor dem Einstieg in den Hauptteil dieses Kapitels. Einige der beliebtesten Killerphrasen zur Abwehr von Veränderungen lauten:

- Das haben wir doch alles schon vor Jahren versucht!
- Das ist nicht bezahlbar!
- Das ist theoretisch!
- Das brauchen wir gar nicht erst zu versuchen; damit kommen wir nie durch!
- Das passt nicht zu uns!
- Idealtypisch mag das ja richtig sein, aber ... (»Idealtypisch« meint immer einen »Schmarren«, weil damit einerseits schon zugegeben wird, dass wichtige Faktoren nicht beachtet werden, was meist stimmt. Dann sollte man lieber weiter überlegen. In dem hier gebrauchten Zusammenhang wird damit allerdings dem anderen unterstellt, dass wichtige Faktoren vergessen wurden beziehungsweise man selbst wichtigere Faktoren gegen seine Argumentation vorbringen könnte, die Argumentation im übrigen zwar logisch sei, aber eben nicht ausreichend. Zugleich wird mit »aber« fortgesetzt. Gegenüber solchen »aber«-Fortsetzungen von Sätzen sollten Sie grundsätzlich misstrauisch sein. Meist ist entweder der erste oder der zweite Teil des Satzes nicht ernst gemeint, wenn nicht gleich gelogen!)
- Wir müssen erst das gesamte Ergebnis haben, ehe wir mit der Umsetzung beginnen! (Das Ergebnis entsteht durch das Tun, d.h. im Prozess; der Hinweis, dass erst das Ergebnis feststehen müsse, dient in der Regel nur der Verzögerung. Was das »gesamte« Ergebnis sein soll, lässt sich ohnehin fast nie sagen, weil der Prozess dahin nicht mit alle seinen Überraschungen vorweggenommen werden kann und es für »alles« kein operationales, hier: kein überprüfbares Kriterium gibt.)

- Wie stehen wir denn da, wenn wir [(erst) jetzt] damit kommen! (Meist führt Eitelkeit oder die fehlende Bereitschaft, einen Fehler einzugestehen, zu dieser Formulierung.)

Vermutlich gibt es auch in diesen Fällen kein absolut probates Rezept, um solchen Rückwendungsversuchen zu entgehen. Aber argumentieren wird sich oft schon lassen, weniger für die Hartleibigen als für die Unentschlossenen. Wenn beispielsweise argumentiert wird »Das ist nicht bezahlbar!«, dann ist bei diesem Einwand offensichtlich zunächst eigentlich nicht die Lösung oder der Veränderungsvorschlag das Problem, sondern die Bezahlbarkeit. Diese Sicht kann dazu führen, dass zu schnell nicht mehr über eine Lösung nachgedacht wird. Vielleicht soll dieses Nachdenken auch durch diesen Einwand verhindert werden. Was vor Jahren nicht funktioniert hat, kann heute funktionieren, weil andere Menschen in der Organisation sind, ein anderes Umfeld existiert usw. Es könnte auch sein, dass ein guter Vorschlag Begeisterung auslöst und sich dann doch eine Finanzierung finden lässt. Vielleicht ist er ja auch gar nicht so teuer wie unterstellt. Vergessen Sie nicht: Auch das Bestehende und Bewährte ist erst langsam und häufig genug gegen Widerstände entstanden, die auf ähnliche Weise formuliert worden sind. Das Wünschenswerte und das bisher Abgewertete und Ignorierte sollten nicht zu früh durch das Berufen auf Mögliches und Machbares aus der Debatte um Veränderungen gedrängt werden. Die Entwicklung einer entsprechenden Kultur geht natürlich nicht von heute auf morgen. Denn auch das ist eine strategische Aufgabe, die in schief laufenden Debatten erkannt werden kann. Und glauben Sie nie unbesehen einem Argument, das »idealtypisch« daher kommt oder im zweiten Teil mit »aber« fortfährt!

Diskussionsanregung
Jetzt wird nicht diskutiert, und die anschließend genannte Literatur ist auch eher etwas für später.

Literatur zur Vertiefung

Jacobs, Claus (2003): Managing Organizational Responsiveness. Toward a Theory of Responsive Practice. Wiesbaden: DUV
  Analysiert den mehr oder weniger empfindsamen Umgang von Heimleitungen mit Heimbewohnern
Kirsch, Werner (1997): Fortschrittsfähige Unternehmung, rationale Praxis und Selbstorganisation. In: ders. (Hg.): Beiträge zu einer evolutionären Führungslehre. Stuttgart: Schäffer-Poeschel, S. 783-852
  Die Sinnmodelle der Organisation sind eine Zusammenschau von WERNER KIRSCH; dieser Aufsatz gibt neben vielen anderen Veröffentlichungen dazu eine gute Einführung.
Groys, Boris (1992): Über das Neue. München/Wien: Hanser
Kappler, Ekkehard: Entgrenzung. A.a.O.
Senge, Peter: Die fünfte Disziplin. A.a.O.

5.2 Vorbereitung auf den Fall, der Ihr Fall ist

> *»Es gibt nichts Gutes, es sei denn, man tut es!«*
> [Volksmund}

Die in der folgenden *Abbildung 18* dargestellten ...

... *Sinnmodelle der Organisation* zeigen Ansatzpunkte für eine konzeptionelle Gestaltung von Führung, Verwaltung und Servicebereichen einer Bildungseinrichtung. Das Konzept und seine wesentlichen Begriffe sollen als »Generator« für Fantasie und Kreativität, aber auch als Leitlinie und Ausgangspunkt für Leitfragen und Entscheidungen zur Nutzung im täglichen Geschäft von Leitungsgremien und -personen angewendet werden. Strategisches Controlling setzt an diesem Konzept an, wenn es einen eigenen strategischen Beitrag leisten soll und nicht nur operatives Controlling im Bereich strategischen Managements ist.

Ich vermeide hier weitgehende Interpretationsvorgaben ganz bewusst. Später, wenn Sie schon aktiv waren, werde ich darauf zurück kommen. Zunächst gilt wie immer: Es gibt kein detailliertes Schema, keine sinnvolle Check-Liste, die Ihnen Ihre Arbeit abnehmen könnte. Versuchen Sie möglichst viel von dem bisher Gelesenen und Erarbeiteten in diesem Fall auszuprobieren. Wenn es Ihnen passend erscheint (vielleicht nach einigen Gesprächen mit anderen darüber): Gut. Wenn Sie mit einigem aus diesem Buch in diesem, Ihrem Fall nichts anfangen können (vielleicht nach einigen Gesprächen mit anderen darüber), legen Sie es zumindest für diesen Fall zur Seite: Auch gut!

Mit Hilfe von Fragen, die Sie aus den Elementen der Sinnmodelle ableiten, können Sie sich Entwicklungspfade eröffnen und Einschätzungsmöglichkeiten schaffen, die Sie benötigen, wenn Ihnen etwas aufgefallen ist, was Sie verändern wollen. Beliebige oder einseitige und/oder unnötig anlassbezogene ad hoc-Entscheidungen werden so vermieden oder zumindest eingedämmt. Vor diesem Hintergrund werden vor allem die Leitungsgremien und Leitungspersonen einschätzbar, bewertbar und kritisierbar für die übrigen Mitglieder der Bildungseinrichtung. So entstehen Vertrauen und wechselseitig soziale Kompetenz als die Voraussetzungen für nachhaltige Verbesserungen. Die Sorge vor autoritären und präpotenten Alleingängen und die Verschwendung von Ressourcen durch selbstverschuldete Widerstände, die auf solche »einsamen Entscheidungen« häufig folgen, werden verkleinert. Der spekulative Glücksfall ist systematisch nicht erreichbar, wenn aber den »«Fähigkeiten und »Tugenden« des Modells der *Abbildung 18* entsprechend vorgegangen und gefragt wird, entsteht Entgrenzung, und damit entstehen neue Chancen, natürlich auch Risiken. Die Möglichkeit zur Entgrenzung zu eröffnen, wäre der im unmittelbarsten Sinne eigenständige Beitrag eines Controlling, das sich selbst »strategisch« nennt.

Das umfassende und die anderen Modelle einschließende Modell einer *gegenwartsfähigen Organisation* ist das am weitesten entwickelte organisationale Leitmodell für effektiv leistungsfähige und effiziente Organisationen. Es enthält aber auch alle anderen Organisationsvorstellungen. WERNER KIRSCH bezeichnet dieses Modell als Design einer fortschrittsfähigen Organisation. Selbst habe ich einige Zeit zukunftsfähige Organisation gesagt. Aber da wir immer nur in der Gegenwart leben ... Ja. Gut. Sie wissen schon.

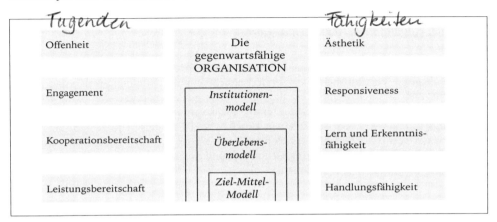

Abbildung 18:
Sinnmodelle der Organisation nach WERNER KIRSCH

Um aus einer Routine, die einmal ihren guten Sinn hatte (»Iss nicht Fisch mit Messer!« oder »Guter Wein hat einen Korkverschluss«), aufgrund der Entwicklungen nun aber überholt sein kann, heraus zu kommen, muss man erst (nachdenkend) in sie hinein kommen. »Sesam öffne Dich!« Aber der Zauberspruch, der danach den Ausgang öffnet, ist nicht überliefert. Ihn zu finden ist die Anstrengung des strategischen Controlling wert. Und das wird nun Ihre Anstrengung.

Zur Übung:
Stellen Sie sich vor, das Kirschsche Schema der Sinnmodelle der Organisation wäre Ihr zunächst abstrakter Vorschlag für ein Leitbild Ihrer Bildungseinrichtung. Wie ließe sich in Ihrer Bildungseinrichtung nach den Stichworten dieses Leitbildes fragen? Oder wollen Sie lieber zuerst ein Bild daraus machen? Auch gut. Dann malen Sie (u.U. auch mit anderen) erst einmal dieses Bild. [Das empfehle ich auch deshalb, weil Sie es bei der weiteren Lektüre gut werden gebrauchen können.]

Die gegenwartsfähige Organisation sollte zu diesem Nach-Denken des Bestehenden, des Bewährten wie des Abgelehnten, Anregungen liefern können. Sie ist gekennzeichnet durch

»Tugenden«:	Leistungsbereitschaft, Kooperationsbereitschaft, Engagement, Offenheit
und durch	
Fähigkeiten:	Handlungsfähigkeit, Lern- und Erkenntnisfähigkeit, Responsiveness, Ästhetik.

Wenn Sie ein Bild gemalt haben, suchen Sie in dem Bild nach diesen »Fähigkeiten« und »Tugenden«. Soweit vorhanden, sind diese »Fähigkeiten« und »Tugenden« zu stärken, andernfalls zu induzieren, zu entwickeln und in dem Bild der Bildungseinrichtung zu entfalten, zum Wohle der Gesellschaft und ihrer Menschen, die der Bildungseinrichtung ihre Aufgaben übertragen bzw. auf sie ihre Hoffnungen setzen, aber eben auch ganz profan zum Wohle der eigenen Organisation. Die Erfüllung dieser Aufgaben ist durch die Bildung von Organisationsstrukturen, Führungsverhaltensweisen, Anreizsystemen, Führungs-, Verwaltungs- und Unterstützungsprozessen und die zu entwickelnden Leistungsvereinbarungen an diesem Grundkonzept zu orientieren.

Die genannten Sinnmodelle früherer Erkenntnisstufen sind in den Sinnmodellen späterer Erkenntnisstufen enthalten. Die Sinnmodelle sind daher nicht im Sinne von »richtig« oder »falsch«, »besser« oder »schlechter« gegeneinander auszuspielen. Sie sind im Grunde immer alle in Geltung.

Lange Zeit wurde *Organisation nur als Mittel zu einem Zweck* gesehen. Insbesondere MAX WEBER ist der differenzierte Ausbau dieser Sicht in seinen Bürokratiebetrachtungen gelungen. In der Betriebswirtschaftslehre steht für diese Hoffnung weitgehend die Organisationslehre von ERICH KOSIOL. Das ist natürlich auch heute nicht falsch in dem Sinne, dass z.B. eine Bildungseinrichtung eine **Aufbau- und Ablauforganisation** hat, die effizient sein sollte, zweckmäßig, leistungsbereit und handlungsfähig. Aber der Blick hat sich erweitert. Die sogenannte Aufbau- und/oder Ablauforganisation haben nicht nur die erwünschten Wirkungen. Menschen in ihr antizipieren, intervenieren, umgehen, sind interessiert oder angeödet, haben Schnupfen, sind in Gedanken schon im Urlaub, können die Nase gegenüber nicht ausstehen, sind unterbeschäftigt, überqualifiziert und interagieren und intrigieren, d.h. beeinflussen sich wechselseitig und mehr oder weniger absichtsvoll aus unterschiedlichsten Motiven.

Im weiteren Verlauf organisationstheoretischer Betrachtungen ist daher gesehen worden: **Eine Bildungseinrichtung ist eine Organisation**, ein gesellschaftliches Gebilde. Das eröffnet natürlich zahllose weitere Facetten der Organisationsbetrachtung. Organisationen, die existieren, wollen überleben. Sofern ihr Gründungsgedanke sich überlebt, versuchen sie sich anzupassen und neue Ziele zu setzen. Sicherlich können Sie in Ihrer Einrichtung Kurse identifizieren, die es einmal sehr erfolgreich gab und nun gar nicht mehr. Wer lernt beispielsweise noch Stenographie?! Aus der privaten Steno- und Schreibmaschinenschule ist heute vielleicht ein Softwarehaus mit entsprechenden Schulungs- und Weiterbildungskursen geworden. Solche Veränderungen verlangen zusätzlich zur Leistungsbereitschaft und Handlungsfähigkeit nun auch Kooperationsbereitschaft sowie Lern- und Erkenntnisfähigkeit. Warum soll ich mich anpassen? Woran? Wann? Das *Überlebensmodell* als Ausformung dieser Erkenntnis wird vor allem TALCOTT PARSONS zugeschrieben.

Nicht nur des Überlebens wegen, sondern z.B. auch, weil sie gesetzlich oder durch Vertragsparteien, die etwas Bestimmtes erreichen wollen, vorgeschrieben sind (etwa einige Ämter, Schulen, Weiterbildungseinrichtungen, die Stiftung zur

Bekämpfung der spinalen Kinderlähmung usw.) benötigen gesellschaftliche und/oder private Zusammenschlüsse, also bestehende Organisationen, eine Legitimation. Sie leisten beispielsweise etwas für die Gemeinschaft, was die Individuen nicht leisten können (etwa Sicherheit, Schulausbildung für alle, Gesundheitsversorgung). Solche Organisationen sind im Institutionenmodell zusammengefasst. Nicht immer sind sie selbstgenügsam, sondern benötigen die aktive Unterstützung ihrer Mitwelt und unter Umständen sogar deren Teilnahme und Mitwirkung, um ihre Aufgabe erfüllen und/oder überleben zu können. Auch sie sind nur zukunftsfähig, wenn sie ihre Wahrnehmung für die Gegenwart entsprechend schärfen, so dass sie auch schwache Signale nicht überhören, und deutlich machen können, dass sie eine gesellschaftliche Aufgabe wahrnehmen, die sinnvoll ist, aber z.B. nicht marktfähig und die auch nicht von Einzelnen wahrgenommen werden kann. Verlieren Sie solche Sensibilität, ärgern wir uns beispielsweise über Besuche bei Ämtern, unnötig lange Wartezeiten oder unverständliche Formulare. Nebenbei gesagt: Alles Fälle für Controlling (nicht nur) im öffentlichen Dienst.

»Ästhetik« ist in dem *Modell der gegenwartsfähigen Organisation* gemeint, wenn es um den vielfältigen Einsatz unserer Wahrnehmungsinstrumente geht und um die damit verbundene Reflexion unserer Wahrnehmungsfähigkeit und Wahrnehmungsfähigkeitsgrenzen. Sie haben ferner weiter oben schon erfahren, dass ich »Ästhetik« für die Charakterisierung der Probleme benutze, die das Verhältnis von Bild und Abgebildetem mit sich bringt. Jede Beschreibung ist weniger und mehr als die »Wirklichkeit«, die ich gerade beschreibe. Weniger, weil sie immer selektiv ist, mehr, weil sie genau diese Selektivität und ihre Interpretationsnotwendigkeit in die Welt bringt. Von der Handhabung dieses Problems hängt es ab, inwieweit Legitimation gegenüber der Öffentlichkeit gelingt, allgemein: gegenüber Stakeholdern (Anspruchsgruppen), wer auch immer das in einer konkreten Situation gerade sein mag. Gesteigert wird diese Wahrnehmungs- und Erkenntnismöglichkeit bei denjenigen, die seitens der Organisation engagiert, offen und mit Empathie auf die von der benötigten Mitwelt erwarteten Gegenleistungen reagieren und in Bezug auf sie agieren (Responsiveness). Warum sollten beispielsweise Firmenangehörige nicht selbst entscheiden dürfen, welches Weiterbildungsprogramm in »ihrem« Unternehmen aufgelegt wird?!

Die Überschneidung zur Organisations- und Personalentwicklung ist unübersehbar. Identitätsbildung ist bis zu einem gewissen Grade das Gegenteil von Öffnung, nämlich Grenzziehung und Differenzierung. Da wir aber in Entwicklung sind, reicht die Selbstdefinition von dieser Grenze her nicht aus. Die Dynamik unseres Umfeldes erfordert immer wieder Anpassung, Anschauen der Grenze und Überlegungen, was das Gesehene für Handlungen herausfordert oder benötigt. Die Mittel dazu werden wir jenseits unserer bisherigen Denkgewohnheiten und jenseits anderer Grenzen suchen müssen. Den verlockenden Vorschein und die Chancen der anderen Seite werden wir nur wahrnehmen, wenn wir die Grenze, die jeweils gerade gegeben, aber nicht unveränderbar ist, anzuschauen lernen.

Es erscheint naheliegend, Bildungseinrichtungen und ihre Leitungs-, Verwaltungs- und Serviceorgane sowie -prozesse konzeptionell mit diesen Gedanken zu betrachten und die in den Sinnmodellen angesprochenen »Fähigkeiten« und »Tugenden« zum Wohle einer zukunftsfähigen Bildungseinrichtung praktisch zu entwickeln, zu stärken und zu entfalten. Bildungseinrichtungen vermitteln operativ Grenzziehungen, für ihre Besucher hoffentlich Grenzerweiterungen. Sie können um so erfolgreicher sein, je besser sie auch für sich selbst lernen und erfahren, dass die Notwendigkeit zur Grenzerweiterung in einer dynamischen Mitwelt immer auch für sie selbst gilt. Um nicht missverstanden zu werden: Grenzüberschreitung setzt eine Grenze voraus. Sie dient der eignen Identität und Identifizierung. Das ist notwendig, aber nicht hinreichend. Hinreichend wird jede Verfassung erst, wenn sie Verfassungsänderungsklauseln, Öffnungsklauseln enthält.

Fragen zur Ist-Analyse

Die folgenden Fragen haben einen anderen Charakter als die bisherigen Fragen. Sie sind Schritte einer Ist-Analyse als Voraussetzung für die Bewegung hin zu Verbesserungsmöglichkeiten.

- Welche der »Tugenden« in Abbildung 18 und welche der dort genannten »Fähigkeiten« sind in Ihrer Einrichtung besonders ausgeprägt/besonders zu entwickeln? Wie ließen sie sich entwickeln?
- Welche Gewohnheiten sollten hinterfragt werden?
- Welche Routinen, die Ihr Handeln bestimmen, sind Ihnen bekannt?
- Kennen Sie »den Terror des Bewährten« (BORIS GROYS) in Ihrer Organisation?
- Was fällt Ihnen auf, wenn Sie Ihr tägliches Handeln in der Organisation begründen sollen?
- Was würde passieren, wenn jemand Sie immer wieder »Warum?« fragen würde, während Sie ihr oder ihm Ihr Handeln erklären? Nach dem wievielten »Warum?« steigen Sie aus?

Ich bin in diesen kurzen Andeutungen – wie oben angeführt – nicht bei dem KIRSCHschen Ausdruck »fortschrittsfähige Organisation« geblieben, weil mir der Ausdruck nicht ganz präzise zu sein scheint. Hier darf zu diesem Aspekt daran erinnert werden, was oben bei der Behandlung der mentalen Modelle und der Prognosemöglichkeiten schon geschrieben worden ist. Fortschrittsfähigkeit oder auch Zukunftsfähigkeit lassen sich vermutlich am besten erreichen, wenn im wachen und hellen Warten und in der Rekonstruktion der bisherigen Erfahrungen der Blick und die Bewertungen in der und für die Gegenwart geschärft werden. Damit meine ich nicht Passivität, sondern Aufmerksamkeit auf sich bietende Gelegenheiten, die wir mitunter auch selbst provozieren und produzieren können.

Zumindest als These soll hier stehen, dass die fortschrittsfähigste Organisation wohl diejenige ist, die ihre Gegenwart »prallvoll« wahrzunehmen und kritisch zu reflektieren in der Lage ist, also sehr bewusst und gegenwärtig ist. Die Subkultur von heute ist die Avantgarde von morgen und das Establishment von übermorgen. Die Sensibilität für schwache Signale ist keine hellseherische Begabung, sondern die empfindsame Wahrnehmung der Gegenwart, die Verweigerung gegenüber einer umfassenden Domestizierung durch das Bewährte. Die fortschrittsfähigste

Organisation ist vermutlich die gegenwartsfähigste, die sich selbst gegenwärtigste. Controlling hat in diesem Zusammenhang die Aufgabe der Entgrenzung. Zur Entgrenzung können viele hilfreiche Methoden gefunden werden. Im Sinne eines hemdsärmeligen Beginns kann aber schon eine der einfachsten und eindringlichsten Kreativitätstechniken weiter helfen: Lassen Sie sich Vorgehensweisen erläutern und fragen Sie fünfmal nach: »Warum?«

Mitunter besteht die Hoffnung oder der Glaube, ein Leitbild und präzise Definitionen könnten all das Diffuse, das die Sätze dieses Kapitels enthalten, beseitigen und die Umsetzung erleichtern. Das ist ein Irrtum. Wenn es etwas Derartiges in Ihrer Einrichtung gibt, dann lesen Sie einmal das Leitbild, das Mission Statement, die Leitsätze oder Vergleichbares. Ist das, was Sie da vorfinden, wirklich substanziell bedeutsam oder ist es nur Heißluft? Sind Sie wirklich überzeugt davon, dass Sie ihren potenziellen Kunden im Leitbild sagen müssen, dass diese Institution bestmögliche Weiterbildung bieten will?! Welches Menschenbild, welches Kundenbild enthält dieses Leitbild oder welches ist ihm unterlegt? Möchten Sie selbst so als Mensch oder als Kunde gesehen werden?

Sofern Sie in Ihrer Organisation über ein Leitbild verfügen, sollten sie es mit dem Bild vergleichen, das ich Sie (weiter oben) zu malen gebeten habe. Sie können dann (vergleichend) folgenden Fragen und Übungen nachgehen:

- Ist das Leitbild ein Bild oder sind es aufgeschriebene Sätze?
- Lassen sich die Aussagen der Leitsätze mit den »Tugenden« und »Fähigkeiten« der gegenwartsfähigen Organisation in Verbindung bringen?
- Wo (räumlich) haben Sie das Leitbild bzw. die Leitsätze?
- Wann haben Sie sich zuletzt oder überhaupt einmal gefragt, ob Ihre Handlungen und Verhaltensweisen wirklich den Leitsätzen entsprechen?
- Hat Sie jemand einmal darauf angesprochen, dass Sie sich nicht dem Leitbild entsprechend verhalten oder Anordnungen geben, die nicht dem Leitbild entsprechen – und umgekehrt?
- Bitte erfinden Sie Fragen, die jederzeit zu überprüfen gestatten, ob etwas dem Leitbild entspricht, ob das Leitbild lebt.
- Kann man sich auf das Leitbild berufen, wenn einem etwas abverlangt wird, von dem man glaubt, dass es nicht dem Leitbild entspricht?
- Was wäre verloren, was gewonnen, wenn Sie aus dem Leitbild ein Bild machten? Mit wem?
- Inwiefern ist das Stellen öffnender Fragen und die Erhöhung der Bereitschaft, solche Fragen zuzulassen, zu stellen und darauf einzugehen – strategisches Controlling? Oder gehört die Beantwortung dieser Fragen unabdingbar dazu?
- In welchen Punkten unterscheidet sich das Leitbild Ihrer Institution von den Leitbildern der Wettbewerber?
- Was ist an Ihrer Institution einzigartig?
- Ist Lachen in Ihrer Organisation eine Tugend?

Wenn Sie noch kein Leitbild oder keine Leitsätze in Ihrer Bildungseinrichtung haben:

- *Was werden Sie unternehmen, damit – wenn das gewünscht ist – ein gelebtes Leitbild formuliert wird oder gelebte Leitsätze entstehen?*

Wenn Sie diese Fragen durchgearbeitet haben, werden Sie in vielen Punkten noch immer unsicher sein. Das ist nicht zu ändern, sondern zu akzeptieren, um weiter daran zu arbeiten. Strategisch bleibt im Controlling Unsicherheit ein wichtiges Moment unerlässlicher Dynamik, wenn nicht sogar die zentrale Variable. Unsicherheit rechtfertigt nicht nur den Vornamen »strategisch«, sondern die mit der (gelegentlichen) Produktion von Unsicherheit einhergehende Neubesinnung und Veränderungsdynamik (»Was machen wir, wenn morgen keiner unserer Klienten in den Kursen erscheint?«, »Was machen wir, wenn ›Word‹ und ›Power-Point‹ Pflichtstoff der achten Klasse werden?«, »Was machen wir, wenn das Verteidigungsministerium von uns keine Weiterbildungskurse für ausscheidende Zeitsoldaten mehr will?«). Insofern ist gerade in den oben gezeigten Sinnmodellen der Organisation ein weites Feld für kreative und innovative Öffnungen gegeben, das vom strategischen Controlling zu bearbeiten wäre.

„Sei Realist – verlange das Utopische!"

Das folgende Beispiel ist zwar ein Beispiel für Leitsätze aus einer Bank. Sie können es aber an Ihre Institution anzupassen versuchen.

Erfolg	Wir stellen im Wettbewerb den Erfolg unserer Kunden, Partner und unserer Bank sicher!	Wie definiere ich meinen persönlichen Erfolg? Wie sieht mein persönlicher Beitrag zum Erreichen des Gesamterfolges aus?
Entwicklung	Durch die Konzentration auf unsere Stärken entwickeln wir uns gezielt weiter! Wir fördern unsere Mitarbeiter gemäss ihrer individuellen Fähigkeiten!	Welchen eigenverantwortlichen Beitrag leiste ich zu einer positiven Entwicklung innerhalb der Bank? Wie schaffe ich Transparenz bei Förder- und Weiterbildungsbedarf? Wie werde ich durch das Unternehmen in meiner Entwicklung gefördert?
Wissen	Wir zeichnen uns durch Fachkompetenz aus und setzen unser Wissen den Kundenbedürfnissen entsprechend ein!	Bin ich mit meinem Wissen auf dem neuesten Stand? Wie setze ich meine Kenntnisse zum Nutzen aller ein? Wie überzeuge ich meine Kunden durch Wissen, ohne sie dabei zu überfordern oder zu verunsichern?

Struktur	Die Organisation unserer Bank gewährleistet ein Optimum an Qualität, Schnelligkeit und Produktivität!	Was trage ich dazu bei, Prozesse effizient zu halten? Welche Impulse setze ich, um Strukturen stets zu verbessern? Wer sind meine externen und/ oder internen Kunden?
Energie	Wir sind ein aktives Unternehmen! Ein ausgewogenes Geben und Nehmen schafft unsere positive Energie!	Wie verbreite ich positive Energie? Was lasse ich los, um Energie für Neues zu gewinnen? Was unternehme ich, um meinen Akku aufzuladen?
Beziehungen	Der balancierte Interessenausgleich zwischen Kunde, Geschäftspartner, Gesellschaft und unserem Unternehmen ist der wesentliche Aspekt unseres Handelns!	Wie schaffe ich durch mein Handeln positiven Nutzen für die einzelnen Stakeholder? Was trage ich zu ausgewogenen Beziehungen der Stakeholder untereinander und zueinander bei?
Vermögen	Wir sorgen für eine nachhaltige Existenz- und Erfolgssicherung unseres Unternehmens! Dazu zählt auch die permanente Entwicklung von Erfolgspotenzialen!	Wie setze ich die mir zur Verfügung gestellten Mittel existenz- und erfolgssichernd ein? Was trage ich täglich zur Steigerung unseres Vermögens bei?
Kultur	Wir setzen auf Freundlichkeit, Respekt und gegenseitige Wertschätzung! Unser täglicher Umgang wird bestimmt von einer offenen und vertrauensvollen Kommunikation! Neuem stehen wir offen gegenüber!	Wie trage ich selbst zu einer offenen und wertschätzenden Kommunikation bei? Wie lebe ich eine konstruktive Feedback-Kultur? Welchen Beitrag leiste ich durch mein tägliches Verhalten zu einer verbesserten Unternehmenskultur?
Image	Wir sind der zuverlässige und verantwortungsbewusste Ansprechpartner in allen Finanzfragen! Unser Handeln orientiert sich an den Bedürfnissen unserer Kunden und Gesprächspartner!	Was trage ich dazu bei, dass mein Umfeld einen positiven Eindruck von unserer Bank gewinnt? Wie zeige ich in meinem täglichen Handeln Zuverlässigkeit und Verantwortungsbewusstsein?

Abbildung 19:
Beispiel für Leitsätze aus einer Bank

Diskussionsanregung

An dieser Stelle bedarf es keiner weiteren Anregung. Wenn Sie Ihre Bildungseinrichtung gegenwarts- und fortschrittsfähig machen wollen, gibt es genügend
Diskussionsstoff. Ausgangspunkt könnte auch ein Vergleich der selbst entwickelten Leitsätze oder des Leitbildes mit dem der Bank sein. Sie können aber auch ins
Internet schauen. Unter www.companyculture.info finden Sie Leitsätze von
Weltfirmen. Unter www.siemens.at/together finden Sie ein Bild, das mit einigen
erläuternden Ergänzungen unterlegt ist und beim Zusammenschluss von Siemens
und VATech in Österreich erstellt wurde. Reisen Sie ruhig in der auf der
Siemensseite im Netz zu findenden Landschaft ein wenig umher. Auch dieses Bild
und seine Erläuterungen können Sie benutzen, um Ihr eigenes Leitbild zu
vergleichen und zu verändern.

Bon Voyage!

6   Natürlich kein Schluss

Wenn du eine Organisation verstehen willst,
versuche sie zu verändern.
[Kurt Lewin]

6.1   Nachtrag: Einige ganz besondere Thesen zum Controlling in Bildungseinrichtungen

Organisationen sind als komplexe Gebilde und unendliche Gemengelagen im strengen Sinne nicht zu durchschauen oder zu verstehen. Wie unter Spotlights zeigen sich einige Beziehungen, wenn man versucht, Organisationen zu verändern. Controlling knipst immer wieder solche Spotlights an. Der auf diese Weise anzuregende Veränderungsprozess kann allerdings wegen des notwendigen Einfallsreichtums, der Akzeptanz, der Motivation und der Erfahrung nur von und mit allen Betroffenen und Beteiligten gestaltet werden. Operativ übernimmt Controlling oder Controllingservice dabei das Planen, Budgetieren, Maßnahmen entwickeln usw. Strategisch trägt Controlling zum Öffnen zu neuen und kreativen Lösungen bei.

Anlässlich des Abschlusses eines großen Universitätsentwicklungsprojektes der Verwaltung der Universität Hamburg (LÜTHJE, JÜRGEN/NICKEL, SIGRUN (Hg.): Universitätsentwicklung. Strategien, Erfahrungen, Reflexionen. Frankfurt a.M. et al.: Peter Lang) wurden in einer Arbeitsgruppe zum Controlling einige Thesen und Anregungen formuliert, die hier kaum verändert als abschließende Zusammenfassung stehen sollen. Im konkreten Fall sind sie natürlich jeweils anzupassen.

Statt »Universität« (wie im Original) habe ich in den folgenden Sätzen »Bildungseinrichtung« verwendet.

- Die Bildungseinrichtung der Zukunft hat Controlling/ Controllingservice an Bord.
- Controlling/ Controllingservice sitzt mit Blick in Fahrtrichtung und unterstützt die Bildungseinrichtung bei der Formulierung und Realisierung von Zielen.
- Die Bildungseinrichtung führt ein:
  - Finanzrechnung,
  - Vermögensrechnung,
  - Kostenrechnung,
  - Investitionsrechnung,
  - Leistungsrechnung.
- Die produzierten Informationen deutet die Bildungseinrichtung in Kommunikationsprozessen und durch Interpretationen im Hinblick auf
  - Zielvereinbarungen und
  - Kontraktmanagement.

- Die Bildungseinrichtung entwickelt und praktiziert Kommunikations- und Entscheidungsverfahren, die eine möglichst breite Akzeptanz der Planung und Steuerung in der gesamten Bildungseinrichtung sicherstellen.
- Die Bildungseinrichtung operationalisiert und dynamisiert ihr Leitbild durch Leitfragen, mit denen die Entwicklung und die geltenden Ziele ständig konfrontiert werden.
- Die Bildungseinrichtung beginnt mit Controlling, obwohl sie weiß, dass das Verfahren nie vollständig entwickelt sein wird, d.h. sie ist prozessorientiert.
- Die Bildungseinrichtung wendet neben formalen Verfahren des Controlling gleichwertig andere Verfahren der Qualitätsbewertung an, z.B. solche, die unter den Stichworten Evaluierung, Benchmarking, Szenariotechnik o.ä. zusammengefasst werden.
- Die Bildungseinrichtung bleibt sich der Gefahr bewusst, dass jedes Controlling nur einen Ausschnitt der Bildungswirklichkeit und der gesellschaftlichen Anforderungen abbildet, und reflektiert die Problematik innerhalb ihres Auftrages zur Kritik. Sie arbeitet an situationsgerechten Anpassungen.
- Controlling gewinnt Anregungen für die strategische Entwicklung der Bildungseinrichtung auch durch die Organisation externer Beratungs- und Entscheidungsbeteiligung.
- Die Bildungseinrichtung ist sich bewusst, dass Controlling den Blick lenkt – ihn also auch ablenkt – und deshalb nicht absolute Wahrheiten abbildet, wohl aber Konsensbildung fördern kann.

6.2 Da ist doch noch was

Da ist nichts weiter:
Der Weg kommt an ein Ende.
In Petersilie
[BUSON, EIN BERÜHMTER JAPANISCHR HAIKU-DICHTER]

Da ist immer noch was. Dieses Buch ist bewusst so gehalten, dass es Sie zu einem möglichst aktiven und interaktiven Umgehen animiert. Insofern habe ich zwar auf Literatur verwiesen, die Sie nachlesen können. Insgesamt war ich aber bemüht, Ihnen soviel Inhalt ohne komplizierte Abhandlungen zu liefern, dass Sie abwägen und erkennen können, was Sie in Ihrer Arbeit unmittelbar einzusetzen versuchen könnten und wo Sie vielleicht noch vertieft in die Literatur einsteigen wollen. Dieser Schritt sollte auf der Basis der hier vorgetragenen und von Ihnen durchgearbeiteten Inhalte gut gelingen.

Ganz will ich aber doch nicht darauf verzichten, Sie zu weiterem kritischen Nachdenken über Controlling und Managerial Accounting anzuregen. Die spannendste Diskussion dazu findet weitgehend im englisch-skandinavischen Sprachraum statt. In der folgenden Tabelle, die dem im Literaturverzeichnis zu findenden Buch von ANTHONY G. PUXTY entnommen ist, zeigt sich wenigstens eine Andeutung davon. Weitere Autoren im Literaturverzeichnis zu dieser Debatte sind u.a. ANTHONY G.

HOPWOOD, PETER MILLER, ROBIN ROSLENDER und AHMED RIAHI BELKAOUI, die vielfältige Perspektiven aufzeigen.

Fragen der Ansätze zum Controlling	Konventionelle Darstellung	Naturalistische Darstellung	Verbleibende Probleme	Allgemeine Orientierung einer kritischen Perspektive	Einsicht in Controlling aus kritischer Perspektive
1. Was sind organisationale Ziele?	Organisationale Ziele repräsentieren Interessenkongruenz	Die Problematik, Vorschläge zu legitimieren, erfordert „Verhandlungen"	Vernachlässigt, dass organisationale Ziele Artikulationen eingebrachter Interessen der Mächtigen sind	Die Beziehung zwischen formalen Zielen und den Interessen der Mächtigen sowie deren Transformation durch Widerstand	Konkretisierung von Maßnahmen zur Kanalisierung und Legitimierung partikularer Interessen
2. Was ist der Fokus der Analyse?	Individuen, Untereinheiten und das System	Soziale Interaktion	Vernachlässigung von Zielen als Artikulationen durchgesetzter Interessen	Wie Managementkontrolle und -steuerung durch die Klassenstruktur und die staatliche Regulierung formiert wird	Die Rolle des Controlling bei der institutionalisierten Unterordnung der Arbeit
3. Welches Bild der organisationalen Realität ist zu Grunde gelegt?	Organisationen sind durch rationales und kooperative Verhalten charakterisiert	Individuen sind bei der Beachtung der Aktionen anderer ständiger Unsicherheit ausgesetzt	Vernachlässigung der institutionellen Analyse	Konflikte, die sich aus fundamentalen Antagonismen zwischen Kapital und Arbeit ergeben	Organisationen als ein Ort von Klassenkampf und Unterdrückung
4. Was ist Controlling?	Ein technischer und neutraler Informationsservice für Entscheidungsprozesse	Ein Prozess, in dem bestimmte Akteure gemeinsame Bedeutungen/Definitionen aushandeln	Inadäquate Behandlung dauerhafter Konflikte und von Elementen der Abhängigkeiten	Wie Kontroll- und Steuerungsmechanismen durch die Macht und die Erfordernisse kapitalistischer Produktionsverhältnisse geformt werden	Kontroll- und Steuerungsmaßnahmen als Ausdruck der dominanten kapitalistischen Produktionsweisen
5. Was liefert Controlling?	Eine spiegelbildliche Abbildung der Realität	Eine subjektive Sprache, die intersubjektiv aufrechterhalten und modifiziert wird	Einbeziehung von Macht, Kontrolle und Steuerung	Die Demystifizierung der vermeintlich neutralen Sprache	Die Sprache des Rechnungswesens und Controlling dient und legitimiert partikulare Interessen

6. Wie wird die historische Entwicklung von Rechnungswesen erklärt?	Als Ergebnis des technischen und organisationalen Fortschritts	Die historische Perspektive wird vernachlässigt	Die selektive und interessenbezogene Sprache von Informationen des Rechnungswesens	Die Förderung einer Perspektive, die die Rolle polit-ökonomischer Macht bei der Konstituierung von Controllingpraktiken beleuchtet	Wird als Ausdruck von Krisen gesehen, die durch die widersprüchliche Logik des kapitalistischen Prozesses hervorgerufen werden
7. Wessen Interessen dient Controlling?	Jedermanns Interessen sind bestens bedient, wenn Eigentümer und Manager, die als synonym angenommen werden, prosperieren	Relativ offen, ökonomische oder kollektivistische Kategorien sind keine prinzipielle oder signifikante Basis der Analyse	Fehlende Betrachtung der Bedeutung der Klassenformierung durch die Tätigkeit des Managements	Die zwiespältige Position von Managern innerhalb der Klassenstruktur	Rechnungswesen und Controlling entsprechen den Interessen des Kapitals und werden auch durch inter-professionellen Wettbewerb geformt
8. Wie werden Fehler konzeptualisiert?	Abweichungen passieren durch Individuen (absichtlich oder auch nicht) und Defekte in der Verwaltung	Aktionen werden als Aktionen im Kontext des subjektiven Bedeutungssystems des Akteurs verstanden	Abweichungen werden nicht in Relation zur Basisstruktur von Organisationen und Gesellschaft verstanden	Die Definition von Abweichungen in Abhängigkeit von den Klasseninteressen der Definierenden	Abweichungen entstehen außerhalb der Bemühungen, Kontrolle und Steuerung über aufsässige Arbeiter zu sichern

Abbildung 20:
Traditionelle und interaktionistische Ansätze zur Darstellung von Controlling (managerial accounting) und Rechnungswesen [nach PUXTY, *a.a.O., S. 94 ff.]*

Literatur zur Vertiefung

Lüthje, Jürgen/Nickel, Sigrun (Hg.) (2003): Universitätsentwicklung. Strategien, Erfahrungen, Reflexionen. Frankfurt am Main: Lang

Tischer, Stefan et al. (Hg.) (2000): Universitäten im Wettbewerb. Zur Neustrukturierung österreichischer Universitäten. München und Mering: Hampp

7   Stichwortverzeichnis

Im Folgenden finden Sie in alphabetischer Reihenfolge die Stichwörter der einzelnen Kapitel und Unterkapitel aufgelistet. Die Quellenangabe benennt dabei jeweils die Stelle, an der der Begriff in seinem Zusammenhang besonders klar werden sollte. Es lohnt sich, den Stoff auch einmal ausgehend von den Stichwörtern zu durchdenken. Eine stärker instrumentell ausgerichtete Stichwortliste finden Sie im Lexikon auf der CD-Rom von MEURER/STEPHAN.

8   Glossar der Controllingbegriffe

Im Folgenden sollen etliche Controllingbegriffe in alphabetischer Reihenfolge – ohne Anspruch auf Vollständigkeit – aufgelistet und ergänzend dargestellt werden. Wichtige Begriffe, die bereits im Text ausführlich erläutert wurden, werden nicht aufgenommen. Bitte beachten Sie auch das Stichwortverzeichnis.

Das Glossar ist weitgehend – mit einigen Abweichungen, Kommentierungen und Ergänzungen – dem bereits zitierten Buch des BDU entnommen und ergänzt. Einige Ergänzungen stammen auch aus dem von Deyhle herausgegebenen und bereits zitierten Fachlexikon für Controllerinnen und Controller 2005. Ein gutes Glossar bzw. Lexikon befindet sich auf der CD-ROM von MEURER und STEPHAN. Nochmals sei daran erinnert: Auch die Begriffe des Glossars greifen; sie sind nicht neutral, sondern immer schon selektiv und im Hinblick auf diese Wertbehaftetheit in jeder konkreten Situation nochmals genau zu überprüfen. Schließlich ist beim Glossar ebenfalls zu überlegen, inwieweit es auf den Bildungsbereich (allgemein: die konkrete Situation) übertragbar ist, welche Spezifika aus dem Bildungsbereich hinzugefügt werden können bzw. welche Beispiele aus der eigenen Erfahrung im Bildungsbereich sich bilden lassen.

Internetrecherche: Sie werden im Internet zu vielen der hier verwendeten Begriffe und zu Weiteren mehr oder weniger umfangreiche Texte finden. Schauen Sie ruhig ab und zu hinein und vergleichen Sie. Verwenden Sie, was für Sie brauchbar erscheint, aber nicht unkritisch. Auch das ist Controlling.

ABC-Analyse
Sie baut darauf, dass bei einer Menge von Einzelgrößen einer Gesamtheit einzelne Gruppen eine unterschiedliche Bedeutung für diese Gesamtheit aufweisen. Man trennt danach in die Gruppen mit großer (A-Positionen) bis geringer (C-Positionen) Bedeutung. Z.B. erbringen 5 % der Kunden (A-Kunden) 50 % des Umsatzes. C-Artikel wird man z.B. unter Umständen nicht nach Stückzahl, sondern nach Gewicht (»einen Wagon voll«) kaufen. In einem ganz anderen Zusammenhang, der nichts mit der ABC-Analyse zu tun hat, steht ABC auch für Activity Based Costing (Prozesskostenrechnung).

Abweichungsanalyse
Die Abweichungsanalyse versucht Abweichungsursachen zu finden, deren Ausgleich durch Gegensteuerung zukünftige Planabweichungen verringern, verhindern oder beseitigen helfen soll. Die Abweichung zwischen der Zielerreichung zu einem bestimmten Zeitpunkt und dem endgültigen Ziel wird in diesem Buch Herausforderung oder 1. Abweichung genannt. Die 2. Abweichung oder SOLL-IST-Abweichung ist die zwischen dem zu einem bestimmten Zeitpunkt erreichten Ergebnis und dem gedachten (fiktiven) SOLL-Ergebnis zu diesem Zeitpunkt.

Be-Deutung
Die Dinge, die Prozesse oder auch die sogenannten Fakten haben häufig eine konventionelle Bedeutung. Im Controlling wird ihnen nicht selten allerdings eine bestimmte Deutung zugeschrieben, weshalb ich den Begriff Be-Deutung verwende.

Beeinflussbare Kosten oder andere beeinflussbare Größen
Für beeinflussbare Kosten oder andere beeinflussbare Größen des eigenen Bereichs ist der Leiter der Organisationseinheit (Kostenstelle, Profit Center, Service Center) verantwortlich.

Benchmarking
Benchmarking geschieht mit den besten Konkurrenten oder »best in class« in einzelnen Betriebsbereichen, Geschäftsfeldern, aber auch im Gesamtunternehmen mit anderen Betrieben

(Branchen). Aus dem Versuch eines Vergleichs können mitunter für das eigene Unternehmen Erfolgspotenziale abgeleitet werden.

Berichtswesen

Man unterscheidet nach internem und externem Berichtswesen. Das interne Berichtswesen gehört zum Verantwortungsbereich des Controllers, es ist ein wesentliches Element der Steuerungsfaktoren. In ihm gibt der Controllingservice in seiner Form und auf seine Weise seine Sicht der Dinge wieder. Besonders wichtig ist auch der Erwartungsbericht des Controlling, in dem beispielsweise aufgezeigt wird, wie die zu erwartende Lücke geschlossen werden kann bzw. welche Maßnahmen vermutlich zu welchen Kosten- und Leistungsveränderungen führen werden.

Beyond Budgeting

Dieses neuere Schlagwort meint nicht »ohne Budgets«, sondern eher »Budgetierung ... und dann?«, also eine Einstellung, die sich vom Budget nicht versklaven lässt. Wird während des Jahres ein Kurs entwickelt, der nicht budgetiert war, kann das sehr sinnvoll sein. Nicht sinnvoll wäre es, das Budget nun wegzuwerfen. Man muss nur bei seiner Beachtung die Neuentwicklung mit bedenken.

Bild

Alle Kennzahlen, aber auch Bilanzen, Berichte, Kostenrechnungsergebnisse oder Investitionsrechnungen sind nicht »die Wahrheit«, sondern immer hoch selektive Bilder, die natürlich die Wahrnehmung mit bestimmen und mit bestimmen sollen. Sie lassen sich mit Spotlights vergleichen, die einen Bereich hell ausleuchten, wobei andere Bereiche dunkler erscheinen und weniger auffallen. Bilder sind nicht die Wirklichkeit. Sie richten den Blick. Als Leitbilder werden häufig Texte verfasst, die eine Art Organisationsverfassung beschreiben sollen. In vielen Fällen ist es sinnvoll, den Begriff „Leitbild" wörtlich zu nehmen und wirklich ein Bild zu malen, das durch seine Ausdeutungsmöglichkeiten anregender als ein Text sein kann.

Branchenstrukturanalyse

Sie ist ein Analyse-Instrument zur Beurteilung der Branche als Ganzes, der Branchenprognose als künftige Entwicklung der Konkurrenten, der zukünftig vorherrschenden Technologie, der zukünftig verwendeten Rohstoffe und Materialien, der zukünftig gefragten Bildungsinhalte und der möglichen Einsteiger sowie zur Beschreibung der eigenen Position.

Break-Even-Analyse (Kostendeckungspunkt)

Sie ist ein Verfahren zur Bestimmung der Menge, ab deren Produktion eine Investition Gewinn ausweist. Die Analyse kann sich sowohl auf ein Produkt als auch auf den Gesamtbetrieb beziehen. Letzteres ist bei heterogener Betriebsstruktur kaum verursachungsgerecht leistbar.

Budgetierung

Sie bezeichnet die zusammenfassende Darstellung der geplanten und in Geld-, Mengen- und Zeitpläne umgesetzten Geschäftätigkeit des Unternehmens in einer Planungsperiode. Die Endergebnisse der Budgetierung, die ein langwieriger Prozess sein kann und spätestens drei Monate vor dem Beginn der Planungsperiode starten sollte, sind Kosten-, Leistungs-, Umsatz-, Investitions-, Personal-, Erfolgs- und Finanzpläne sowie Planbilanzen, Plan-Gewinn-und-Verlustrechnungen, Instandhaltungspläne usw. usw. Sie bilden die Grundlage für alle Arten von Abweichungsanalysen.

Businessplan

Der Businessplan gibt die erwartete und geplante Geschäftsentwicklung in Mengen- und Wertgrößen für die nächsten Jahre an. Die Abzinsung der entsprechenden Einzahlungs- und

Auszahlungsreihen auf den heutigen Zeitpunkt ergibt den Barwert des Geschäfts der nächsten Jahre – falls die Planungen bzw. Prognosen stimmen. Businesspläne werden explizit meist von potenziellen Kapitalgebern bei Neugründungen verlangt. Businesspläne sind extrem von den Annahmen abhängig, die in sie eingehen, und insofern mit großer Vorsicht zu betrachten.

Cashflow-Analyse

Sie ist eine Methode zur Bestimmung der Innenfinanzierungsmittel des Unternehmens. Im engsten Sinne besteht der Cash Flow aus Gewinn + Abschreibungen.

Deckungsbeitragsrechnung

Die Deckungsbeitragsrechnung ist ein Rechnungssystem auf der Basis von Voll-(Teil-)Leistungen abzüglich Teilkosten. Bei der Deckungsbeitragsrechnung auf Grenzkostenbasis erfolgt die Kostenzurechnung nach dem Verursachungsprinzip. Bei der Deckungsbeitragsrechnung auf Einzelkostenbasis erfolgt die Kostenzurechnung nach Bezugsgrößen.

Entgrenzung

Erfahrung, berufliche und persönliche Sozialisation, die Lehre und das Lernen prägen uns und unsere Sicht der Dinge. Das verschafft Orientierung und Struktur. Zugleich werden durch diese Prägung aber nicht nur unser Urteil, sondern auch unsere Urteilsfähigkeit und unser Urteilsvermögen geprägt, so dass wir manche Dinge „nicht mehr sehen können". Wir stoßen an die Grenzen unserer Kreativität, unseres Einfallsreichtums und unserer Fantasie. Durch Kreativitätstechniken, Rekonstruktion, Wechsel des Standpunktes und der Perspektive, Kritik und kritisches Nachfragen sowie genaues Hinhören und Hinsehen bei Argumenten anderer und deren Reaktionen können wir unsere Grenzen zum Teil erkennen. In diesem Fall müssen wir uns nicht mehr von dieser Grenze her definieren (z.B. „ich bin Lehrer"), sondern können überlegen, ob wir sie überschreiten wollen (z.B. „ich versuche mich als Berater").

Erfahrungskurve

Bei der Erfahrungskurve handelt es sich um eine Konzeption, die eine Senkung der variablen Kosten in Abhängigkeit der kumulierten produzierten Menge fordert. Bei dem Prozentsatz wird auf vergleichbare Produkte abgestellt, die in der Vergangenheit eine solche Entwicklung durchgemacht haben. Im Bildungsbereich könnten Beispiele dafür die abnehmende Vorbereitungszeit bei Wiederholungen sein.

Evaluierung

Verfahren zur Beurteilung von Abläufen, Handlungen und Entscheidungen (z.B. Lehrveranstaltungen) als Grundlage für Qualitätsbeurteilungen und Verbesserungsmaßnahmen. Sowohl die Evaluierungsergebnisse als auch die Konsequenzen können ohne Beteiligung der Evaluierten nicht hinreichend interpretiert werden. Evaluierung ist freilich mitunter auch die Hintertür, durch die der Staat in die (angeblich) in die Autonomie entlassenen Organisationseinheiten (Deregulierung) wieder ins Geschehen eingreift.

Finanzplanung

Im Finanzplan werden alle Teilpläne des Unternehmens mit ihren zahlungswirksamen Vorgängen (Einnahmen und Ausgaben nach Art und Zeitpunkt ihres Anfalls) erfasst. Der Finanzplan hat folgende Aufgaben:

- Bestimmung des Finanzbedarfs einer Periode,
- Planung der Liquidität,
- Grundlage bei Kreditverhandlungen,
- Ermittlung der optimalen Finanzierungsarten.

Fragen

Fragen öffnen zu neuen und/oder besseren Einsichten. Rückfragen ermöglichen es zu überprüfen, ob wir uns verstanden oder wenigstens verständigt haben. Fünfmal »Warum?« fragen ist bohrend und eine der besten Techniken, um an die Grenze eines Gedankens, einer Konstruktion, einer Annahme und damit auf die Höhe des Problems zu kommen. Leitsätze sollten immer von Leitfragen begleitet werden, mit deren Hilfe alle Beteiligten jederzeit überprüfen können, ob sie sich an die Leitsätze halten oder ob z.B. die Leitsätze geändert werden sollten.

Frühwarnsystem

Bei der Frühwarnung werden möglichst viele Risiken/Chancen des Unternehmens und seiner Umwelt erfasst, systematisiert und ausgewertet. Die Frühwarnung ist Grundlage der strategischen Unternehmensplanung bzw. entsprechender Steuerungsmaßnahmen.

GAP-Analyse

Zwischen den strategischen Zielvorstellungen und der gegenwärtigen Entwicklung besteht im Unternehmen häufig eine mehr oder weniger große Lücke. Im Rahmen der GAP-Analyse werden die strategischen Lücken und Leistungslücken analysiert und zu erklären versucht. Gleichzeitig ist die GAP-Analyse der Versuch, zur Suche nach Steuerungsmöglichkeiten anzuregen.

Gemeinkosten-Wertanalyse

Diese systematische Analyse eines Produktes/einer Kostenstelle erfolgt mit dem Ziel, alle – im Hinblick auf die Funktion – nicht notwendigen Kosten zu erkennen und zu beseitigen. Das gilt im übrigen nicht nur für die Gemeinkosten. In der Produkt-Wertanalyse wird untersucht, welche Funktionen das Produkt haben muss, haben soll oder haben kann und welche es auf keinen Fall haben darf. Die Gewichtung der Funktionen kann zu Kostensenkungen führen. Beispielsweise kann es für den Kunden unbedeutend sein, welche Form ein Joghurtbecher hat, so dass die kostengünstigste Form gewählt wird.

Informationsasymmetrien

Unterschiedliche Organisationsteilnehmer verfügen meist über unterschiedliche Informationen. Damit lässt sich Politik machen. Dann sind „Missverständnisse" möglicherweise gewollt. Häufig treten aber auch Missverständnisse auf, weil die Menschen »aneinander vorbei reden«. Insbesondere in komplexen Situation (z.B. bei der Evaluierung und der Beratung über Konsequenzen) wird daher häufig darauf Wert gelegt, dass alle oder wenigstens viele Beteiligten und Betroffenen zu Wort kommen.

Investitionsrechnungen

Sie sind Hilfsmittel zur Klärung der Frage, ob Investitionen lohnend sind oder welche der Investitionsalternativen am vorteilhaftesten für ein Unternehmen ist. In Theorie und Praxis ist eine Anzahl von Verfahren zur Investitionsrechnung entwickelt worden:

- Einperiodische Verfahren

    (Kostenvergleichsrechnung, Gewinnvergleichsrechnung, Pay-off-Methode)
- Mehrperiodische Verfahren

    (Kapitalwertmethode, Annuitätenmethode, interne Zinsfußmethode usw.),
- Programmtheoretische Verfahren

    (produktionstheoretische, finanzmathematische Verfahren).

Kapitalflussrechnung

Die Kapitalflussrechnung als Instrument zur Ermittlung der Finanzmittelherkünfte und der Finanzmittelverwendung in einem Unternehmen kann als Vergangenheitsrechnung (retrograd) und als Planungsrechnung (prospektiv) durchgeführt werden.

Kennzahlen/Kennzahlensysteme

Kennzahlen sind fragebezogene Verhältniszahlen für inner- oder zwischenbetriebliche Vergleiche. Kennzahlen können z.B. unterschieden werden in:

- Gliederungszahlen (Beispiel: Anteil Personalkosten von Gesamtkosten),
- Beziehungszahlen (z.B. Umsatz/Kunde),
- Veränderungszahlen (z.B. Umsatz der Periode t+1 zu Umsatz Periode t).

Kostentreiber

Kosteneinflussgrößen. Der Begriff ist mit der Prozesskostenrechnung entstanden. Es wird versucht herauszufinden, welche Strukturkosten (Gemeinkosten) von welchen Einflussgrößen »getrieben« werden, um so besser zurechnen zu können.

Management by Exception

Bei diesem Managementprinzip erhalten die Mitarbeiter der unteren und mittleren Führungsebene detaillierte Aufgabenpläne mit genauen Richtlinien für die Entscheidungsfindung. Im Rahmen dieser vorgegebenen Grenzen haben sie Entscheidungsbefugnis, ansonsten müssen sie sich an die nächst höhere Instanz wenden.

Management by Objectives (MbO)

Bei diesem Managementprinzip werden aus dem Oberziel des Unternehmens Unterziele für einzelne Abteilungen »abgeleitet« (sinnvollerweise: verhandelt) und mit den Verantwortlichen dieser Stellen/Instanzen vereinbart. Durch die Vereinbarung ausgehandelter Ziele sollen die Akteure zu einem auf die Oberziele ausgerichteten, motivierten Handeln angeregt werden. Auf dem Weg zum Ziel werden in der Regel noch »Meilensteine« definiert, die Entscheidungen über ein Weitermachen oder den Ausstieg markieren sollen.

Management-Informations-System (MIS)

Es beschreibt die Idealvorstellung eines umfassenden betrieblichen Informationssystems, das alle Teilinformationssysteme stringent verbindet. Es ist eine Illusion, die besonders gern von Softwarehäusern verbreitet wird.

Nach-Denken

Es ist ein Irrtum, dass nur selber denken schlau macht. Einen Gedanken nach-denken hilft, ihn tiefer zu verstehen als beim ersten Hinhören oder Lesen. Wie denkt jemand, wenn er so denkt wie er denkt?

New Public Management

Unter New Public Management (NPM) wird letztendlich die leistungsbezogene Steuerung der öffentlichen Aufgabenerfüllung verstanden. Die öffentliche Verwaltung soll durch ergebnis- und leistungsorientierte Budgets und Rahmenentscheidungen gesteuert werden und im Tagesgeschäft ihre Abläufe selbständig effizient organisieren können. Das bedingt vielfach Dezentralisierung und Ausgliederung von Betriebs- und Verwaltungseinheiten in privatrechtliche Organisationsformen mit der entsprechenden Entscheidungs- und Steuerungskompetenz. Im Grunde geht es um eine Verbesserung der internen Management- und Personalqualität mit dem Ziel effizienterer Erstellung der öffentlichen Leistungen. In der Praxis ist vielfältige Kritik aufgekommen, die sich auf die zum Teil sehr naiven Vorstellungen vom Funktionieren der Märkte bezieht, aber auch auf die Tatsache, dass NPM vielfach ausschließlich zu finanzwirtschaftlichen Einsparungen sowie zu Rationalisierungen und Arbeitsplätzeabbau genutzt worden ist.

Planbilanzen

In der Planbilanz werden die bisherigen und die geplanten Investitionen auf der Aktivseite dargestellt; die bisherigen und die geplanten Finanzierung werden entsprechend auf der Passivseite ausgewiesen.

Plangewinn und -verlust

Er stellt den Saldo aus geplanten/budgetierten Umsätzen und Kosten einer Periode dar.

Plankostenrechnung

Sie dient der Ermittlung und Vorgabe geplanter Kosten einer Periode. Die Plankostenrechnung ermöglicht – grundsätzlich und unter bestimmten Voraussetzungen – Kostenkontrolle und innerbetriebliche Leistungsverrechnung auf Voll- oder Teilkostenbasis, wobei zukünftige Variationen der Beschäftigung und anderer Kosteneinflussgrößen einbezogen werden.

Portfolio-Management

Bei dieser Methodik der strategischen Unternehmensplanung geht es darum, die knappen Ressourcen den »richtigen« Geschäftsbereichen zuzuordnen. Dazu wird eine Produkt-/Marktmatrix aufgebaut und jeder Geschäftsbereich nach den Kriterien Wettbewerbsfähigkeit und Wachstumspotenzial bewertet. Für die Geschäftsbereiche werden entsprechende Strategien festgelegt. Für den Geschäftsbereich, der sich z.B. durch eine niedrige Produktattraktivität und eine niedrige Marktattraktivität auszeichnet, sollten auf keinen Fall Investitionen durchgeführt werden.

Produkt-Lebenszyklus

Der Produkt-Lebenszyklus umfasst den vollen Zeitraum eines Produkts von der Idee über Entwicklung und Markteinführung bis zum Ausscheiden aus dem Markt.

Profit Center-Rechnung

Das Profit Center ist eine Organisationseinheit eines Unternehmens, dem Leistungen und Kosten zugerechnet werden. Der Erfolg des Profit Centers wird gemessen am Gewinn oder am Return of Investment (ROI).

Prognosen

Prognosen sind theoretisch (besser: abstrakt) oder empirisch fundierte Aussagen über eine Entwicklung bzw. einen künftigen Sachverhalt. Die bekanntesten Prognosemethoden sind:
- Regressionsanalyse,
- Trendverfahren,
- Expertenbefragung,
- Impact-Analyse,
- Szenariotechnik.

Prognostizieren ist keine Wissenschaft, sondern allenfalls eine Heuristik (also eine grobe Hilfe beim Nachdenken und Abschätzen einer Situation), da beispielsweise die Prognose zu Interventionen führt, so dass im Nachhinein nicht mehr festgestellt werden kann, ob die Situation sich ohne die Prognose und die Intervention wie durch die Prognose vorhergesagt entwickelt hätte.

Prozesskostenrechnung

In der Prozesskostenrechnung (Activity Based Costing) werden Gemein- bzw. Strukturkosten – z.B. Materialgemeinkosten – mithilfe von Kostentreibern (z.B. Anzahl der Bestellungen oder Wareneingänge) auf den Kostenträger verrechnet. Damit soll einer Aufblähung des nicht verursachungsgerecht zurechenbaren und damit auch nicht verantwortungsgerecht zurechenbaren Gemein- bzw. Strukturkostenblocks gegengesteuert werden.

Responsiveness

Wie viele der anderen hier genannten Begriffe ist auch »Responsiveness« kein Begriff, der nur im Controlling relevant ist. Er benennt die Einsicht, dass auch andere in einer Situation beteiligte Menschen das Recht haben, ihre Vorstellungen und Interessen einbringen zu können. Das betrifft zum Beispiel die Bereitschaft von Lehrpersonen, auf die Fragen, Anmerkungen, aber auch auf die Kritik der Lernenden einzugehen. Im Controlling meint das insbesondere die Bereitschaft von Linienmanagement und Controllingservice, die jeweiligen Aussagen nicht als absolut zu nehmen, sondern sie einem immer wieder neuen Dialog auszusetzen.

Simulationsrechnung

Sie beschreibt die Nachbildung realer oder geplanter Systeme und ihre Durchführung, bei komplizierten und umfangreichen Zusammenhängen in der Regel mithilfe der elektronischen Datenverarbeitung. Das Verhalten des Simulationsmodells, das komplizierte Zusammenhänge definierter Systeme abbildet, ist meistens nach den Regeln der Wahrscheinlichkeitsrechnung kreïert. Es handelt sich also um eine experimentelle Technik, die es der Unternehmensleitung gestattet, auf der Basis der gemachten Annahmen (Vorsicht: Annahmen können sich auch unbemerkt einschleichen; sie werden z.B. zum Teil schon mit der Wahl der einzusetzenden Methoden mit bestimmt) Veränderungen unternehmenspolitischer Art auf deren Zweckmäßigkeit hin zu überprüfen.

Target Costing (Zielkostenrechnung)

Dieses Instrument der strategischen Unternehmensplanung geht vom Markt aus und fragt zunächst: „Was darf ein Produkt kosten?" Target Costing geht von dem Gedanken aus, dass die meisten Herstellungskosten eines Produktes in der frühen Design-Phase festgelegt werden. Diese gilt es zu minimieren.

Umweltanalyse

Als Umwelt wird der am Unternehmen interessierte Kreis, aber auch der Markt gesehen. Die Umweltanalyse beschreibt also die systematische Erarbeitung von Chancen/Risiken des Unternehmens, die sich aus Markt, Kunden, Mitbewerbern, Technologie (z.B. Kostenschwelle beim Einstieg) und Politik/Recht ergeben.

Unternehmensanalyse

Sie beschreibt die systematische Analyse der Stärken/Schwächen eines Unternehmens. Die wichtigsten Bereiche sind:
- Geschäftsfeldanalyse,
- Funktionswertanalyse,
- Analyse qualitativer Faktoren (z.B. Organisation).

Wertschöpfungskettenanalyse

Die Wert- oder Wertschöpfungskette gliedert ein Unternehmen in Tätigkeiten bzw. eine Folge Wertzuwachs schöpfender Aktivitäten, um das damit verbundene Kostenverhalten sowie vorhandene und potenzielle Differenzierungsquellen zu erkennen. Wenn ein Unternehmen diese strategisch wichtigen Aktivitäten billiger oder besser als seine Konkurrenten erledigt, verschafft es sich Wettbewerbsvorteile. Soweit wertschöpfende Aktivitäten nicht beim Endverbraucher (Kunden) enden, können sie an kostengünstigere Akteure ausgelagert werden.

Wertschöpfungsrechnung

Die Wertschöpfung eines Betriebes ist die Summe der durch die Kombination der Produktionsfaktoren geschaffenen Werte, also die Gesamtleistung abzüglich der von Dritten bezogenen Vorleistungen.

Zur praktischen Ermittlung werden zwei Methoden unterschieden:
- reale Methode; entsprechend der Definition werden von der Gesamtleistung eines Unternehmens die Vorleistungen abgezogen.
- personelle Methode; erfasst die durch den betrieblichen Leistungsprozess entstandenen Einkommensarten (Löhne, Kapitalerträge, Unternehmensgewinne, Fremdkapitalzinsen).

Zero Base Budgetierung (ZBB)

Dieses Verfahren der Budgetierung stellt prinzipiell die Basis der Zahlen bisheriger Budgets in Frage und untersucht sie auf ihre Rechtfertigung hin.

Zielplanung

In der Zielplanung werden alle unternehmerischen Ziele nach Inhalt, Ausmaß und zeitlicher Dauer abgebildet. Alle betrieblichen Planungen und Handlungen werden auf den Zielplan ausgerichtet. Natürlich bedenken die Beteiligten – je nach Machtposition mit unterschiedlichem Erfolg – dabei auch ihre eigenen Interessen, das ihnen machbar Erscheinende und das, was bei der Zielplanung nicht durchzubringen ist, in der sogenannten Umsetzungsphase aber vielleicht doch noch unterzubringen sein wird.

9   Literaturverzeichnis

Bücher und Aufsätze

Andreas, Dieter (2002): Kosten-Controlling & Arbeitsvereinfachung. 8. Aufl., Offenburg: Verlag für Controllingwissen

BDU – Bundesverband Deutscher Unternehmensberater e. V. (Hg.) (2000): Controlling. Ein Instrument zur ergebnisorientierten Unternehmenssteuerung und langfristigen Existenzsicherung. Leitfaden für die Controllingpraxis und Unternehmensberatung. 4. Aufl. Berlin: Erich Schmidt Verlag

Belkaoui, Ahmed Riahi (1992): Accounting Theory. 3rd Edition, London et al.: The Dryden Press

Binder, Andreas/Engl, Heinz (2000): Studie »Modellrechnung«. In: Titscher, Stefan et al. (Hg.): Universitäten im Wettbewerb. München und Mering: Rainer Hampp, S. 387-435

Blazek, Alfred/Deyhle, Alfred/Eiselmayer Klaus (2002): Finanz-Controlling. 7. Aufl., Offenburg: Verlag für Controllingwissen

Brandt, Reinhard (1999): Die Wirklichkeit des Bildes. Sehen und Erkennen – Vom Spiegel zum Kunstbild. München: Hanser

Brookson, Stephen (2001): Budgetplanung. München: Dorling Kindersley

Deyhle, Albrecht (Hg.) (2005): Controlling-Beispielheft 10: Deyhle's Fach-Lexikon für Controllerinnen und Controller 2005 – Geländegängige Begriffe für die praktische Controllingarbeit. Offenburg: Verlag für Controllingwissen

Deyhle, Albrecht/Günther, Carl/Radinger, Günter (jeweils die neueste Aufl.): Controlling-Leitlinie. München: CA Controller Akademie Gauting

Ewert, Ralf/Wagenhofer, Alfred (2003): Interne Unternehmensrechnung. 5. Aufl. Berlin Heidelberg New York: Springer

Fiedler, Rudolf (2005): Controlling von Projekten. 3. Aufl., Wiesbaden: Vieweg

Groys, Boris (1992): Über das Neue. München/Wien: Hanser

Habersam, Michael (1997): Controlling als Evaluation. Potenziale eines Perspektivenwechsels. München und Mering: Rainer Hampp

Hedlin, Pontus (1997): Accounting Investigations. Dissertation. Stockholm

Hinterhuber, Hans H. (2000): Strategisches Controlling – Die richtigen Prioritäten setzen. In: Seicht, Gerhard (Hg.): Jahrbuch für Controlling und Rechnungswesen 2000. Wien: Orac, S. 277-298.

Hopwood, Anthony G. (1987): The archaeology of accounting systems. Accounting, Organizations and Society, S. 437-456

Hopwood, Anthony G./Miller, Peter (Ed.) (1994): Accounting as social and institutional practice. Cambridge: University Press

Horváth, Péter (2006): Controlling. 10. Aufl. München: Vahlen (5. Aufl. 1994)

Jacobs, Claus (2003): Managing Organizational Responsiveness. Toward a Theory of Responsive Practice. Wiesbaden: DUV

Jäger, Urs (2003): Wertbewusstes Controlling. Weiche und harte Faktoren integrieren. Wiesbaden: Gabler

Jönsson, Sten (1996): Accounting for Improvement. Oxford: Pergamon

Kaplan, Robert S./ Norton, David P. (1997): Balanced Scorecard: Strategien erfolgreich umsetzen. Stuttgart: Schäffer-Poeschel

Kappler, Ekkehard (2004): Management by Objectives. In: Schreyögg, Georg (Hg.): Handwörterbuch der Betriebswirtschaftslehre. Stuttgart: Schäffer-Poeschel

Kappler, Ekkehard (2000): Entgrenzung. Leitfragen als zentrales Element strategischen Controllings. In: Seicht, Gerhard (Hg.): Jahrbuch für Controlling und Rechnungswesen 2000, Wien: Orac, S. 299-338.

Kappler, Ekkehard (2000): Die Produktion der regierbaren Person. In: Witt, Frank H. (Hg.): Unternehmung und Informationsgesellschaft. Management – Organisation – Trends. Wiesbaden: Gabler; S. 237-260

Kappler, Ekkehard (1999): Komplexität verlangt Öffnung – Strategische Personal- und Organisationsentwicklung als Weg und Ziel der Entfaltung betriebswirtschaftlicher Professionalität im Studium. In: Kirsch, Werner/Picot, Arnold (Hg.): Die Betriebswirtschaftslehre im Spannungsfeld zwischen Generalisierung und Spezialisierung. Wiesbaden: Gabler, S. 59-79

Kappler, Ekkehard (1998): Fit für Feränderung. In: Heidack, Clemens (Hg.): FIT für Veränderung, München und Mering: Hampp, S. 431-449

Kappler, Ekkehard (1983): Planung ohne Prognose. In: Kappler, Ekkehard/ Seibel, Johannes J./ Sterner, Siegried (Hg.): Entscheidungen für die Zukunft. Instrumente und Methoden der Unternehmensplanung, Frankfurt am Main: FAZ-Verlag, S. 9-19.

Kappler, Ekkehard/Knoblauch, Thomas (Hg.) (1996): Innovation – Wie kommt das Neue in die Unternehmung. Gütersloh: Verlag Bertelsmann Stiftung

Kappler, Ekkehard/Scheytt, Tobias (2006): Konstruktion des Controlling: Von der Sekundärkoordination zur Beobachtung zweiter Ordnung. In: Rusch, Gebhard (Hg.): Konstruktivistische Ökonomik. Marburg: Metropolis, S. 93-121.

Kirsch, Werner (1997): Fortschrittsfähige Unternehmung, rationale Praxis und Selbstorganisation. In: ders. (Hg.): Beiträge zu einer evolutionären Führungslehre. Stuttgart: Schäffer-Poeschel, S. 783-852

Kralicek, Peter (1995): Kennzahlen für Geschäftsführer. 3. Aufl., Wien: Ueberreuther

Lüthje, Jürgen/Nickel, Sigrun (Hg.) (2003): Universitätsentwicklung. Strategien, Erfahrungen, Reflexionen. Frankfurt a.M. et al.: Peter Lang

Meurer, Erik/Stephan, Günter (2002): Rechnungswesen und Controlling in der öffentlichen Verwaltung auf CD-ROM. Freiburg i.Br.: Haufe

Power, Michael (1997): The Audit Society. Rituals of Verification. Oxford: Oxford University Press

Preißner, Andreas (2003): Budgetierung und Planung. München: Hanser

Puxty, Anthony G. (1993): The social and organizational context of management accounting. London et al.: Academic Press

Roslender, Robin (1992): Sociological perspectives on modern accountancy. London/New York: Routledge

Schulz von Thun, Friedemann (1989): Miteinander Reden 1. Reinbek bei Hamburg: Rowohlt

Senge, Peter (1996): Die fünfte Disziplin. Kunst und Praxis der lernenden Organisation. Stuttgart: Klett-Cotta

Watzlawick, Paul (1976 ff.): Wie wirklich ist die Wirklichkeit? Wahn, Täusch. Verstehen. 18. Aufl. München: Piper

Weber, Jürgen (2005): Einführung in das Controlling. 10. Aufl. Stuttgart: Schäffer-Poeschel

Willke, Helmut (1989): Controlling als Kontextsteuerung. Zum Problem dezentralen Entscheidens in vernetzten Organisationen. In: Eschenbach, Rolf (Hg.): Supercontrolling. Vernetzt denken, zielgerichtet entscheiden. Wien: S. 63-95

Ziegele, Frank (2000): Mehrjährige Ziel- und Leistungsvereinbarung sowie Indikatorgesteuerte Budgetierung – Mittelvergabe und Zielvereinbarung. In: Titscher, Stefan et al. (Hg.) (2000): Universitäten im Wettbewerb. München und Mering: Rainer Hampp, S. 331-386

Zeitschriften

Accounting, Auditing and Accountability Journal, ed. by Guthrie, James E./Parker, Lee D. Bradford: MCB University Press
für wissenschaftlich interessierte Leser und Spezialisten
Accounting, Organizations and Society, ed. by Hopwood/ Anthony G., Oxford: Pergamon
für wissenschaftlich interessierte Leser und Spezialisten
Controlling & Management. krp-kostenrechnungspraxis. Hrsg.: Weber, J., Wiesbaden: Gabler
Controllermagazin. Hg.: Deyhle, Albrecht, Offenburg und Wörthsee/München: Verlag für Controllingwissen
Controlling. Hg.: Horváth, Peter / Reichmann, Thomas, München: Vahlen
Die besten Vordrucke, Checklisten & Arbeitshilfen für Controller von A-Z. Hg.: Deyhle, Albrecht. Offenburg (vierteljährlich seit 1999): Verlag für Controllingwissen

Anhang

A 1   BEISPIEL EINER EVALUIERUNGSSATZUNG

[IN WEITGEHENDER ANLEHNUNG AN DIE SATZUNG DER UNIVERSITÄT INNSBRUCK]

Richtlinien für die Durchführung von Evaluierungsmaßnahmen in Forschung, Studium/Lehre und Verwaltung

PRÄAMBEL

Evaluierung ist ein zentrales Steuerungselement des Universitätsmanagements. Sie dient der Gewährleistung und Weiterentwicklung der Qualität der verschiedenen Leistungen der Universität ... . Evaluierung muss die Planungs- und Entscheidungsprozesse der Universität wirksam unterstützen (z.B. leistungsorientierte Ressourcenvergabe, mittel- und langfristige Schwerpunktsetzung). Sie analysiert den Ist-Zustand aller Organisationseinheiten und stellt ihn im Sinn der Zielvereinbarung einem klar definierten Soll-Zustand gegenüber. Evaluierungsmaß-nahmen sind so zu gestalten, dass sie einerseits den Mitgliedern einer Organisationseinheit Rückmeldungen über ihre Tätigkeit verschaffen und andererseits Impulse für Verbesserungen, Entwicklungsplanungen, strategische Entscheidungen, eine stärkere internationale Ausrichtung und eine offensive Öffentlichkeitsarbeit liefern.

Die Universität... bekennt sich zum Modell einer prozessorientierten Evaluierung, der für alle Beteiligten transparente Bewertungsmaßstäbe zugrunde liegen. Ziel der Evaluierung ist deshalb nicht eine bloße Erhebung von Daten, sondern die diskursive Ermittlung konstruktiver Vorschläge für eine gezielte Weiterentwicklung und für verbindliche Konsequenzen. Evaluierung ist dabei so zu gestalten, dass daraus eine maximale Motivation sowie eine zunehmend sichere Selbsteinschätzung resultieren.

I. ALLGEMEINE VERFAHRENSGRUNDSÄTZE

1. Studium/Lehre, Forschung, Verwaltung/Selbstverwaltung, Dienstleistungen sowie die Orga-nisation des Studien- und Prüfungsbetriebes sollen einer regelmäßigen Evaluierung unter-zogen werden.

2. Effizienz und Effektivität der praktizierten Evaluierungsmaßnahmen sind in regelmäßigen Zeiträumen von den evaluierungszuständigen und richtliniengebenden Organen zu über-prüfen. Dabei soll auch eine Rückkoppelung zum aktuellen Stand der Evaluierungs-forschung erfolgen. Die Ergebnisse dieser Überprüfung sind für die Weiterentwicklung von Richtlinien und Evaluierungsinstrumenten zu nutzen.

3. Evaluierungsergebnisse sind öffentlich und werden in den jeweiligen Organisationsein-heiten besprochen.

4. Der Vizerektor für Evaluation ist über sämtliche Evaluierungsaktivitäten der Fakultäten rechtzeitig und umfassend zu informieren.

5. Im Falle von Instituten, die unmittelbar der Universitätsleitung zugeordnet sind, übernimmt der Senat die Funktion des Fakultätskollegiums für die in diesen Richtlinien vorgesehenen Maßnahmen.

II. EVALUIERUNG DER FORSCHUNG

1. Die Evaluierung der Forschung erfolgt prinzipiell in einem zweistufigen Verfahren:

   a. Universitätsinterne Evaluierung (wird in regelmäßigen Abständen, mindestens aber in 2-Jahres-Abständen, durchgeführt)

   b. Externe Evaluierung (durch auswärtige Experten in 6-Jahres-Abständen).

2. Die Datenerfassung der internen Forschungsevaluierung ist zeitlich und logistisch mit laufenden Evaluierungsmaßnahmen im Bereich des Studiums/der Lehre zu koordinieren.

3. An den Fakultäten sind Beiräte mit der fakultätsspezifischen Ausgestaltung von Evaluierungsmaßnahmen zu beauftragen.

4. Universitätsinterne Evaluierung

   a. Der Vizerektor für Evaluation hat in Zusammenarbeit mit den Fakultäten und dem Senat die im Rahmen der Evaluierung zu erhebenden Daten festzulegen.

   b. Die Datenbewertung erfolgt fakultätsspezifisch.

   c. Parallel mit der Erhebung der Daten ist auch eine Erfassung von Rahmenbedingungen (z.B. Ausstattungs- und Bauzustand des Instituts, prozentueller Anteil des Lehrbetriebes), von anderen Leistungen des Instituts, die nicht Forschung und Studium/ Lehre beinhalten (z.B. postpromotionelle Ausbildung, Betreuung von Einrichtungen wie Archiven oder Sammlungen, außeruniversitäre Bildungsangebote, Patientenbetreuung) sowie der Bindung von Mitarbeitern in akademischen Funktionen, wissenschaftlichen Gremien, öffentlichen Kommissionen etc. durchzuführen, um die Effizienz der Einrichtung besser beurteilen zu können.

   d. Die Datenerhebung ist so zu gestalten, dass Leistungen bis auf die Ebene von Arbeitsgruppen oder Projekteinheiten zuzuordnen sind.

5. Externe Evaluierung

   a. Die externe Evaluierung durch Experten erfolgt fakultätsweise und fakultätsspezifisch.

   Die externe Evaluierung der Forschungsleistungen soll ein nachvollziehbares Bild

   o der Leistungsfähigkeit der evaluierten Einheit im internationalen Vergleich,

   o der Effizienz der Einheit im Hinblick auf die Organisation ihrer Forschungsaktivitäten,

   o der Erreichung der durch die Einheit selbst definierten Zielvorgaben und

   o der Qualität der laufenden internen Evaluierungsmaßnahmen liefern.

   o Des weiteren sollten die externen Evaluatoren den evaluierten Einheiten Empfehlungen zur Qualitäts- und Effizienzsteigerung sowie für strategische Planungsmaßnahmen geben. Dies erfolgt durch Benennung von Stärken (innovativen Konzepten, Entwicklungschancen), aber auch von Schwächen zusammen mit Vorschlägen zu deren Behebung.

   b. Die Kommission besteht prinzipiell aus ausländischen Experten, denen vom Vizerektor für Evaluation ein lokaler Koordinator als Auskunftsperson zugeteilt wird. Lediglich im Falle der rechtswissenschaftlichen Fakultät kann auch auf österreichische Experten zurückgegriffen werden.

   c. Der Vizerektor für Evaluation bestellt die externen Experten nach Anhörung der betroffenen Fakultät (des betroffenen Fachbereichs), des Senats und Beratung durch den Universitätsbeirat. Die Anzahl der Experten orientiert sich an der Zahl der an der Fakultät vertretenen Fächer, beträgt aber höchstens 12 Mitglieder.

   d. Den externen Experten ist spätestens 2 Monate vor Beginn der Vor-Ort-Besuche ein ausführlicher Selbstbewertungsbericht jedes Institutes sowie eine Darstellung der Gesamt-Struktur der Fakultät mit detaillierten Zielvorgaben in Bezug auf Forschungs-Politik und Forschungsmanagement vorzulegen. Der Selbstbewertungsbericht der Institute hat zumindest eine genaue Beschreibung der Zielvorgaben der Einheit (»mission statement«), die Beantwortung einer vom Vizerektor für Evaluation in Zusammenarbeit mit den jeweiligen Fakultäten erstellten Checkliste sowie sämtliche Arbeitsberichte des Instituts-Vorstandes seit der letzten externen Evaluierung zu enthalten.

   e. Die ersten externen Evaluierungen sollen 4 Jahre nach dem Wirksamwerden dieses Satzungsteils abgeschlossen sein.

III. EVALUIERUNG VON STUDIUM/LEHRE

1. Formulierung von Zielen eines Studiums/der Lehre

Jede Fakultät/Studienrichtung hat klar zu deklarieren, was sie als ihren Auftrag im Bereich der Lehre sowie des Studien- und Prüfungsbetriebes ansieht (Formulierung der Ziele, wie sie sich aufgrund der gesetzlichen Bestimmungen und Rahmenbedingungen, der historischen Entwicklung der Einheit, des gesellschaftspolitischen Auftrages, internationaler Kriterien und Standards in Forschung und Studium/Lehre und des eigenen Selbstverständnisses der Einheit ergeben). Dabei sollen auch Verfahren und Kriterien festgelegt werden, wie diese Zielvorgaben erreicht werden können. Die Fakultäten haben die Betroffenen in diesen Prozess einzubinden.

2. Teilbereiche der Evaluierung

Die Evaluierung der Lehre und des Studien- und Prüfungsbetriebes hat folgende Bereiche zu umfassen:

o *Studienplan-Entwicklungs-Evaluierung*

Die zuständigen Organe haben den Studienplan und dessen laufende Weiterentwicklung in angemessenen Zeitabständen (zweifache Mindeststudiendauer) in einem externen Evaluierungsprozess durch ausländische Experten zu überprüfen.

o *Lehrveranstaltungs-Angebots-Evaluierung*

Die zuständigen Organe haben zu evaluieren, ob bei der Gestaltung des Lehrveranstaltungsangebots auf die Absolvierbarkeit in Mindeststudienzeit, die Interdisziplinarität, die Internationalität, die Berücksichtigung verschiedener wissenschaftlicher Ansätze, neuer Entwicklungen der Lern- und Lehrmethoden (z.B. Neue Medien) sowie auf aktuelle Forschungsentwicklungen Bedacht genommen wird.

o *Lehrveranstaltungs-Evaluierung*

Die Lehrveranstaltungsevaluierung ist für die Gesamtuniversität prinzipiell einheitlich vorzunehmen. Fragestellungen können nach unterschiedlichen Lehrveranstaltungstypen und durch die Berücksichtigung etwaiger Fakultätsspezifika differieren. Die fakultäts-übergreifende Koordination und Auswertung obliegt dem zuständigen Vizerektor.

o *Studien- und Prüfungsbetriebs-Evaluierung*

Die zuständigen Organe haben Informationen über den Studien- und Prüfungsbetrieb zu sammeln: Prüfungsdidaktik, Aussagen über Prüfungsgerechtigkeit, Anmelde- und Durchführungsmodalitäten, Angebot an studienbegleitender Infrastruktur (z.B. EDV-Plätze, Bibliothek, Lernzentren, Arbeitsräume für Gruppen), Erfassung und Verknüpfung von Kenndaten (z.B. Dropout-Raten).

o *Evaluierung der Betreuung wissenschaftlicher Arbeiten*

Die zuständigen Organe haben entsprechend den Kriterien und Standards einer Fakultät die Betreuung wissenschaftlicher Arbeiten (Diplomarbeiten, Dissertationen) zu evaluieren.

3. Methode und Organisation der Evaluierung einer zu evaluierenden Einheit

3.1. Selbstevaluierung

Die erste Ebene des Evaluierungsverfahrens besteht aus einer Selbstdarstellung und kritischen Selbstanalyse der betroffenen Einheit für die Gesamtheit ihrer Arbeitsbereiche. Der für die evaluierte Einheit Verantwortliche hat eine Stärken/ Schwächen-Analyse zu erarbeiten, diese der Institutskonferenz zur Stellungnahme vorzulegen und an den Studiendekan weiterzuleiten.

3.2. Externe Evaluierung

Die zweite Ebene des Evaluierungsverfahrens besteht aus einer externen Evaluierung, die erstmals umgehend und sodann in einem Rhythmus von bis zu 6 Jahren durchzuführen ist.

Auf Basis der Selbstbewertungsberichte und eines Besuches vor Ort machen sich ausländische Experten (z.B. fachnahe Sachverständige, Evaluierungs-Agenturen) ein Bild von der Einheit mit folgenden Zielen:

o kritische Überprüfung sowohl der Selbstdarstellung der Einheit mit ihren Zielen, Strategien und Vorgangsweisen wie auch der Ergebnisse ihrer Selbstevaluierung;

o Verweise auf Stärken, Schwächen, Entwicklungspotentiale;

o Empfehlungen für Verbesserungsmöglichkeiten.

Der Vizerektor für Evaluation bestellt die externen Experten nach Anhörung der betroffenen Fakultät (des betroffenen Fachbereichs), des Senats und Beratung durch den Universitätsbeirat. Die Anzahl der Experten orientiert sich an der Zahl der an der Fakultät vertretenen Fächer, beträgt aber höchstens 12 Mitglieder.

4. Konsequenzen der Evaluierung

4.1. Erarbeitung/Diskussion eines Gesamtbildes und Einleitung von Konsequenzen

Der zuständige Studiendekan/Vizerektor soll in Zusammenarbeit mit der evaluierten Einheit die Ergebnisse der Evaluierung umgehend auswerten. Dabei sollen eine Gesamt-Interpretation sowie Aussagen zur Weiterentwicklung der evaluierten Einheit und gegebenenfalls eine verbindliche Vereinbarung erarbeitet werden.

4.2. Laufende Weiterentwicklung durch verbindliche Vereinbarungen

Die Ergebnisse der Evaluierung der Teilbereiche der Lehre und des Studien- und Prüfungsbetriebes sind von den jeweils verantwortlichen Organen in verbindlich zu vereinbarende Projekte und Maßnahmen zur Weiterentwicklung der Qualität des Studien-, Lehr- und Prüfungsbetriebes umzusetzen.

4.3. Unterstützungssysteme

Die Universität ... hält Evaluierungsprozesse nur im Zusammenhang mit konkreten Maßnahmen der Weiterbildung und Personalentwicklung für sinnvoll. Dem zuständigen Vizerektor sind die entsprechenden Ressourcen zur Verfügung zu stellen.

4.4. Karrieresysteme

Besondere Leistungen im Bereich des Lehr-, Studien- und Prüfungsbetriebes sind bei Karriereschritten ausdrücklich zu berücksichtigen.

IV. EVALUIERUNG DER VERWALTUNG

1. Dienstleistungseinrichtungen, Service-Zentren und Verwaltungseinrichtungen werden in regelmäßigen Zeitabständen, in der Regel alle 2 Jahre, evaluiert, vor allem in bezug auf Produktqualität, Kundenzufriedenheit, Effektivität und Effizienz. In bestimmten Fällen kann auch außerhalb der regelmäßig vorgesehenen Evaluierung ein besonderes Evaluierungsverfahren eingeleitet werden (Anlassevaluierung). Die Evaluierung besteht aus einer internen und/oder externen Evaluierung. Ziel der Evaluierungsmaßnahmen ist die laufende Anpassung und Optimierung von Verwaltungseinrichtungen. Die Vize-Rektoren für Budget und für Personal, Personal- und Organisationsentwicklung sind in sämtliche Schritte des Evaluationsverfahrens einzubinden. Der Vize-Rektor für Personal, Personal- und Organisationsentwicklung muss als evaluationsbegleitende Maßnahmen konkrete Angebote für Weiterbildung und Personalentwicklung bereitstellen.

2. Interne Evaluierung

    a. Im Zuge dieses Verfahrens muss die zu evaluierende Einheit einen Leistungs- und Selbstbewertungsbericht anhand einer vom Vize-Rektor für Evaluation vorgegebenen Check-Liste vorlegen. Der Bericht hat detailliert auf die Konsequenzen aus einer vorangegangen Evaluation bzw. die Erfüllung von getroffenen Vereinbarungen einzugehen.

    b. Die Kunden (Nutzer) der zu evaluierenden Einheit sind anhand eines vom Vize-Rektor für Evaluation vorgegebenen Fragebogens über die Produktqualität der Einheit zu befragen, wobei Wünsche und Anregungen formuliert werden sollen.

    c. Der Vize-Rektor für Evaluation hat aufgrund der Nutzerbefragung einen zusammenfassenden Bericht zu verfassen, der der evaluierten Einheit zur Stellungnahme zu übermitteln ist.

    d. Aufgrund des Leistungsberichtes, der Nutzerbefragung und der Stellungnahme der betroffenen Einheit erstellt der Vize-Rektor für Evaluation in Absprache mit den Vize-Rektoren für Personal, Personal- und Organisationsentwicklung bzw. für Budget sowie nach Beratung mit dem Universitätsbeirat und Anhörung des Senats einen Vorschlag für eine verbindliche Vereinbarung mit der evaluierten Einheit.

3. Externe Evaluierung

    a. Auf Vorschlag der Universitätsleitung können nach Beratung im Universitätsbeirat und Anhörung des Senats externe Evaluierungen, auch von Teilbereichen der Verwaltung, vorgenommen werden.

    b. Die externe Expertengruppe ist vom Vize-Rektor für Evaluation nach Beratung mit dem Universitätsbeirat einzusetzen, wobei die Experten auch Angehörige der Universität ... sein können, nicht jedoch Angehörige von Dienstleistungseinrichtungen, Service-Zentren und Verwaltungseinrichtungen. Zumindest ein Mitglied der Expertengruppe muss aus dem nicht-universitären Bereich kommen.

    c. Der Expertengruppe sind zumindest die gesamten Unterlagen und Vereinbarungen der letzten internen Evaluierung zur Verfügung zu stellen. Den Experten ist vor Ort Einblick in die Geschäftsprozesse und Arbeitsabläufe zu gewähren.

    d. Die Expertengruppe muss in ihrem Bericht Empfehlungen für Verbesserungen der evaluierten Einheit in Bezug auf Produktqualität, Kundenzufriedenheit und Effizienz sowie zu einer allfälligen Neustrukturierung abgeben und einen Zeitplan für die Umsetzung von Verbesserungsmaßnahmen vorschlagen. Auch ist der Auslastungsgrad der evaluierten Einheit zu beurteilen. Dieser Bericht dient der Universitätsleitung zur Ausarbeitung von verbindlichen Vereinbarungen bzw. gezielten Umstrukturierungsmaßnahmen.

A 2 BEISPIEL EINER EVALUATIONSORDNUNG (EVALUATIONSNORM) FÜR DEN BEREICH WISSENSCHAFT UND FORSCHUNG

[IN ENGER ANLEHNUNG AN EINEN ENTWURF DES FÜR EVALUATION ZUSTÄNDIGEN VIZEREKTORS DER UNIVERSITÄT INNSBRUCK]

VORBEMERKUNGEN

1) Die Universität hat laut Satzung die Evaluation als zentrales Steuerungselement des Universitätsmanagements, das Planungs- und Entscheidungsprozesse, leistungsorientierte Ressourcenvergabe, mittel- und langfristige Schwerpunktsetzung und Zielvereinbarungen umfasst, mit universitären Einheiten durchzuführen. Von der Evaluation sollen Impulse für die Effizienz der Forschung, stärkere internationale Ausrichtung und eine wirksame Öffentlichkeitsarbeit ausgehen.

Da sich die Universität zum Modell der Verbindung von Leistung und prozessorientierter Evaluation bekennt, muss die diskursive Ermittlung konstruktiver Vorschläge und verbindlicher Konsequenzen im Vordergrund stehen.

Die Bewertung von erhobenen Daten hat fakultätsspezifisch zu erfolgen.

2) Oberstes Ziel der Forschungspolitik ist die Förderung exzellenter Forschung; dies soll unter anderem durch längerfristige Forschungsplanung und Förderung von Schwerpunktbildung und Interdisziplinarität erreicht werden.

3) Aufgrund dieser vom Senat getroffenen Grundsatzentscheidungen kommt von vornherein eine universitätseinheitliche, formelmäßige Berechnung der Leistungsfähigkeit (»Aktivitätszahl«) von Institutionen nicht in Frage.

4) Aufgrund der zahllosen Diskussionen im Beirat für Angelegenheiten des Vizerektors für Evaluation, in den fakultären Beiräten und innerhalb anderer, interessierter Personengruppen wurde klar, dass es in einer heterogenen Universität keine für alle Fakultäten befriedigende Bewertungslösung geben kann, die einen Vergleich der Fakultäten untereinander ermöglichen würde. Insofern ist auf dieser Ebene auch keine auf bloßen Evaluationsdaten beruhende Ressourcensteuerung zwischen den Fakultäten sinnvoll.

5) Deshalb stellt diese Evaluationsordnung in erster Linie darauf ab, wie Institute/Abteilungen ihre Aufgaben und ihr Leistungsspektrum definieren, diese von der Fakultät in der Zusammenschau und gegebenenfalls im Hinblick auf ein Fakultätsentwicklungskonzept definiert bzw. eingeschätzt werden und wie die Institute/Abteilungen diesem Aufgabenprofil gerecht werden. Die zusätzliche Heranziehung externer Evaluatoren ist vorgesehen.

Zentrales Element dieser Evaluationsordnung ist eine Zielvereinbarung zwischen Dekan und Institut und deren Umsetzung, wobei in weiterer Folge beurteilt wird, welche Maßnahmen zur Verbesserung getroffen werden/wurden und ob der Grad der Zielerreichung zu Konsequenzen in der fakultätsinternen Ressourcenverteilung führt(e). Dadurch wird gewährleistet, dass die einzelnen Fakultäten die Kriterien und Parameter ihren sehr unterschiedlichen, fachlichen Bedürfnissen anpassen können. Auf dieser Ebene können dann auch vom Rektor Ressourcen gezielt an die Fakultäten vergeben werden. Verglichen werden Fakultäten in Bezug auf ihre Bereitschaft, Konsequenzen aus Evaluationen zu ziehen und gezielte Maßnahmen zu treffen.

6) Bei Effizienzberechnungen (Output:Input) werden als Input jene Ressourcen (Personal, Sachmittel, Infrastruktur) berücksichtigt, die die Universität zur Verfügung stellt; nicht als Input gelten zusätzlich eingeworbene Ressourcen (Projektgelder).

7) Der Vizerektor für Evaluation trifft Vorsorge, dass zur Erfassung der Daten möglichst rasch ein EDV-unterstütztes Forschungsdokumentationssystem zur Verfügung steht.

EVALUATIONSORDNUNG

Folgende Leistungen von Instituten/Abteilungen werden erfasst, dokumentiert und gegebenenfalls fakultätsspezifisch bewertet, sofern diese unter der Adresse der Universität erbracht wurden:

1) Publikationen

2) Geförderte Forschungsprojekte (werden nur erfasst und dokumentiert)

3) Auftragsforschung (wird nur erfasst und dokumentiert)

4) Scientific Community Service

5) Transferleistungen

6) Kongresse und Tagungen

7) Öffentlichkeitsarbeit

8) Andere wissenschaftliche und künstlerische Leistungen

9) Akademische Leistungen

ad 1) Publikationen: Innerhalb der großen Gruppe von wissenschaftlichen Publikationen muss fakultätsspezifisch gewichtet und weiter differenziert werden; erfasst werden insbesondere

- Buch/Monographie

- Kapitel/Artikel in Buch/Sammelband

- Artikel in Zeitschrift

- Elektronische Publikationen

- Sonstige Publikationsformen (z.B. wissenschaftlicher Film, Entscheidungsanmerkung)

- Patenteintragungen/Lizenzen

Innerhalb dieser Gruppen ist es notwendig eine weitere Abstufung und Gewichtung vorzunehmen insbesondere nach

1. Reichweite (überwiegend national, überwiegend international)

2. Begutachtung (kritisch auswählender Gutachterstab, Begutachtung durch Herausgeber, keine Begutachtung)

3. Auflage (Erstauflage, Wiederauflage, Auflage in anderer Sprache)

4. Autorenschaft (Alleinautor, Co-Autor, Mitwirkender)

5. Verlag (fakultätsspezifische Liste)

6. Umfang

7. Kontext (im Rahmen eines Schwerpunkts des Fakultätsentwicklungsplans, einer interdisziplinären Zusammenarbeit, eines Sonderforschungsbereichs etc.)

8. Impact-Faktor (SCI, SSCI)

9. einem facheinschlägigem Referateorgan (ausgewiesen/nicht ausgewiesen)

In all den Fällen, in denen Impact-Faktoren erhoben werden können, sind diese auf jeden Fall in der Gewichtung (Kategorisierung) der Publikationen anzuwenden (Naturwissenschaftliche Fakultät, Medizinische Fakultät, zumindest teilweise Sozial- und Wirtschaftswissenschaftliche, Geisteswissenschaftliche Fakultät, Baufakultät). In diesen Fällen wird auf jeden Fall auch eine Zitationsanalyse durchgeführt.

Fachspezifische Impact-Faktor-Listen werden aufgrund von Subject Category Indexes unter Berücksichtigung etwaiger Besonderheiten eines Instituts/einer Abteilung erstellt. Es können auch aufgrund des SCI/SSCI Kategorien von Publikationsorganen erstellt werden.

ad 2) Forschungsprojekte: Sämtliche geförderte Projekte müssen erfasst und dokumentiert werden (dies kann auch beantragte Forschungsprojekte mit einschließen). Projektförderungen werden in diesem Evaluationssystem nicht als Leistung bewertet, da sich Projektmittel auf der wissenschaftlichen Output-Seite ohnehin auswirken.

ad 3) Auftragsforschung: Forschungsprojekte im Auftrag Dritter (z.B. Ministerien, Industrie) werden erfasst und dokumentiert.

ad 4) Scientific Community Service: Wissenschaftliche Gutachtertätigkeiten auf nationaler und internationaler Ebene insbesondere

- Herausgeber/Mitherausgeber in einem Publikationsorgan mit Gutachterstab
- Herausgeber/Mitherausgeber in einem Publikationsorgan ohne Gutachterstab
- Gastherausgebertätigkeit (Konferenzbände, Spezialausgaben)
- Gutachtertätigkeit bei einem Publikationsorgan mit Gutachterstab
- Gutachtertätigkeit bei internationaler/nationaler Forschungsförderungseinrichtung
- Leitungsfunktion in einem ausseruniversitären Forschungsinstitut
- (Mit)Organisation einer internationalen Konferenz

ad 5) Transferleistungen: Tätigkeiten im Transfer von wissenschaftlichen Erkenntnissen in die berufliche Praxis, Einarbeitung von solchen Erkenntnissen in Gesetze, Verordnungen und Normen insbesondere Mitarbeit in

- Normausschüssen
- Fachausschüssen
- parlamentarischen Enqueten
- nationalen u. internationalen Kommissionen (z.B. Arzneimittelkommission, Rat für Forschung u. Technologieentwicklung)

ad 6) Kongresse und Tagungen:

- eingeladene Vorträge auf anerkannten wissenschaftlichen Tagungen
- angemeldeter Beitrag (Vortrag, Poster) auf anerkannten wissenschaftlichen Tagungen

Im Regelfall wird es sich dabei um internationale Tagungen handeln.

ad 7) Öffentlichkeitsarbeit: Durch eine positive Bewertung von Initiativen im Bereich Öffentlichkeitsarbeit/Medienarbeit soll ein Anreiz für entsprechende Tätigkeiten gesetzt werden

- eigene Beiträge in ausseruniversitären Printmedien
- eigene Beiträge in Rundfunk und Fernsehen
- eigene Beteiligung an einschlägigen Veranstaltungen (z.B. Berufsinformationsmesse; Science Week, Sprachenmeile)

ad 8) Andere wissenschaftliche und künstlerische Leistungen: Es gibt eine Reihe anderer wissenschaftlicher und künstlerischer Leistungen, die sich aus den spezifischen Aufgabenstellungen eines Instituts ergeben können (mission statement). Diese können unter Umständen in einem Institut ebenso stark gewichtet werden wie wissenschaftliche Publikationen insbesondere

- Bearbeitung wissenschaftlicher Sammlungen oder Nachlässe
- Ausstellungen
- Identifizierung und Bearbeitung von Probenmaterial
- Restaurierungen

- Grabungen und Feldarbeiten

- Kartierungen

ad 9) Akademische Leistungen, insbesondere

- abgeschlossene Dissertationen

- Habilitationen

- Listenplätze in Berufungsvorschlägen

- wissenschaftliche und künstlerische Preise und Auszeichnungen

- Leitungsfunktion in wissenschaftlichen Organisationen

- Ehrenmitgliedschaften in wissenschaftlichen Vereinigungen

- Ehrendoktorate

VORGEHEN

1) Die Institute/Abteilungen umreißen kurz ihr Profil (mission statement) und geben an, in welchen der oben genannten Leistungsbereiche das Institut aufgrund seiner spezifischen Aufgabenstellungen wissenschaftlich bewertet werden sollte. Diese konkrete Aufgabenbe-schreibung und die daraus abgeleiteten Leistungsbereiche dürfen den Umfang einer DIN A4-Seite nicht übersteigen. Aufgaben in der Lehre sind hier nicht aufzuführen.

Beispiel: *Institut für Sinnfindung: 60 % wissenschaftliche Publikationen, 10 % Transfer-leistungen (genaue Spezifikation), 10 % andere wissenschaftliche Leistungen (genaue Spezifikation), 5 % Scientific Community Service (genaue Spezifikation), 5 % Kongresse u. Tagungen, 10 % Öffentlichkeitsarbeit (genaue Spezifikation), akademische Leistungen.*

Es ist davon auszugehen, dass in den meisten Fällen ein sehr eindeutiges Schwergewicht auf Publikationen liegen muss. Die Aufgabenbeschreibung wird an die Vizerektorin/den Vizerektor für Evaluation und die Dekanin/den Dekan übermittelt. (Zeitbedarf 4 Wochen)

2) Die Dekanin/der Dekan überprüft diese Aufgabenbeschreibungen (sinnvollerweise mit dem fakultären Beirat für Evaluation); sie/er kann die Beschreibungen auch zu einer Korrektur bzw. Überarbeitung an das Institut zurückweisen. (Zeitbedarf 3 Wochen)

3) Die Dekanin/der Dekan legt dem Fakultätskollegium und der Vizerektorin/dem Vizerektor für Evaluation sämtliche Aufgabenbeschreibungen ihrer/seiner Fakultät samt einem Vorschlag zur Bewertung und Gewichtung der einzelnen Leistungen innerhalb eines Leistungsbereiches vor.

Beispiel: *Bereich Publikationen: Publikationen können nach SCI/SSCI kategorisiert werden oder aber in den »Bücherwissenschaften« auch nach Umfang, Reichweite, Verlag etc. Im Extremfall, wenn der Dekan sich nicht imstande sieht, eine Gewichtung innerhalb eines Leistungsbereiches vorzunehmen, werden hier die Leistungseinträge nur der Zahl nach ermittelt (wie im Arbeitsbericht des Institutsvorstandes).*

Der Vorschlag zur Bewertung und Gewichtung ist nach Möglichkeit fakultätseinheitlich zu gestalten, mindestens jedoch einheitlich für einen Fachbereich. Das Fakultätskollegium kann den Vorschlag zur Bewertung und Gewichtung in Absprache mit dem Dekan modifizieren. Die allenfalls korrigierten Bewertungskategorien werden nach spätestens 3 Wochen von der Dekanin/dem Dekan an die Vizerektorin/den Vizerektor für Evaluation übermittelt. Die Vizerektorin/der Vizerektor kann den Vorschlag zur Ergänzung und Überarbeitung an die Dekanin/den Dekan zurückverweisen.

4) Der Institutsvorstand erhebt die notwendigen Daten und leitet sie an die Vizerektorin/den Vizerektor für Evaluation weiter. Es bleibt den Instituten/Abteilungen an dieser Stelle unbenommen, eine Selbst-Einschätzung ihres Potentials (Stärken/Schwächen/Chancen/Ent-wicklungsperspektiven) vorzunehmen, um diese dann mit der Fremdeinschätzung zu vergleichen.

Die Vizerektorin/der Vizerektor für Evaluation erstellt ein Resümee für jedes Institut/ jede Abteilung mit Vorschlägen zur Weiterentwicklung und Verbesserung, wobei die Institute innerhalb einer angemessenen Frist dazu Stellung beziehen müssen.

5) Das Resümee der Vizerektorin/des Vizerektors für Evaluation und die Stellungnahmen der Institute werden an die Dekanin/den Dekan übermittelt, die/der mit den Instituten die Evaluationsergebnisse diskutiert, Maßnahmen vorschlägt und schließlich eine jeweils verbindliche Zielvereinbarung mit den Instituten trifft.

Die Zielvereinbarungen, die konkrete Maßnahmen beinhalten müssen, sind der Universitätsleitung zur Verfügung zu stellen.

6) Nach einer Umsetzungsfrist (normalerweise 1 Jahr) müssen die Institute im Zuge des jährlichen Datenerhebungsverfahrens auch einen kurzen Bericht über die Durchführung von Maßnahmen und die Zielerreichung aus ihrer Sicht liefern. Die Dekanin/ der Dekan teilt der Vizerektorin/dem Vizerektor für Evaluation mit, ob einerseits die jeweilige Zielvereinbarung aus ihrer/seiner Sicht eingehalten wurde, andererseits welche Konsequenzen sie/er in den einzelnen Instituten gezogen hat. Die Einhaltung der Zielvereinbarungen und verbindliche Konsequenzen innerhalb der Fakultät (z.B. Ressourcenvergabe, Unterstützung in bestimmten Bereichen, Ausbau von Schwerpunkten, Profilbildung) sind bei der Budgetzuteilung an die Fakultäten in entsprechender Weise zu berücksichtigen. Die/der Vizerektorin/Vizerektor erarbeitet sodann einen Vorschlag zur Aufteilung des leistungsgesteuerten Budgetanteils zwischen den Fakultäten an den Rektor.

7) Die jeweils gültigen Bewertungs- und Gewichtungsmaßstäbe werden veröffentlicht. Notwendige Änderungen und Anpassungen durchlaufen das oben skizzierte Procedere und müssen allen Betroffenen in geeigneter Weise zur Kenntnis gebracht werden.

Die Schritte 1–3 kommen nur im ersten Durchgang zur Anwendung, während sich die Schritte 4–7 jährlich wiederholen.

A 3 BEISPIEL EINES LEITMODELLS ZUR EVALUIERUNG VON WISSENSCHAFTLICHEN VERÖFFENTLICHUNGEN

[IN WEITGEHENDER ANLEHNUNG AN EIN ENTSPRECHENDES LEITMODELL DER SOZIAL- UND WIRTSCHAFTSWISSENSCHAFTLICHEN FAKULTÄT DER UNIVERSITÄT INNSBRUCK]

VORBEMERKUNG

1. Evaluierung und die dabei zugrunde gelegten Kriterien werden prinzipiell durch den Evaluierungszweck (auf universitärer, fakultärer und Instituts-Ebene) bestimmt. Die Satzung der Universität Innsbruck bestimmt den Zweck damit, dass Evaluierung der Gewährleistung und Weiterentwicklung der Qualität der verschiedenen Leistungen der Universität zu dienen, dabei Planungs- und Entscheidungsprozesse der Universität wirksam zu unterstützen, den Ist-Zustand aller Organisationseinheiten zu analysieren und ihn im Sinn der Zielvereinbarung einem klar definierten Soll-Zustand gegenüber zu stellen hat.

2. Evaluierung der Forschung, wie auch die der anderen zu evaluierenden Bereiche, ist von den Zielsetzungen und der Forschungsstrategie der jeweiligen Einheiten abhängig. Nur im Zusammenhang mit einer solchen Zielbestimmung sind Evaluierungsprozesse insgesamt sinnvoll. Das Verständnis des gesellschaftlichen Auftrags der Universität, ihre forschungspolitische Ausrichtung, aber auch der Entwicklungsplan der Fakultät und die Forschungsstrategien der Institute stehen daher in notwendig engem Zusammenhang mit der Entwicklung des Evaluierungssystems.

3. Generelle Leitlinie für die Gestaltung von Evaluierungsverfahren ist gemäß der Satzung der Universität, dass – auf der Basis eines prozessorientierten Verständnisses – Evaluierungsmaßnahmen so zu gestalten sind, dass sie einerseits den Mitgliedern einer Organisationseinheit Rückmeldungen über ihre Tätigkeit verschaffen und andererseits Impulse für Verbesserungen, Entwicklungsplanungen, strategische Entscheidungen, eine stärkere internationale Ausrichtung und eine offensive Öffentlichkeitsarbeit liefern. Ziel der Evaluierung ist deshalb nicht eine bloße Erhebung von Daten, sondern die diskursive Ermittlung konstruktiver Vorschläge für eine gezielte Weiterentwicklung und für verbindliche Konsequenzen.

4. Wenn eine qualitative Beurteilung der Leistung von universitären Einheiten gefunden werden soll, sind auch die Zusammenhänge zwischen den Evaluierungsbereichen der Forschung, Lehre und Verwaltung zu beachten. Ein Gesamtbild in Hinsicht auf die Leistungsfähigkeit einer Einheit entsteht jedenfalls erst unter Berücksichtigung der relevanten Rahmenbedingungen, vor allem in Bezug auf den »Input« (Ressourcenausstattung, Stellenplan und -besetzung), wie auf den »Output« (Lehrbelastung, Einbindung von MitarbeiterInnen in der Verwaltung sowie in akademischen Funktionen, wie z.B. in wissenschaftlichen Gremien und öffentlichen Kommissionen).

5. Von Bedeutung ist ebenso, dass die Evaluierungsverfahren erst für die Betrachtung zukünftiger Leistungen herangezogen werden, jedenfalls erst nach Vorliegen und Veröffentlichung von Parametern, Kriterien und Ablaufschemen der Evaluation. Damit soll gewährleistet werden, dass Maßnahmen und Konsequenzen von Evaluierungen erst dann gesetzt werden, wenn sich alle Beteiligten auf eine bestimmte Vorgehensweise einstellen konnten.

6. Das vorliegende Leitmodell fokussiert zunächst auf die Evaluierung von wissenschaftlichen Veröffentlichungen, nicht jedoch auf die Evaluierung der gesamten wissenschaftlichen Leistung. Im weiteren ist jedoch zu beachten, dass Forschung ein mehrdimensionales Geschehen ist und sich die Leistungen im Forschungsbereich nicht ausschließlich durch die Evaluierung von wissenschaftlichen Publikationen bewerten lassen. Die Fokussierung

auf die »veröffentlichte« Forschungsleistung entspricht demgemäß und analog zum universitätsweit vorgesehenen Prozess nur einem ersten Schritt zur Entwicklung eines umfassenden Modells zur Evaluierung der Forschung. Zusätzliche Aspekte, die die Forschungsleistung, aber auch die anderen Leistungsbereiche beschreiben, werden in der Weiterentwicklung des Evaluierungsmodells noch zu diskutieren sein.

7. Die grundlegende Orientierung bei die Gestaltung des vorliegenden Leitmodells war es, ein Verfahren zu entwickeln, das gleichermaßen einfach zu handhaben und fakultätsweit gültig ist. Zu berücksichtigen war dabei, dass es innerhalb der sozial- und wirtschaftswissenschaftlichen Fakultät von (Teil-)Disziplin zu (Teil-) Disziplin unterschiedliche Forschungs-»Kulturen« gibt und dadurch differente Veröffentlichungs-»Praktiken« bedingt sind. Die Eignung der Evaluierungsmodelle, ihre Kategorisierungen und Differenzierungen, werden daher ganz im Sinne des prozessorientierten Verständnisses von Evaluierung in regelmäßigen Abständen zu überprüfen sein und überprüft werden.

8. Dies kann gemäß Satzung intern, aber auch durch Hinzuziehung externer Experten geschehen.

9. Die Kategorisierungen und Differenzierungen zur Einordnung der wissenschaftlichen Veröffentlichungen orientieren sich weitgehend an der Leitlinie für die Bewertung der Forschungsleistung in Habilitationsverfahren wie sie von der (ehemaligen) Strukturkommission entwickelt wurde. Allerdings sind – um die disziplinenübergreifende Gültigkeit sicherzustellen – einige vereinheitlichende Schritte bzw. Ergänzungen vorgenommen worden. In jedem Falle jedoch wird mit dem Leitmodell für alle »Typen« von veröffentlichten Forschungsleistungen eine Differenzierung nach Qualitäten angestrebt, die auf eindeutigen »Produktionsregeln« basiert. Insofern entspricht das vorliegende Leitmodell dem Modell »Referateorgane/Prioritätenlisten«.

10. Gemäß dem Modelltyp »Referateorgane/Prioritätenlisten« werden die Kategorisierungen folgendermaßen bestimmt:

Höchstwertige Veröffentlichungen

»Produktionsregeln«:

Veröffentlichung von Beiträgen in Journals, die international höchste Anerkennung genießen (d.h. von der internationalen scientific community verfolgt werden), als »core journals« der jeweiligen Disziplin zu bezeichnen sind und jedenfalls nach einem Double-Blind-Review-Verfahren oder einem gleichwertigem Qualitätssicherungsverfahren arbeiten.

Veröffentlichung von Monographien in Verlagsreihen, die international höchste Anerkennung genießen (d.h. von der internationalen scientific community verfolgt werden) und entsprechende Qualitätssicherungsmethoden anwenden.

Veröffentlichung von Beiträgen in Sammelbänden und Handwörterbüchern, die in solchen Verlagsreihen erscheinen, die international höchste Anerkennung genießen (d.h. von der internationalen scientific community verfolgt werden) und entsprechende Qualitätssicherungsmethoden anwenden.

Herausgeberschaften von Sammelbänden in Verlagsreihen, die international höchste Anerkennung genießen (d.h. von der internationalen scientific community verfolgt werden) und entsprechende Qualitätssicherungsmethoden anwenden.

Beiträge zu Konferenzen, die international höchste Anerkennung genießen, d.h. zentral für die scientific community sind, und bei denen jedenfalls ein Double-Blind-Review-Verfahren (Basis: full paper) oder ein gleichwertiges Qualitätssicherungsverfahren angewendet wird.

Hochwertige Veröffentlichungen

»Produktionsregeln«:

Veröffentlichung von Beiträgen in Journals, die hohe Anerkennung genießen (d.h. zentralen Stellenwert für die (Teil-)Disziplin besitzen) und entsprechende Qualitätssicherungsmethoden anwenden (z.B. anonyme Review-Verfahren)

Veröffentlichung von Monographien (inkl. Lehrbüchern) in Verlagsreihen, die hohe Anerkennung genießen (d.h. zentralen Stellenwert für die (Teil-)Disziplin besitzen) und entsprechende Qualitätssicherungsmethoden anwenden (z.B. Schriftleitung).

Veröffentlichung von Beiträgen in Sammelbänden und Handwörterbüchern, die in solchen Verlagsreihen erscheinen, die hohe Anerkennung genießen (d.h. zentralen Stellenwert für die (Teil-)Disziplin besitzen) und entsprechende Qualitätssicherungsmethoden anwenden.

Herausgeberschaften von Sammelbänden in Verlagsreihen, die hohe Anerkennung genießen (d.h. zentralen Stellenwert für die (Teil-)Disziplin besitzen) und entsprechende Qualitätssicherungsmethoden anwenden.

Beiträge zu Konferenzen, die hohe Anerkennung genießen (d.h. zentralen Stellenwert für die (Teil-)Disziplin besitzen) und bei denen jedenfalls ein Review-Prozess (Basis: Full Paper) angewendet wird.

Sonstige Veröffentlichungen

»Produktionsregeln«:

Veröffentlichung von Beiträgen in Journals, die nicht unter die o.g. Kategorien fallen, jedoch eine klar erkennbare wissenschaftliche Orientierung haben.

Veröffentlichung von Beiträgen in Sammelbänden, die nicht unter die o.g. Kategorien fallen, jedoch eine klar erkennbare wissenschaftliche Orientierung haben.

Veröffentlichung von Monographien, die nicht unter die o.g. Kategorien fallen, jedoch eine klar erkennbare wissenschaftliche Orientierung haben.

Herausgeberschaften von Sammelbänden, die nicht unter die o.g. Kategorien fallen, jedoch eine klar erkennbare wissenschaftliche Orientierung haben.

Beiträge zu Konferenzen (Basis: Full Paper), die nicht unter die o.g. Kategorien fallen, jedoch eine erkennbare Wahrnehmung in der scientific community erfahren.

---

11. Mit dieser Kategorisierung nach verschiedenen Veröffentlichungstypen sowie der Differenzierung nach Qualitäten ist zunächst keine Bewertung (z.B. im Sinne eines Scoringmodells) vorgenommen. Die Festlegung etwaiger »Wertigkeiten« und Gewichtungen für die einzelnen Veröffentlichungstypen ebenso wie die Festlegung der Wertigkeiten und Gewichtungen der wissenschaftlichen Veröffentlichungen insgesamt gegenüber den anderen Elementen des Leistungsspektrums kann nach Auffassung des Evaluierungsbeirats erst mit der Festlegung forschungsstrategischer Zielsetzungen einhergehen, welche Aufgabe der Fakultät im Ganzen ist.

Skizze zum Grundgedanken eines umfassenden Evaluierungssystems an der SoWi-Fakultät Innsbruck

Forschung						Lehre		service for the profession		service for the public	...
Wissenschaftliche Veröffentlichungen					Fundings	Lehrveranstaltungen	Prüfungen	Durchführung und Mitwirkung an Qualifizierungsverfahren	Mitwirkung in der Verwaltung	Wissenstransfer	...
Beiträge in Journals	Beiträge in Monographien	Monographien	Herausgeberschaften	Konferenzbeiträge							
höchstwertige	höchstwertige	höchstwertige	höchstwertige	höchstwertige	z.B. FWF- und EU-Forschungsprojekte	LVA	...	Mitwirkung in Habilitations-Verfahren (extern)	Gremienarbeit	Seminare / Vorträge / Mitwirkung in öffentlichen Kommissionen	...
hochwertige	hochwertige	hochwertige	hochwertige	hochwertige	z.B. Auftragsforschung	...	...	...	...	...	...
sonstige mit wissenschaftliche m Anspruch	sonstige mit wissenschaftliche m Anspruch	sonstige mit wissenschaftliche m Anspruch	sonstige mit wissenschaftliche m Anspruch	sonstige mit wissenschaftliche m Anspruch	...	...	...	...	...	...	...

Waxmann

MÜNSTER · NEW YORK · MÜNCHEN · BERLIN

STUDIENREIHE BILDUNGS- UND WISSENSCHAFTSMANAGEMENT

herausgegeben von Anke Hanft

Band 1

Ulrich Teichler

Hochschulsysteme und Hochschulpolitik

Quantitative und strukturelle Dynamiken,
Differenzierungen und der Bologna-Prozess

2005, 160 Seiten, br., 24,90 €, ISBN 3-8309-1566-7

Die quantitative und strukturelle Gestalt des Hochschulwesens gehört seit jeher zu den interessanten wie kontroversen Themen der Hochschulpolitik. Fragen wie die nach einer Erhöhung oder Verringerung der Studierendenquote, nach der europaweiten Vereinheitlichung der Studiengänge (Bologna-Prozess) sowie nach der Qualität des Hochschulstudiums sowohl im innerdeutschen als auch im internationalen Vergleich haben in den vergangenen Jahren an Aktualität gewonnen. Die Zukunft der europäischen Hochschullandschaft im Spannungsfeld von nationalen Besonderheiten und Differenzierungen auf der einen Seite und dem europäischen Trend zur „strukturellen Konvergenz" erscheint offener denn je.

Zu diesem komplexen Themenfeld will diese Studie ebenso informierend wie erklärend beitragen. International und zeitgeschichtlich vergleichend werden Grundzüge des Hochschulwesens vorgestellt, nationale Unterschiede und Entwicklungslinien beschrieben sowie verschiedene Leistungsanforderungen an und politische Konzepte für die Hochschulen aufgeführt. Schlüsselbegriffe bei dieser Diskussion sind einerseits die Expansion der Hochschulen hinsichtlich der Studierendenzahlen, andererseits die Differenzierung von Hochschulformen und Studiengängen – sowohl innerhalb der jeweiligen nationalen Hochschulsysteme als auch auf internationaler Ebene.

Band 2

Waxmann

Hans Pechar

Bildungsökonomie und Bildungspolitik

2006, 148 Seiten, br., 24,90 €, ISBN 3-8309-1594-2

Der Begriff „Bildung" hat im deutschen Sprachraum einen besonderen Klang: Bildung gilt als Selbstzweck, nicht als Mittel für andere Zwecke. Dieses Buch thematisiert Bildung aber aus einer ökonomischen und politischen Perspektive. Es wird nach den Kosten von Schulen und Universitäten gefragt. Und diese Fragen werden in einen politischen Kontext gestellt, denn in allen Ländern befindet sich zumindest ein Teil des Bildungswesens in öffentlicher Verantwortung. Der Autor greift die ökonomischen Argumente auf, die in der bildungspolitischen Diskussion laufend an Gewicht gewonnen haben und zeigt zugleich die Grenzen einer „Ökonomisierung" von Bildungseinrichtungen auf.

Diese Analyse umfasst alle Stufen des Bildungssystems, von der vorschulischen Erziehung bis zur Weiterbildung. Der Autor greift dabei eine Reihe hochaktueller bildungspolitischer Problemstellungen auf. Unter anderem diskutiert er die Frage, ob Bildung als öffentliches oder privates Gut zu sehen und von wem sie zu finanzieren ist, und leistet damit einen Beitrag zur Versachlichung der Diskussion über die Einführung von Studiengebühren.

Band 3

Stephan Laske

Organisation und Führung

2006, 160 Seiten, br., 24,90 €, ISBN 3-8309-1595-0

Bildungs- und Wissenschaftseinrichtungen als lernende Organisationen besitzen eine andere Logik als „normale" Organisationen und benötigen als relativ lose gekoppelte Systeme (Weick) andere strukturelle Bedingungen und Führungsphilosophien für die eigene Weiterentwicklung. Band 3 der Studienreihe beschäftigt sich mit der schwierigen Aufgabe einer professionellen Steuerung von Bildungs- und Wissenschaftseinrichtungen angesichts der aktuellen komplexen wirtschaftlichen, technologischen und gesellschaftlichen Rahmenbedingungen (und deren Dynamik).

MÜNSTER · NEW YORK · MÜNCHEN · BERLIN

Band 4

Erhard Schlutz

Bildungsdienstleistungen und Angebotsentwicklung

2006, 148 Seiten, br., 24,90 €, ISBN 3-8309-1646-9

Make or buy? Bildungsinteressierte haben prinzipiell die Wahl, ob sie einen Kompetenzzuwachs allein durch Eigenleistung erzielen oder sich dabei durch Bildungsdienstleistungen unterstützen lassen wollen. Die Nachfrage nach Dienstleistungen setzt deshalb voraus, dass die Nutzer/innen sich einen Vorteil davon versprechen, der die eigenen Möglichkeiten des autodidaktischen Lernens, der „Selbstbedienung", übertrifft: etwa durch besondere Anregung und Anreicherung, durch Entlastung und Kontrolle. Differenzierter werdende Bedarfe verlangen von Anbietern zudem, Angebote variabler zu gestalten und an innovativen Bildungsdienstleistungen zu arbeiten, die das klassische Seminarangebot ergänzen oder überschreiten.

Dieser Band vermittelt: Bildung als Dienstleistung: Merkmale und mögliche Zielkonflikte; praktische Ansätze der Bedarfserschließung; Schritte zur Angebotsentwicklung, Beispiele und Perspektiven für neue Arten von Bildungsdienstleistungen. Indem er bildungswissenschaftliche und betriebswirtschaftliche Aspekte miteinander verbindet, legt er Grundlagen für eine bedarfsgerechte und innovative Angebotspolitik.

Waxmann

MÜNSTER · NEW YORK · MÜNCHEN · BERLIN